쉽게 따라 하는
NFT 마스터 가이드

메타버스가 그리는 세상 NFT편

NFT 거래부터 토큰 발행까지
한 권으로 정리한 웹3 시대 기초 IT 지식

티아나 로런스, 김서영 지음
정종화 옮김

 한빛미디어
Hanbit Media, Inc.

쉽게 따라 하는 NFT 마스터 가이드

NFT 거래부터 토큰 발행까지 한 권으로 정리한 웹3 시대 기초 IT 지식

초판 1쇄 발행 2022년 6월 15일

지은이 티아나 로런스(Tiana Laurence), 김서영(Seoyoung Kim PhD.) / **옮긴이** 정종화 / **펴낸이** 김태헌
펴낸곳 한빛미디어(주) / **주소** 서울시 서대문구 연희로2길 62 한빛미디어(주) IT출판부
전화 02-325-5544 / **팩스** 02-336-7124
등록 1999년 6월 24일 제25100-2017-000058호 / **ISBN** 979-11-6224-558-3 13000

총괄 전정아 / **책임편집** 서현 / **기획·편집** 이민혁
디자인 표지·내지 박정우 / **전산편집** 이경숙
영업 김형진, 김진불, 조유미, 김선아 / **마케팅** 박상용, 송경석, 한종진, 이행은, 고광일, 성화정 / **제작** 박성우, 김정우

이 책에 대한 의견이나 오탈자 및 잘못된 내용에 대한 수정 정보는 한빛미디어(주)의 홈페이지나 아래 이메일로
알려주십시오. 잘못된 책은 구입하신 서점에서 교환해드립니다. 책값은 뒤표지에 표시되어 있습니다.

한빛미디어 홈페이지 www.hanbit.co.kr / 이메일 ask@hanbit.co.kr

지금 하지 않으면 할 수 없는 일이 있습니다.
책으로 펴내고 싶은 아이디어나 원고를 메일(writer@hanbit.co.kr)로 보내주세요.
한빛미디어(주)는 여러분의 소중한 경험과 지식을 기다리고 있습니다.

쉽게 따라 하는
NFT 마스터 가이드

NFT 거래부터 토큰 발행까지
한 권으로 정리한 웹3 시대 기초 IT 지식

지은이 · 옮긴이 소개

지은이 **티아나 로런스** Tiana Laurence

벤처 캐피털 기업 로런스 이노베이션의 창업자로 블록체인과 암호화폐, 암호자산의 최전선에서 활동했다. 블록체인 관련 입문서를 두 권 집필했다.

지은이 **김서영** Seoyoung Kim PhD.

산타클라라 대학의 금융 및 비즈니스 분석 분야 부교수로 대학원 비즈니스 프로그램에서 핀테크 및 금융 공학을 가르치고 있다.

옮긴이 **정종화** jonghwaj@gmail.com

9년 차 IT 컨설턴트로 2016년 말 블록체인을 처음 접하고 기술과 사상에 매료됐다. 2018년에는 국내외 블록체인에 참가했다. 해시드, 고팍스에서 주최하는 해커톤에 참가했고 퀀텀에서 주최하는 글로벌 해커톤에서는 유일한 한국팀으로 4위에 입상했다. 『이더리움 디앱 개발』(한빛미디어, 2020)을 번역했으며 『밑바닥부터 시작하는 비트코인』(한빛미디어, 2019)를 감수했다.

추천사

NFT에 대한 사례집에 그치지 않고, NFT의 구매, 판매, 발행을 위한 실무적인 노하우와 NFT 관련 법적 이슈, 기술적인 보안 이슈까지 담고 있는 실용적인 책입니다. NFT에 대한 이론보다는 실전에 뛰어들고 싶은 독자들에게 권합니다.

_ **임지순**, 3PM Inc. CEO

많은 기사에서 NFT에 대해 이야기하지만, NFT 구매/판매 등 서비스 사용은 여전히 어렵습니다. 이 책은 서비스 사용뿐만 아니라 발행과 스마트 컨트랙트 배포까지 NFT 시스템에 뛰어드는 데 필요한 과정을 단계별로 소개하고 있습니다. NFT 세계에 가이드라인이 필요한 독자들에게 이 책을 추천합니다.

_ **안수빈**, 서울대학교 HCI Lab 석박통합과정

최근 들어 NFT가 많은 사람들의 입에 오르며 유명해졌음에도 실제로 NFT를 어떻게 만들고, 어떻게 이뤄졌는지 담고 있는 책은 많이 없었습니다. 장기적으로 더 좋은 NFT가 무엇인지 판별하고 싶은 혹은 좀 더 음미하고 싶은 독자들에게 이 책을 추천합니다.

_ **김정동**, AWS 솔루션 아키텍트, 페이스북 그룹 Web3 Korea 운영진

옮긴이의 말

1999년에 처음 출시했던 포켓몬 빵이 20년이 지난 지금 다시 돌아왔다. 빵 속에 동봉된 '띠부띠부실(떼었다 붙였다 하는 스티커)'은 중고거래로 빵 가격의 수십 배를 넘는 금액으로 거래되고 있다. 특히 희귀 캐릭터인 전설의 포켓몬 '뮤' 스티커는 발행량이 많지 않아 파는 사람을 찾기도 어렵다. 작년 말에 열린 한국 최대 국제아트페어인 '키아프 2021'은 역대 최대 매출을 기록한다. 올해 3월 열린 '2022 화랑미술제' 또한 마찬가지로 역대 최대 매출을 기록했다. 미술 시장의 뜨거운 열기가 아직 식지 않았다는 것을 보여준다.

NFT 시장 역시 2021년을 기점으로 폭발적으로 성장했다. 디지털 재화의 권리를 증명할 수 있는 NFT의 등장으로 수집품의 범위가 실물에서 디지털로 확장됐다. 프로필 이미지, 게임 아이템, 디지털 그림, 음악을 내가 소유하고 있다는 것을 온라인에서 '플렉스' 할 수 있는 세상이 왔다. 머지않아 SNS 계정처럼 이제는 지갑 주소를 공개하고 내가 소유한 NFT를 보여주며 소통하는 문화가 올 것이다.

이 책은 독자들이 열풍에 휩쓸리지 않고 NFT를 똑바로 바라볼 수 있도록 돕는다. 한 장씩 읽어나가다 보면 어느새 탄탄한 기초를 쌓은 스스로를 발견하게 될 것이다. 앞으로 NFT 생태계가 어떻게 확장되고 발전해 우리 삶에 무슨 영향을 줄지 정말 궁금하다. 흥미로운 NFT 세계에 온 여러분을 환영한다.

마지막으로, 번역하는 동안 응원해줬던 고민지님께 감사드린다. 또 재밌는 책을 추천해주시고 읽기 좋게 다듬어주신 이민혁 편집자님께 감사드린다.

정종화

『쉽게 따라 하는 NFT 마스터 가이드』에 온 걸 환영한다! NFT에 대해 궁금할 모든 정보가 이 책 안에 담겨있다. NFT의 정의, 사용법, 작동 원리, 발전사를 비롯해 암호화폐 지갑을 설정해 NFT를 소유하는 방법을 소개하는 단계별 가이드와 NFT 마켓플레이스 사용법, NFT를 직접 코딩하는 법도 소개한다.

프로그래밍이나 수학, 컨트랙트 이론이나 경제 관련 지식이 없어도 이 책을 읽는 데는 아무런 문제가 없다. NFT와 연관된 다양한 개념을 소개하고 있어 NFT를 완전히 이해할 수 있다. 뿐만 아니라 스마트 컨트랙트와 블록체인 기술도 소개해 NFT가 어떻게 보호되고 작동하는지 설명한다. NFT를 통해 얻을 수 있는 풍부한 가능성을 전달하기 위해 다양한 경제 및 법적 주제도 소개한다.

이 책은 NFT 게임에서부터 NFT를 구동하는 스마트 컨트랙트, 이를 보호하는 블록체인 기술의 내부 작동을 다루는 보다 기술적인 설명에 이르기까지 다양한 관심을 충족시키기 위해 작성되었다.

단순히 NFT 용어를 배우고 싶은 독자부터 NFT를 매매하고 싶은 독자나 자신만의 ERC-721 대체 불가 토큰을 프로그래밍 해 배포하려는 열망으로 가득 차 있는 독자에게 방향을 제시한다.

대상 독자

여러분은 모두 NFT에 관심을 갖고 이 책을 집었으리라 생각한다! 이 책은 프로그래밍, 블록체인 기술 또는 암호화 거래에 대한 사전 지식이나 경험이 없는 이들을 위한 단계별 가이드를 작성했다. 다음 조건을 갖추고 있다면 이 책을 읽는 데 문제가 없다.

- 컴퓨터가 있고 인터넷에 액세스할 수 있다.
- 컴퓨터와 인터넷 탐색의 기본 사항을 알고 프로그램을 다운로드, 설치 및 실행하는 방법을 안다.
- 일부 웹 주소 또는 긴 해시가 여러 줄의 텍스트로 분할될 수 있음을 알고 있다. 이러한 웹 주소와 큰 숫자는 줄 바꿈이 없는 것처럼 그대로 복사해야 한다.
- 특히 암호화 세계에서는 상황이 빠르게 변화하며, 이 책을 읽을 때 일부 이미지가 더 이상 실제 화면과 다를 수 있음을 이해한다.

마지막으로, 우리는 투자 전문가가 아니며 투자 조언을 제공하지 않는다. 우리가 설명하는 마켓플레이스와 NFT 구매 및 판매에 대해 제공하는 단계별 가이드는 설명과 정보를 제공하기 위해 작성했다.

구성

이 책은 총 4부이며 13개 장으로 구성됐다. 만약 관심있는 분야가 있을 경우 해당하는 장을 먼저 살펴봐도 무방하다. 본문 중에서 앞선 내용에 대한 선행 지식이 필요할 경우 해당하는 페이지를 작성해 두었으니 참고하도록 하자.

1부는 NFT에 대한 대략적인 정보를 소개하고 간단한 구매 방법과 현황을 살펴본다.

- **1장 NFT 살펴보기**: NFT가 무엇인지, 동작 방식과 활용 방안을 대략적으로 소개한다.
- **2장 크립토키티로 체험하는 NFT**: NFT의 작동 원리를 아주 잘 녹여낸 플랫폼 크립토키티를 통해 NFT를 소개한다. 크립토키티를 통해 NFT의 구매 방법부터 새로운 NFT를 발행까지 맛볼 수 있다.
- **3장 NFT의 현황**: 현재 NFT가 다양한 분야4에서 어떤 방식으로 활용되고 있는지 소개한다.

2부는 NFT를 사고팔 수 있는 마켓플레이스에서 작품을 생성하는 방법과 NFT에 투자를 하기 위해 필요한 정보를 알아본다.

- **4장 NFT 민팅하기**: 오픈씨, 니프티 게이트웨이, 라리블 같은 인기 NFT 마켓플레이스에 NFT를 민팅하고 판매하는 방법을 살펴본다.
- **5장 NFT 투자**: NFT를 자산으로써 투자하는 방법에 대해 살펴본다. NFT 작품의 다양한 유형과 투자할 때 알아 두어야 할 정보들을 알아본다.

3부는 이더리움의 작동 원리와 NFT용 토큰을 발행하는 과정을 소개한다. 이 과정을 따라하면 여러분만의 이더리움 기반 NFT를 만들 수 있다.

- **6장 이더리움**: 이더리움의 바탕이 되는 개념들을 대략적으로 살펴보며 블록체인의 동작 원리를 살펴본다.
- **7장 이더리움 계정 생성**: 이더리움 기반 토큰을 만들기 위한 계정을 생성하는 과정과 그 배경 원리를 소개한다.
- **8장 개발 환경 설정**: 브라우저에서 솔리디티 프로그래밍 언어를 사용한 스마트 컨트랙트 개발과 구축을 지원하는 리믹스 IDE의 사용법을 설명한다.
- **9장 첫 스마트 컨트랙트 배포**: 스마트 컨트랙트를 직접 개발해보며 관련 원리를 소개한다.
- **10장 토큰 표준**: 이더리움 기반 개발의 표준들을 살펴보며, 대체 가능 토큰인 ERC-20과 대체 불가 토큰인 ERC-721에 대해 알아본다.
- **11장 ERC-721 토큰 구축**: NFT 토큰의 기반이 되는 ERC-721 표준을 활용해 직접 나만의 NFT를 개발해본다.

4부는 NFT와 관련된 분야별 키워드 Top 10을 살펴본다.

- **12장 NFT 마켓플레이스 Top 10**: 현재 가장 유명한 NFT 마켓플레이스와 각 특징들을 살펴본다.
- **13장 가장 비싼 NFT Top 10**: 지금까지 판매된 NFT 중 가장 비싼 가격으로 판매된 NFT를 소개한다.

또한, 한국 독자들을 위한 내용들도 추가로 소개한다.

- **부록 A 국내 NFT 키워드 Top 10**: 한국에서 많은 관심을 끈 NFT 관련 키워드 10개를 살펴본다. 프로젝트와 작가, 마켓플레이스, 규제 등을 살펴본다.
- **부록 B 클레이튼 기반 KIP-7 토큰 구축**: 국내 NFT 프로젝트에서 많이 사용되는 클레이튼의 KIP-7 표준을 활용한 NFT를 개발해본다.

아이콘 설명

이 책 전반에는 다양한 박스를 통해 독자가 내용을 잘 파악할 수 있도록 했다.

TIP_ 팁 박스는 전체 내용을 이해하는 데 도움이 될 수 있는 참고 사항을 담고 있다.

NOTE_ 중요 박스는 특히 알아야 하거나 나중에 발생할 수 있는 혼동을 없애는 데 도움이 될 수 있는 정보를 담고 있다.

DIFFICULT_ 어려움 박스는 주요 요점을 이해하는 데 필요하지 않은 좀 더 기술적인 내용을 담고 있다.

WARNING_ 주의 박스는 주의할 사항을 알려준다! 시간, 정신, 토큰 또는 우정을 지킬 수 있는 중요한 정보를 담고 있다.

주의 사항

번역 시점을 기준으로, NFT 시장에서는 많은 변화가 벌어지고 있어 본 도서에서 설명한 서비스의 지원 여부가 시기에 따라 달라질 수 있다. 이에 대한 내용들은 별도의 상자로 설명을 추가해 두었으니 참고하기 바란다.

또한 2022년 3월을 기준으로 국내 주요 암호화폐 거래소에서는 출금 주소에 제한을 두는 트래블룰을 시행하고 있다. 이에 따른 개인 지갑으로 송금하는 방법에 대해서는 아래 링크에서 설명하였으니 참고하기 바란다.

- https://github.com/hanbit/easy-nft-guide/tree/main/tips

참고 링크 및 예제 코드

이 책에서는 참고할 수 있는 링크가 많이 포함되었다. 직접 본문에 적힌 내용을 읽고 따라 입력하기에는 긴 주소가 많아 별도로 링크를 정리해 업로드했다. 또한, 9장과 11장, 부록 B에서 진행하는 실습을 위해 사용하는 코드도 업로드했다. 각각 아래 링크에서 확인해볼 수 있다.

- 참고 링크:
  https://github.com/hanbit/easy-nft-guide/tree/main/links

- 예제 코드:
  https://github.com/hanbit/easy-nft-guide/tree/main/sample-code

CONTENTS

PART **1** NFT 첫걸음

CHAPTER **1** NFT 살펴보기

CHAPTER **2** 크립토키티로 체험하는 NFT

CHAPTER **3** NFT의 현황

PART **2 NFT의 구매와 판매**

CHAPTER **4 NFT 민팅**

CHAPTER **5 NFT 투자**

CONTENTS

CONTENTS

CHAPTER 13 가장 비싼 NFT Top 10

부록

NFT 첫걸음

1부에서는 대중의 관심을 받고 있는 대체 불가 토큰Non-Fungible Token(NFT)에 대한 개념을 가볍게 소개한다. 먼저 1장에서는 NFT란 무엇이며, 어떻게 동작하는지 현재 어떤 인식을 받고 있는지 알아본다. 2장에서는 크립토키티라는 NFT 프로젝트를 통해 NFT의 관련 개념들을 체험해본다. 또 3장에서는 현재 NFT가 어떻게 활용되고 있는지 소개하며 실제 예시들을 확인한다.

Part 1

NFT 첫걸음

CHAPTER 1

NFT 살펴보기

이 장의 주요 내용

- ◆ NFT 정의
- ◆ NFT 활용 사례 소개
- ◆ NFT 작동 방식 이해
- ◆ 투자로서의 NFT 배우기

모든 것의 시작은 비트코인이다. 2021년 말, 블록체인 기반 암호자산인 비트코인의 가격이 다시 한 번 상승하면서(그림 1-1) 인터넷에서 암호화폐에 대한 관심이 또한 다시 높아졌다. 실제로 구글 검색 트렌드를 보면, 전 세계 네티즌들은 미국의 새로운 대통령보다도 비트코인을 궁금해하고 있다(그림 1-2). 이렇게 비트코인에 향하고 있던 대중의 관심은 자연스럽게 NFT로 옮겨와 NFT에 대한 검색량도 급증하게 되었다(그림 1-3).

다소 거친 방식이지만 NFT만 유지하고 실물 작품은 소각하는 사건부터 수백만 달러에 달하는 NFT 작품의 등장까지 각종 흥미로운 이야기가 들려오며 NFT 뒤에는 놀라움, 혼란, 심지어 경멸이란 수식어가 등장하기 시작했다. 앞서 언급한 사건들은 대부분 '정상'적인 현상이지만 대중은 NFT를 오해하고 있다.

이 장에서는 NFT에서 관심 있는 부분을 더 자세히 살펴볼 수 있도록 로드맵을 제공하겠다.

그림 1-1 비트코인 가격 차트

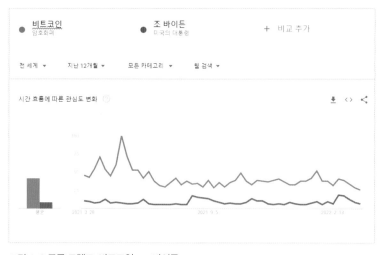

그림 1-2 구글 트렌드: 비트코인 vs. 바이든

그림 1-3 구글 트렌드: 1년간 NFT 검색 추이

대체 불가 상품

NFT는 **대체 불가 토큰**Non-Fungible Token을 의미한다. 토큰 자체는 상대적으로 최신 기술이지만 대체 가능한 상품과 아닌 상품으로 분류하는 기준은 생긴 지 오래됐다.

달러, 마이크로소프트 주식, 비트코인을 생각해보자. 특정 자산에서 각 단위를 **상호 대체**Fungible할 수 있다. 간단히 말해서 달러 지폐는 다른 달러 지폐와 같은 목적과 의무를 수행한다. 때문에 금액만 맞으면 어떤 지폐를 주고받든 개의치 않는다.

대체할 수 없는 상품은 보다 일상적이고 우리의 삶에 훨씬 더 널리 퍼져 있다. 식료품점의 사과, 꽃가게의 꽃, 곧 있을 콘서트 티켓을 생각해보자. 우리는 꽃이나 사과를 살 때 덜 시들거나 멍들지 않은 것을 고르려고 유심히 살핀다. 콘서트 티켓은 각기 다른 좌석을 표시한다. 맨 앞자리 티켓과 무대에서 멀리 떨어진 뒷자리 티켓은 교환하기 어렵다.

대체 불가능한 상품은 특성상 체계적으로 기록하거나 추적하기가 어렵다. 고유한 차이를 표시하려면 더 많은 정보를 저장해야 한다. 세상의 모든 것을 디지털화할 수 없기 때문이다. 하지만 우리가 중요하게 여기는 대체 불가능한 상품을 모으고, 정리하고, 디지털 방식으로 추적할 수 있다면, 게다가 투명하게 공개되어 충분히 신뢰할 수 있고 자동화된 시스템이라면, 우리는 엄청난 가치를 이끌어 낼 수 있다. 바로 여기서 NFT가 등장한다.

 NOTE_ 대체 불가 토큰(NFT)는 퍼블릭 블록체인에 안전하게 저장된 고유한 디지털 식별자다. 토큰을 다른 토큰과 교환할 수 없고 토큰을 더 이상 잘게 나눌 수 없다.

NFT는 개발자의 의도에 따라 각자 다른 것을 나타낸다. 대체 가능 토큰인 암호화폐 사례를 보자. **비트코인**Bitcoin은 글로벌 지불 수단이다. **이더리움**Ethereum(ETH)은 유틸리티 토큰으로, 스마트 컨트랙트Smart Contract를 실행하는 연료로 사용한다. 블록체인캐피탈Blockchain Capital(BCAP)은 증권형 토큰으로 펀드 주식과 토큰을 연동한다. 물론 현재 NFT를 활용하는 분야와 앞으로 NFT를 활용할 분야는 또 다를 것이다.

얼마 전까지도 사람들은 NFT의 존재를 모르거나 관심을 많이 갖지 않았다. 지난 수 년 동안 개발자 커뮤니티는 주로 대체 가능 토큰을 개발했다. 비트코인(2009), 라이트코인(2011), 도지코인(2013)을 성공적으로 출시하면서 뒤이어 대체 가능 토큰을 개발하려는 프로젝트가 급증했다. 이런 암호화폐 물결 속에서 크립토 버전 비니 베이비Beanie Babies 1나 야구 카드 같은 디지털 수집품에 대한 생각이 개발자들 머릿속에 싹트기 시작했다. 크립토 베이비나 크립토 카드처럼 유일하고 더 이상 쪼개지지 않는 토큰을 만들려면 다른 토큰 표준이 필요했다.

2017년 이더리움 기반 대체 불가 토큰 크립토키티가 큰 성공을 거두면서 개발 커뮤니티에서 ERC-721이 NFT 개발 표준으로 자리 잡았다(크립토키티는 2장에서 더 자세히 설명한다). 이후 NFT 프로젝트가 폭발적으로 증가했고 이더리움에서만 15,000개 이상이 발행됐다(그림 1-4).

---

1 옮긴이_ 비니 베이비Beanie Babies는 미국 사업가 H. 타이 워너H. Ty Warner가 1986년 설립한 타이사에서 만든 봉제 장난감 라인이다. 고의적으로 인형 디자인과 수량을 제한하는 생산 전략으로 1990년 대부터 2차 시장에서 수집품으로 인기를 얻었다.

Non-Fungible Tokens (NFT)			
A total of 15,836 ERC-721 Token Contracts found		First < Page 1 of 317 > Last	
#	Token	∨ Transfers (24H)	Transfers (3D)
1	MutantApeYachtClub The MUTANT APE YACHT CLUB is a collection of up to 20,000 Mutant Apes that can only be created by exposing an existing Bored Ape to a vial of MUTANT SERUM or by minting a Mutant Ape in the public sale	22,593	22,593
2	Al Cabones (ACBN) The collection consists of 10,000 wanted skeleton mobsters each carrying their own history of ruthless crime.	14,670	18,332
3	Tokenmon	13,828	13,828
4	Hype Hippos	11,185	11,185
5	Drop Bears (DBS) Drop Bears are a collective of 10,000 koalas living on the Ethereum blockchain.	10,925	10,926

그림 1-4 활성 NFT 상위 5개

NFT 활용법

NFT는 아직 걸음마 단계에 있지만 개발자 커뮤니티가 NFT를 잘 활용할 수 있는 다양한 방법을 제시하고 있다. 현재 시장에서는 디지털 수집품 추적을 가장 자연스러운 활용 사례로 이야기한다. 활용 대상도 디지털 수집품에서 게임 아이템, 디지털 미디어로 자연스럽게 확장되고 있다.

하지만 최근 NFT가 폭발적으로 증가하고 있지만 대부분이 수집품을 토큰으로 발행하는데 그치며 그 제한된 범위를 넘어서지 못하고 있다. 또 한탕하고 뜨려는 분위기가 업계 분위기를 흐리고 비양심적인 사람들을 끌어들여 암호화폐 산업 발전을 방해하고 있다.

그럼에도 우리는 NFT의 흥미롭고 다양한 활용 사례를 보고 있다. NFT는 희귀하며 유일한 사물의 소유권을 검증, 추적, 할당할 수 있다. 그리고 콘텐츠 생성과 배포 과정을 민주화할 수 있다. 하지만 다양한 활용 사례 중 일부는 NFT 본질을 흐릴 수 있다. 희귀한 수집품의 소유 이력을 검증하기 위해 값비싼 비용을 치르는 경우를 생각해보자. 이베이eBay에서 거액의 상품을 경매할 때 이더리움 블록체인으로 소유권을 증명하는 세상을 상상해보자. 현재 많은 관심이 투기에 집중되어 NFT 백만장자나 NFT 사기꾼을 비추는 뉴스가 헤드라인을 장식하고 있다. 하지만 이런 사건들로는 NFT의 흥미로운 가능성과 잠재적 가치를 가리기 어렵다.

암호화폐 역시도 회의적인 반응부터 열광적인 지지까지 다양한 반응을 얻었다. 하지만 각국 정부와 주요 금융기관이 비트코인과 이더리움을 받아들이기 시작하면서 암호화폐 기술이 주목받고 있다. NFT는 선구자인 암호화폐 시장(이 역시도 아직 초기시장)을 뒤따라간다는 이점이 있다. 하지만 NFT 생태계가 어떻게 진화하고 어떤 새로운 가치를 창출할지는 훨씬 더 많은 시간을 두고 지켜봐야 한다.

NFT의 작동 방식

사람들은 종종 NFT 자체와 NFT가 보여주는 대상을 헷갈려 한다. NFT는 암호 기술로 보호되는 디지털 기록으로 디지털 예술품 소유와 접근 권한을 확인할 수 있다. 예를 들면 자동차 등록증은 내가 자동차를 소유하고 있다는 것을 증명한다. 내가 자동차를 가지고 있더라도 자동차 등록증이 없다면 소유권을 증명할 수 없다. 마찬가지로 크립토키티 이미지 파일(JPEG)을 가지고 있더라도 그에 맞는 NFT가 없다면 소유권을 증명할 수 없다.

돌연변이 유인원 요트 클럽 Mutant Ape Yacht Club(MAYC)으로 알려진 크립토 수집품을 보자. 이 이상한 (요트 클럽 멤버일지도 아닐지도 모르는) 돌연변이 유인원 컬렉션은 최근 NFT 수집가 사이에서 인기를 끌고 있으며 가장 활발한 ERC-721 토큰이다 (그림 1-5). 그렇다면 MAYC를 소유한다는 말은 정확히 어떤 의미일까?

그림 1-5 오픈씨에서 판매중인 MAYC 목록

오픈씨Opensea[2]에서 판매 중인 MAYC를 검색하면 독특한 개성을 가진 다양한 유인원을 확인할 수 있다(그림 1-5). 지금 보는 이미지는 각각의 MAYC를 시각적으로 표현하고 있을 뿐이다. NFT 자체는 이더리움 블록체인에 안전하게 저장된 고유한 디지털 코드다.

[그림 1-5]의 왼쪽 상단 모서리에 있는 MAYC #7632를 예로 들어보자. 이 NFT를 구매하면 이더리움 블록체인 컨트랙트 계정 `0x60e4d786628fea6478f785a-6d7e704777c86a7c6`에 저장된 TokenID 7632을 진짜 소유할 수 있다. 소유권을 이전하면 모두 블록체인에 기록하고 [그림 1-6]처럼 MAYC #7632 출처와 현재 소유자를 언제나 확인할 수 있다.

....

2 NFT 마켓플레이스 중 하나로 4장, 12장에서 확인

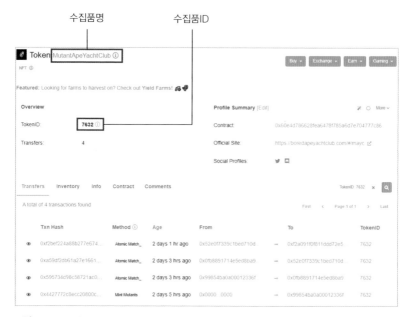

그림 1-6 MAYC #7632

집필 시점에 7,709명이 14,688개의 MAYC를 소유하고 있다. MAYC의 개별 세부 정보와 소유권은 다음 사이트에서 확인할 수 있다.

- https://etherscan.io/token/0x60e4d786628fea6478f785a6d7e704777c86a7c6

구입한 디지털 아트는 복제하기 쉽다(키보드에서 프린트 스크린Print Screen 키를 누르면 된다). 다만 NFT는 퍼블릭 블록체인에 안전하게 저장되므로 불법 전송, 복제, 해킹이 훨씬 더 어렵다. NFT의 꽃은 NFT 기반 기술인 스마트 컨트랙트와 분산형 검증 네트워크다. 이 네트워크를 통해 돌연변이 유인원 NFT 14,688개의 실제 소유자를 확실하고 쉽게 확인할 수 있다.

돌연변이 유인원은 모든 기록이 공개적이고 무신뢰적으로 저장되는 분산 공개 원장 생태계 일부다. 따라서 돌연변이 유인원을 안전하고 믿을 수 있는 방법으로 추적하려고 중앙은행 같은 중앙 기관이 필요하지 않다. 이 돌연변이 유인원은 독특한 방식으로 현재 급성장하는 **탈중앙화 금융**Decentralized Finance(DeFi)과 **탈중앙화 자율 조직**Decentralized Autonomous Organizations(DAO)으로 관심을 이끌어내고 있다(DAO에 관한 자세한 내용은 4장, 6장에서 다룬다).

NFT는 대부분 이더리움에서 ERC-721 토큰으로 발행한다. [그림 1-6]과 같이 공개 이더리움 블록체인에 개별 토큰 발행 내역을 기록한다. 비트코인 시스템과 마찬가지로 분산 채굴자 네트워크가 후속 거래를 검증하고 실행한다.

 DIFFICULT_ NFT는 탄탄하고 검증된 블록체인으로 보호받는다. 현재까지 이더리움 블록체인은 해킹된 적이 없다. 때문에 초기 프로젝트 개발자는 소유권 정보를 안전하게 기록하고 보상해주는 현재 개발 중인 최신 이코노미 시스템 위로 기존 시스템을 옮겨올 수 있다. 이더리움 블록체인 자체는 아직 해킹되지 않았지만 이더리움에 배포한 개별 스마트 컨트랙트는 해킹을 당한 적이 있기에 주의해야 한다. 따라서 규모 있는 코어 개발자 커뮤니티에서 검토하고 완성한 개발 표준을 사용하는 것을 권장한다. 개발 표준은 검증된 라이브러리로 사전에 개발된 스마트 컨트랙트를 제공한다.

이 책의 3부에서 기술적인 내용을 자세히 살펴본 이후에 앞 설명을 다시 보게 된다면 좀 더 잘 이해할 수 있다.

NFT 구매법

NFT를 어떻게 구매하는지 궁금한가? NFT는 정말 쉽게 구매할 수 있다. NFT를 판매하는 많은 마켓플레이스가 있다. 그 유명한 오픈씨^{Opensea}마저도 다양한 마켓플레이스 중에 한 곳일뿐이다. 2장에서는 인생 처음으로 NFT를 구매하고 사들인 NFT를 보관하기 위한 지갑을 설정하는 방법을 소개한다.

더 자세한 내용을 알고 싶다면 4장과 5장으로 넘어가서 NFT 사거나 팔 때 실질적으로 고려해야 할 부분을 확인하자. 12장에서는 NFT 마켓플레이스 10곳을 소개한다.

그러나 앞서 나가기 전에 꼭 생각해볼 두 가지 포인트를 소개한다.

구매 목적

NFT를 꼭 사야 할까? 그럴지도 모른다. 하지만 구매 목적에 따라 다르다.

만약 NFT를 실제로 사용하기 위해 구매한다면, 백 번 옳다! 예를 들어 NFT를 구매함으로써 특정 장소에 입장하거나 웹사이트에 디지털 미디어를 게시할 수 있는 권리를 얻을 수 있다고 하자. 이때 유일한 방법은 NFT를 사는 것이다.

학습 목적이나 재미로 NFT 마켓플레이스에 들어가봐도 좋다. 단순히 NFT를 어떤 절차로 구매하는가 하는 호기심부터 NFT 구매를 시작으로 NFT 기반 기술을 공부해 새로운 활용 사례를 고민해보려는 다짐도 좋다.

어떤 상황에서나 가장 중요한 질문이 있다. '잃으면 후회할 정도의 금액을 투자하고 있는가?' 만약 그렇다면 NFT를 구매해선 안 된다.

건전한 투자

우리들은 전통적인 투자 원칙 관점에서 투자를 생각한다. 요점은 은퇴에 가까울수록 시간에 따라 투자 자산을 분산하고 재조정하며 리스크를 낮추라는 것이다.

주식을 건전한 투자 방식으로 권장하거나 NFT를 또 하나의 투자 수단으로 권장하는 바는 아니다. 하지만 앞서 말했듯 우리는 여러분이 소소한 재미로 잃어도 괜찮을 정도의 돈을 준비하는 것까지 반대하지 않는다. 소소한 재미란 해외 여행이나, 미쉐린 가이드에서 별 3개를 받은 레스토랑에서 즐기는 호화로운 코스 요리가 될 수도 있고, 돌연변이 유인원 NFT가 될 수도 있다.

NFT 자산 시장이 성숙해질수록 우리 또한 잘 분산해둔 투자 포트폴리오 안에 다양한 NFT와 투자 비율을 조정하며 리스크 대비 수익 감각을 키워나갈 수 있다. 무엇보다 현재 비트코인 시총이 1조 달러에 달한다. 우리 모두는 진지하게 포트폴리오 일정 부분(작게라도)을 비트코인에 두는 것을 고려해야 한다. 이는 대박을 터뜨릴 수 있다는 희망으로 특정 주식이나 NFT, 비니 베이비 같은 한정판 수집품에 거액을 투자하는 것과는 거리가 멀다.

CHAPTER 2

크립토키티로 체험하는 NFT

이 장의 주요 내용

◆ 크립토키티 NFT 알아보기

◆ 메타마스크 지갑을 설정하여 NFT 구매 준비

◆ 코인베이스 계정 생성하고 지갑으로 자금을 이체하기

◆ 마켓플레이스에서 NFT 거래하기

◆ 크립토키티를 번식시켜 NFT 발행하기

이번 장에서는 대퍼랩스^{Dapper Labs}의 크립토키티^{CryptoKitties} 플랫폼을 통해 흥미진진한 NFT 세계를 살펴본다. 크립토키티를 플레이하다보면 NFT를 생성하고 거래하는 방식을 깊게 이해할 수 있다.

내 생에 첫 NFT를 구매하고 (또는 발행하여) 판매할 수 있도록 NFT 지갑과 거래소를 설정하는 방법을 소개한다. 또 새로운 NFT 시장과 더불어 NFT가 불러온 새로운 비즈니스 모델을 탐색하는 방법을 설명한다.

고양이가 불러온 NFT 광풍

NFT는 크립토키티(https://www.cryptokitties.co)로 존재감을 처음 드러냈다. 크립토키티는 대퍼랩스가 2017년 가을에 출시한 최초의 블록체인 게임이다. 이후 대퍼랩스는 좋아하는 NBA 선수의 모습을 NFT로 구매할 수 있는 플랫폼 탑샷^{TopShot}으로 대박을 터트렸다. 대퍼랩스는 사람들이 암호화폐가 어떻게 작동하는지 알기는 커녕 암호화폐가 무엇인지, 왜 중요한지, 이해하지 못하고 있다고 생각했다. 실제 시장에서는 블록체인 애플리케이션을 한탕 사기, 다크웹에서 사용하는 도구, 새로운 금융 상품 등으로 편협하게 바라봤다. 대퍼랩스는 단편적으로만 비쳐졌던 블록체인 애플리케이션이 가진 잠재력과 장기적인 영향력을 대중에게 쉽게 알려주고 근시안적인 시각을 바꾸고자 했다.

모두 쉽게 알 수 있는 블록체인

크립토키티는 사람들이 블록체인을 다르게 보도록 만들었다. 크립토키티는 세계 최초의 블록체인 게임 중 하나로 비트코인에서 사용하는 블록체인 기술을 모두 활용한다. 크립토키티는 암호화폐가 아니라 암호 수집품이다. 유일하고 대체 불가능한 디지털 자산으로 암호화폐만큼 안전하다.

각각의 크립토키티(그림 2-1)는 유일하며 복제, 삭제, 파괴할 수 없다. 게임을 하다 보면 때론 상당한 금액이 필요하다. 하지만 게임을 즐기면서 암호화폐와 블록체인이 어떻게 작동하는지 자연스럽게 이해할 수 있다(솔직히 좀 중독성이 있다).

그림 2-1 귀여운 고양이를 사고팔면서 암호화폐를 배우는 크립토키티

크립토키티는 NFT를 세상에 알렸을 뿐만 아니라 사용자가 자신만의 NFT를 발행할 수 있도록 했다. 대퍼랩스는 영원히 사라지지 않고 위조할 수 없는 디지털 데이터, 출처 증명 같은 꽤 어려운 블록체인 개념을 게임 속에 녹여 넣었다.

대퍼랩스도 초기 블록체인 프로젝트가 가진 한계를 알고 있었다. 많은 블록체인 프로젝트는 문제를 해결하고자 나섰고 일회성 자금 모집 방법인 초기 코인 공개initial coin offering(ICO)로 자금을 조달했다. 크립토키티는 2017년 ICO를 진행하지 않은 몇 안 되는 블록체인 프로젝트였다. 그럼에도 크립토키티는 대박이 났다. 키티 거래가 폭발적으로 증가해 이더리움 블록체인을 마비시켜 다른 서비스의 거래가 지연될 정도였다. 대퍼랩스도 생각하지 못한 부분이었다.

유일한 디지털 고양이들은 새로운 토큰 표준인 ERC-721을 따른다. 크립토키티 거래는 이더리움을 느려지게 만들었다. 작고 귀여운 고양이를 거래하겠다는 수요를 감당하기 위해 많은 노력이 필요했다.

이더리움은 개발자가 블록체인 애플리케이션을 만들 수 있도록 내부 프로그래밍 언어로 설계한 새로운 블록체인이었다. **블록체인 애플리케이션**은 분산 네트워크와 거래 청산 및 정산 기능을 활용한 앱이다. 토큰은 블록체인 업계의 킬러 앱이라 할 수 있다. 주식, 화폐, 쿠폰 등 거의 모든 종류의 고유한 디지털 아이템을 누구나 토큰으로 발행할 수 있다.

ERC-721은 기존 토큰 표준에 대체 불가 토큰을 발행하는 방법을 추가한 공개 표준이다. 크립토키티는 재밌고 친근하게 블록체인 기술과 한계를 완벽하게 보여 줬다.

뉴욕타임즈New York Times, 와이어드Wired, 포브스Forbes, CNN 머니CNN Money 등과 같은 주류 언론 매체에서도 크립토키티를 다루면서 전 세계적인 관심을 받았다. 기발하고 잘 설계된 게임이 블록체인을 바꾸는 모습은 흥미로웠다.

크립토키티 개발팀은 새로운 사용자를 확보하면서 계속 성장할 수 있는 지속 가능한 수익 기반 모델을 구축했다. 크립토키티 이전 블록체인 프로젝트는 지속 가능한 비즈니스 모델을 만들려고 노력했지만 토큰 이코노미가 사용자와 시장 수요에 맞지 않는 때가 많았다. 크립토키티는 블록체인 기술을 다양한 곳에서 활용할 수 있다는 것을 세상에 증명했다. 어이없지만 디지털 고양이끼리 번식하도록 만드는 깜찍한 기능도 있다.

식지 않는 인기

크립토게임을 심심했던 밀레니얼 세대가 일으킨 일시적인 유행으로 생각한 회의론자들의 예측은 보기 좋게 빗나갔다. 크립토키티는 탄탄한 토큰 이코노미^{token} ^{economy}를 갖춘 블록체인에서 사용자에게 익숙한 UX로 블록체인 기술을 경험시킬 수 있다면 무엇이든 가치를 만들 수 있다는 사실을 증명했다. 크립토게임은 견고한 토큰 이코노미와 누구나 쉽게 이해할 수 있는 구조를 가졌다. 사용자는 터미널을 열거나 코딩을 할 필요 없이 그저 게임만 즐기면 된다.

 NOTE_ 대체 불가능한 토큰을 지원하는 분산원장 기술(이 주제는 다음 절에서 자세히 설명한다)은 정보화 시대 가장 큰 혁명을 일으킬 잠재력을 지녔다. 비록 NFT는 디지털 고양이에서 시작되었어도 이를 넘어선 다양한 애플리케이션이 존재한다.

블록체인을 대중화한 NFT

2009년 블록체인이 등장한 이후, 블록체인은 수많은 산업을 뒤흔들고 있다. 블록체인이란 개념은 여전히 대부분 사람과 소비자들이 이해할 수 없는 범위에 있다(초창기 인터넷도 일반인에게 이해할 수 없는 미스터리였다).

NFT는 블록체인 기술을 대중들에게 돌려줬다. NFT는 다양한 사람들에게 블록체인의 접근성을 높이고 그 가치를 크게 상승시켜줬다. 예를 들어 많은 시간과 비용이 들었던 수집품 거래 같은 일을 이젠 NFT를 사용해 정확하고 빠르게 진행할 수 있다. 며칠 또는 몇 주가 걸렸던 우편물에서 이메일로 패러다임이 바뀐 것처럼 말이다. 이메일을 사용해 전 세계 어디에서나 메시지를 즉시 받거나 보낼 수 있게 되었듯 NFT는 고유한 디지털 아이템 소유권에 있어 같은 역할을 한다. 아마 미래에는 실물 자산에도 NFT를 활용할 수 있을 것이다.

NFT는 블록체인 기반 기술이다(아마 블록체인을 들어본 적이 있지만 깊게 이해하고 있지 못할 수 있다). 블록체인은 정보를 안전하고 정확하게 저장할 수 있는 **분산원장 시스템**이다. 엄격한 기준으로 저장한 정보를 변경하고 관리한다. 예를 들면 시스템 전체에 변경 사항을 알리고 합의하지 않고 한 명이 독단적으로 데이터를 변경할 수 없다(별로 대수롭지 않게 생각할 수 있지만 블록체인 이전엔 모든 데이터 기록 권한을 가진 담당자 독점적으로 데이터를 관리했다).

NFT의 가치는 믿을 수 있는 출처 기록에서 나온다. 나와 상대방의 거래 내역을 효율적이면서 투명하게 블록체인 시스템에 기록할 수 있다. NFT 거래 기록은 절대 바꿀 수 없는 데이터가 되어 엄격하게 통제된 기능으로 전 세계에 배포한다.

소유권 표시

NFT는 디지털 고양이뿐만 아니라 디지털 아트, 게임 아이템을 포함한 모든 자산 소유권을 나타낼 수 있다. NFT는 일반적으로 (NBA 탑샷과 같은) 거래 플랫폼인 중앙 집중식 거래소에서 이더리움 또는 비트코인으로 구매할 수 있다.

사용자간 거래

NFT는 중개자 없이 P2P^{Peer to Peer}[1] 방식으로 거래할 수 있다. 중간에서 거래를 조정하고 모니터링하는 개인이나 회사 없이 판매자와 구매자 사이에서 직접 거래가 일어난다. 즉, 다른 사람에게서 무언가를 구매할 때 이베이^{eBay}나 아마존^{Amazon}과 같은 업체에 의존할 필요가 없다. 스마트폰만 있다면 스스로 직접 거래할 수 있다.

중개자 없이 사용자끼리 직접 거래하는 내부 교환 메커니즘을 **탈중앙화 거래**^{decentralized exchanges}(DEX)라고 부른다. 탈중앙화 거래로 어떤 도움 없이 스스로 제3자에게 자산을 판매할 수 있다. 중앙화 거래소는 해킹에 취약하기 때문에 탈중앙화 거래가 인기를 끌고 있다. 특정 회사가 운영하는 거래소는 회사가 모든 시스템을 제어할 수 있어 블록체인이 가진 힘을 제대로 활용하지 못하고 결국 사용자에게 불리하게 작용한다. 중앙화 거래소에서 물건을 도난당하면 거의 돌려받기 불가능하다.

1 　옮긴이_ Peer to Peer(P2P) : 인터넷에서 개인과 개인이 직접 연결하여 데이터를 주고 받는 방식이다.

스마트 컨트랙트 활용

NFT는 **스마트 컨트랙트**Smart Contract **2**로 탈중앙화 거래가 이루어진다. 크립토키티를 예로 들면 고유한 디지털 아트 조각을 구매한 셈이다. 디지털 아트 조각에는 금액을 결제하면 중개자가 없어도 소유권을 자동으로 변경하는 코드가 포함되어 있다. 중개자를 없애 빠르게 거래하면서 리스크를 줄인다. 앞에서 말했듯 이메일처럼 전 세계 누구와도 빠르게 소유권을 교환할 수 있다.

디지털 희소성

대퍼랩스는 각 아이템의 디지털 희소성을 해결하고 크립토키티라는 디지털 수집품으로 선보였다. 크립토키티 두 마리는 서로 같지 않다. 하나하나가 유일하다. 디지털 상품은 새로운 개념이 아니며 현실 세계에서도 가치가 있다. 예를 들면 〈월드 오브 워크래프트World of Warcraft〉에서 활동하는 골드파머**3**는 스팀 장터Steam Market를 활용한다. 스팀 장터에서는 사용자가 PC 게임 내의 게임 아이템을 거래할 수 있다. 하지만 비디오 게임에 한정된 시장이기에 블록체인만큼 충분한 기능을 제공하지 않는다. 해킹과 사기, 개발자들에 의해 생태계가 영향을 받는 많은 경우를 생각해보면 블록체인이 더 유용하다는 걸 알 수 있다.

 NOTE_ 디지털 수집품은 디지털 고양이를 시작으로 모든 유형의 수집품과 예술로 옮겨오며 엄청난 잠재력 키우고 있다.

문제 해결

포트폴리오에 NFT가 추가되면서 사람들은 디지털 수집품을 다르게 바라보게 됐다. 크립토펑크CryptoPunk나 기타 NFT와 같은 디지털 수집품에 가지는 뜨거운 관심에서 그 관심을 알 수 있다. 한 디지털 아트 애호가는 「EVERYDAYS: THE FIRST 5000 DAYS」라는 NFT에 무려 6930만 달러를 지불했다. 현존하는 가장

---

2 NFT 데이터에 접근할 수 있는 원장 노드에서 실행되는 컴퓨터 스크립트
3 옮긴이_ 온라인 게임상 화폐인 골드를 모아 현금으로 거래하는 이들을 칭하는 용어

희귀한 초판본 크립토키티 NFT는 246.926ETH에 판매됐다.

NFT 규모, 범위, 역사를 살펴보며 암호화폐에 대한 두려움을 해결해보자.

- **중앙화된 발행 문제**: 디지털 수집품이 생성되고 발행되면 시장은 가장 희귀하거나 가장 인기 있는 아이템을 찾으려고 한다. 이때 제작자가 단순히 수집품을 더 생성하는 것을 막을 수 없다. 이에 따라 원래 수집했던 아이템 가치가 줄어들고 쓸모없는 물건이 될 수도 있다.
- **공급자 종속성 문제**: 최초 발행 기관은 발행한 디지털 수집품에 영향을 미친다. 디지털 수집품의 존재 여부는 발행 기관에 달려 있다. 디지털 수집품을 생성하고 초기 제작자가 사라지면 디지털 수집품도 가치를 잃는다. 반면에 NFT는 분산원장 속에 복제되어 영원히 존재한다. 네트워크 노드 운영을 지속할 만큼 토큰 이코노미를 잘 설계하면 NFT는 안전하다. 하지만 많은 NFT가 단순히 URL을 가리키는 스마트 컨트랙트로 되어있다(굉장히 위험하다. 호스팅 서비스를 종료하거나 컨텐츠를 뒤에서 변경할 수 있다). 물론 이미지가 너무 커서 또는 단순히 귀찮아서 그럴 수도 있다.
- **디지털 수집품 목적**: 물리적 수집품은 목적이 분명하기 때문에 인기가 있다. 예를 들어, 미술품은 수집해두면 큰돈이 될 수 있다. 집을 꾸미거나 과시를 위해 벽에 걸어 둘 수도 있다.

블록체인으로 이러한 문제가 해결된다면 비디오 게임이란 틈새시장뿐만 아니라 디지털 수집품에도 기꺼이 투자할 수 있다. NFT 디지털 수집품이 물리적 수집품과 같이 가치를 유지한다면 완전히 새로운 수집가 세상이 탄생할 것이다.

크립토키티의 게임 메커니즘

크립토키티는 이더리움 블록체인에 구축된 수집 가능한 디지털 고양이다. 이더리움 기본 암호화폐인 이더로 디지털 고양이를 사고팔 수 있다. 고양이를 교배하여 재미있는 특성과 다양한 매력을 가진 새로운 고양이를 만들 수 있다.

2017년 출시 당시 이더리움 블록체인 스마트 컨트랙트로 클락 캣Clock Cat으로 알려진 Gen 0(초판본 고양이란 뜻) 고양이 50,000마리가 발행됐다. 스마트 컨트랙트는 블록체인에 저장된 프로그램이다. 구매자와 판매자 사이의 계약 조건과 사전 설정이 프로그래밍 코드로 짜여있다. 자세한 스마트 컨트랙트에 대한 설명은 9장을 참고하자. 스마트 컨트랙트는 클락 캣을 15분마다 한 마리씩 자동으로 발행하고 발행된 고양이는 경매로 팔렸다.

크립토 고양이는 뚜렷한 특징을 가진 고유한 외모를 가지고 있다. 스마트 컨트랙트에 저장된 유전자(유전자형)가 특성을 결정한다. 실제로 크립토키티의 모든 기본적인 게임 메커니즘은 스마트 컨트랙트로 연결되어 있다. 크립토키티 팀이 블록체인 기술을 게임 속에 녹여 내자 블록체인은 소수만 이해하던 개념에서 평범한 상식이 되었고 사용자가 블록체인 기술을 자유롭게 다룰 수 있게 됐다. 이제 여러분도 같은 지식을 얻을 수 있는 기회를 얻었다.

크립토키티는 고양이를 번식시킬 수 있는 기능을 추가하면서 단순한 디지털 수집품을 넘어섰다. 출산한 고양이는 오로지 나만의 것이기 때문이다. 이 신기한 디지털 고양이에 대해 자세히 알고 싶다면 45페이지에서 '나만의 NFT 고양이 수집, 번식, 판매'를 살펴보자. 더 나아가 프로젝트 팀은 자급자족할 수 있는 커뮤니티를 만들었다. 이곳에서 사용자들은 이더리움 블록체인에서 새로운 수집품을 생성하고 거래할 수 있다.

메타마스크 설정

메타마스크는 이더리움 블록체인과 상호 작용할 수 있는 무료 브라우저 확장 앱, 스마트폰 앱이다. 지갑키로 디앱^{dApp} 웹사이트에 로그인하고 암호화폐 지갑에서 코인을 주고받을 수 있다. 그 외 다른 지갑을 살펴보고 나에게 맞는 지갑을 고르고 싶다면 4장을 참고하자.

단계별로 메타마스크 지갑을 설정해보자.

1. 메타마스크 웹사이트(https://metamask.io) 접속

메타마스크 지원 환경을 볼 수 있다. 크롬^{Chrome}을 비롯해 파이어폭스^{Firefox}, 브레이브^{Brave}, 엣지^{Edge} 브라우저를 지원한다. 작성 당시에는 사파리^{Safari}를 지원하지 않지만 아이폰 앱과 안드로이드 앱을 모두 제공한다. 여기서는 크롬을 예시로 설명한다.

2. [Download Now] 버튼을 클릭한 다음 [Install MetaMask for Chrome] 버튼을
클릭한다.

3. 크롬 웹 스토어에서 [Chrome에 추가]를 클릭한다.

브라우저가 메타마스크 다운로드를 완료하면 기존 지갑을 가져오거나 새 메타마
스크 지갑을 설정할 수 있는 옵션이 나타난다.

4. [시작하기] – [지갑 생성] 버튼을 클릭한다.

메타마스크에 사용 기록을 보낼지 선택한다. 개인 정보는 수집하지 않고 더 나은
서비스를 제공할 수 있도록 사용 기록만 수집한다. 원하지 않는다면 거부하자.

5. 암호를 생성한다.

메타마스크에서만 사용하는 비밀번호다. 복구 문구나 지갑 개인키가 아니다. 비밀
번호는 2차 보안 수단이다. 보안 문구 화면으로 이동한다. 복구 문구를 기록하라
는 메시지가 나타난다. 이 부분을 절대 건너뛰면 안 된다.

6. 비밀 복구 구문을 잘 적어서 안전한 장소에 보관하자.

종이를 코팅해서 금고에 보관해도 좋다. 비밀번호나 기기를 분실하면 복구 문구가
필요하다.

7. 다음 화면에서 복구 문구를 클릭하여 잘 기록해 뒀는지 메타마스크에서 다시 확인한다.

복구 문구를 올바르게 입력하면 메타마스크 지갑에 들어갈 수 있다.

8. 지갑 설정을 들어가 일반 탭을 클릭한다.

[통화 변환]을 눌러 기본 통화를 선택한다. 메타마스크 지갑 내 모든 자산이 선택
한 통화로 나타난다.

9. 언어를 선택한다.

고급 섹션으로 이동하면 계정을 재설정하고 전체 거래 내역을 지울 수 있다. 가스
비 설정을 포함해 다른 설정도 찾아볼 수 있다.

10. 메인 페이지로 이동하여 지갑 오른쪽 점 세 개를 클릭한다.

여기에서 이더리움 주소를 포함한 세부 계정 정보를 볼 수 있다. 이더리움 기반 토큰을 받으려면 이더리움 주소가 필요하다. 스마트폰으로 QR 코드를 스캔하는 정도로 아주 간단하다. 이미 암호화폐 거래소에 가입한 경우 아래 코인베이스 설정 부분은 건너뛰어도 된다.

메타마스크와 같은 암호화폐 지갑을 사용하면 이더리움 같은 암호화폐를 보관할 수 있다. 코인베이스와 같은 거래소를 사용하여 미국 달러(또는 실제 통화)를 암호화폐로 바꾼 다음 개인 지갑에 보관해야 한다. 거래소에서 지갑 서비스를 제공하는 경우가 많지만, 어떤 개인 지갑이든 거래소에서 사용할 수 있다. 예를 들어 코인베이스 지갑Coinbase Wallet은 코인베이스 계정과 함께 사용할 수 있는 별도 앱이다. 그러나 코인베이스 지갑을 사용하기 위해 코인베이스 계정이 필요하진 않다. 그 반대도 마찬가지다.

코인베이스 설정

코인베이스는 인기 있는 코인 거래소다. 암호화폐 지갑과 은행 계좌를 연동하여 암호화폐를 구매할 수 있다. 구매할 수 있는 암호화폐 종류도 꾸준하게 늘고 있다.

 TIP_ 코인베이스에 가입하려면 최소 18세 이상이고 정부에서 발급한 신분증이 있어야 한다. 여권은 사용할 수 없다. 인터넷에 연결된 컴퓨터나 스마트폰이 필요하다. 문자 메시지로 휴대폰 번호를 인증한다.

코인베이스 계정 생성

코인베이스는 계정을 만들고 유지하는 수수료가 없지만 거래 수수료는 있다. 다음 절차대로 코인베이스 계정을 생성해보자.

1. 컴퓨터 브라우저로 https://coinbase.com으로 접속하거나 안드로이드나 iOS 휴대폰에서 코인베이스 앱을 다운로드하여 실행한다.

2. [Get Started]를 클릭 또는 탭한다.

3. 실명, 이메일 주소, 비밀번호를 입력한다.

비밀번호와 생성된 시드 문구를 적어두고 안전한 장소에 보관한다. 시드 문구는 지갑을 복구할 때 필요한 단어 모음이다. 특수 비밀번호라고 생각하자.

4. 거주 국가를 선택한다.

5. 확인란을 선택하고 컴퓨터에서는 [Create Account]를 클릭하거나 휴대폰에서는 가입을 누른다. 코인베이스에서 이메일 주소로 확인 이메일을 보낸다.

6. [Verify Email Address] 메일을 선택하여 코인베이스 계정을 인증한다.

발신인이 no-reply@coinbase.com인지 확인한다. Coinbase.com으로 돌아간다.

7. 처음에 입력한 이메일과 비밀번호로 로그인하고 이메일 인증 절차를 끝낸다.

전화 인증

코인베이스 계정을 생성하고 이메일 주소를 인증하면 다음 단계에 따라 전화번호로도 인증해야 한다.

1. 코인베이스에 로그인한다.

2. 메시지가 표시되면 국가를 선택하고 휴대폰 번호를 추가한다.

3. 컴퓨터에서 [Send Code] 팝업을 클릭하거나 휴대폰에서 [Continue] 버튼을 누른다.

4. 코인베이스에서 휴대폰으로 문자를 보내면 7자리 코드를 입력한 후 [Submit](컴퓨터) 또는 [Continue](휴대폰) 버튼을 누른다.

개인 정보 추가

사진이 있는 신분증 정보를 추가로 입력해야 한다. 다음 단계를 완료할 때까지 편한 곳에 두자.

1. 코인베이스 앱을 계속 켜둔다.

전화번호를 검증하면 코인베이스에 신분증 사진을 제출한다.

2. 이름, 생년월일, 주소를 입력하고 아래 질문에 답한다.

- 어떤 목적으로 코인베이스를 사용하는가?
- 자금의 출처는 무엇인가?
- 현재 하는 일은 무엇인가?
- 고용주는 누구인가?
- 사회 보장 번호social security number(SSN) 마지막 네 자리는 무엇인가?

3. [Continue]를 클릭하여 단계를 종료한다.

이 단계에서 신청 절차를 완료한다. 계정을 승인하면 완료 메일을 보내주니 도착할 때까지 기다리자. 승인 메일이 와야 다음 단계를 진행할 수 있다.

본인 확인 및 은행 계좌 추가

이전 단계에서 승인 메일을 받으면 다음 단계를 수행하자.

1. 코인베이스에 로그인한다.

2. 본인 확인 절차를 완료한다.

 TIP_ 2단계 인증을 설정한다. 시간 기반 일회용 비밀번호Time-based One-Time Password(TOTP)를 설정하여 무단 침입을 막자. 구글에서 개발한 Authenticator 앱을 추천한다. 애플 앱 스토어나 구글 플레이 스토어에서 다운받을 수 있다.

개인 지갑으로 암호화폐 전송

아직 개인 지갑으로 암호화폐를 전송하지 않았다면 메타마스크 지갑으로 이더리움을 송금한다. 메타마스크 지갑에 로그인하고 다음 단계를 수행하자.

1. 지갑 메인 페이지에서 [받기] 버튼을 클릭한다.

암호화폐를 이체받을 수 있는 메타마스크 지갑 주소와 직접 암호화폐를 구매하는 [ETH 구매] 버튼과 다른 사람에게 대신 결제를 부탁할 수 있는 [결제요청] 버튼이 나온다.

2. 메타마스크 지갑 주소를 복사한다.

3. 코인베이스에서 메타마스크 지갑 주소로 크립토키티와 거래 수수료로 지불할 양의 이더리움을 보낸다.

 WARNING_ 구매할 때 들어가는 비용은 계속해서 변경되므로 전송하기 전에 수수료를 확인하자.

4. 메타마스크 지갑으로 이더리움이 입금되면 크립토키티 웹사이트(www.cryptokitties.co)에서 고양이를 살 수 있다.

개인 지갑이나 거래소 앱을 설정하는 데 정보가 더 필요하면 티아나 로런스가 쓴 『Blockchain For Dummies』(Wiley, 2019) 또는 마이클 G 솔로몬[Michael G. Solomon]의 『Ethereum For Dummies』(Wiley, 2019)를 참고하자. 두 권 모두 관련 내용에 대해 더 자세히 다루고 있다.

 WARNING_ (편집자) 번역서 발간 시점, 코인베이스는 한국 내 원화 입금을 막고 있다. 대신, 국내 거래소에서 구입한 암호화폐를 코인베이스 계정으로 입금하면 해당 금액으로 코인베이스 내 암호화폐 거래가 가능하다.

- https://github.com/hanbit/easy-nft-guide/tree/main/tips

(한국어판 부록) 업비트 설정

업비트는 국내에서 가장 유명한 거래소다. 가장 많은 암호화폐 종류를 지원하고 거래량 역시 가장 크다. 케이뱅크 계좌와 연동하여 암호화폐를 구매할 수 있다.

업비트 계정 생성

업비트 계정을 생성하려면 카카오 계정이 필요하다. 다음 절차대로 업비트 계정을 생성해보자.

1. 데스크톱 브라우저로 upbit.com으로 이동하거나 안드로이드나 iOS 휴대폰에서 업비트 앱을 다운로드하여 실행한다.

URL 주소로 접속하는 경우 주소 철자를 꼼꼼하게 확인하자. 피싱 사이트는 유사한 URL 주소로 사용자를 속이는 경우가 많다. 책에서는 모바일 앱을 기준으로 설명한다.

2. [카카오 계정으로 시작]을 클릭한다.

업비트에 가입하려면 카카오 계정이 필요하다. 카카오 계정이 없다면 카카오 계정부터 생성한다.

휴대폰에 카카오톡이 설치되어 있는 경우 바로 다음 단계로 넘어갈 수 있다. 데스크톱에서는

카카오 계정 ID와 비밀번호를 입력하여 다음 단계로 넘어간다.

3. 개인정보 동의 팝업 화면이 뜨면 필수 항목에 동의하고 [동의하고 계속하기]를 누른다.

4. 닉네임을 설정한 후 필수 항목에 동의하고 [확인]을 클릭한다.

5. 휴대폰 본인인증 단계에서 개인정보 수집 및 동의 항목에 동의하고 [확인] 버튼을 클릭한다.

6. 통신사를 선택하고 [PASS 인증하기] 또는 [문자로 인증하기]를 눌러 인증을 완료한다.

고객확인 절차 완료

2021년 10월부터 '특정 금융거래정보의 보고 및 이용 등에 관한 법률 제5조의2'에 따라 모든 가상자산사업자는 디지털 자산 거래가 자금세탁행위 등에 이용되지 않도록 회원의 신원 사항, 거래목적 및 자금출처, 실제 소유자를 확인해야 한다. 다음 절차에 따라 고객확인 절차를 진행하자. 고객확인을 위해서는 신분증과 케이뱅크 계좌가 필요하다. 케이뱅크 계좌가 없다면 케이뱅크 앱을 설치하고 비대면 계좌를 미리 개설한다.

1. 디지털 자산 거래 유의 사항을 확인하고 [확인] 버튼을 눌러 창을 닫는다.

2. [고객확인 완료 후 거래하기] 버튼을 눌러 이동한다.

3. 전체 동의를 선택하고 [고객확인 시작]을 클릭한다.

신분증(주민등록증, 운전면허증)과 본인명의의 계좌를 준비한다.

4. 여권 영문 이름, 이메일, 거주지 주소 등 기본 정보를 입력한다.

5. 본인 자금으로 이용 확인 창이 뜨면 [네]를 선택한다.

6. 직업, 거래목적, 자금원을 입력하고 [확인]을 클릭한다.

7. 신분증 인증 화면에서 [촬영] 버튼을 클릭하여 준비한 신분증을 촬영한다.

8. 본인명의의 계좌가 있는 은행과 계좌번호를 입력한다.

본인명의 계좌면 다른 은행 계좌도 사용할 수 있지만 케이뱅크 계좌를 사용하여 인증하면 바로 원화마켓 거래가 가능하다.

9. 자동이체 서비스 등의 동의하고 [계좌 인증번호 전송]을 클릭한다.

10. 해당 은행 서비스를 이용하여 인증번호를 확인한다.

입금내역을 확인하면 000업비트 입금자명의 형식으로 1원이 입금되어 있다. 앞 세 자리 숫자가 인증번호이다.

11. 인증번호를 입력하고 [확인]을 클릭한다.

12. [ARS 인증 전화 요청]을 클릭하여 ARS 인증을 진행한다.

13. 전화가 걸려오면 화면에 보이는 인증번호 두 자리를 입력하여 인증을 완료한다.

14. [카카오페이 인증] 버튼을 클릭하여 2채널 인증을 진행한다.

15. 다음 화면에서 [인증 활성화] 버튼을 클릭하여 카카오페이 간편 인증을 진행한다.

카카오페이 간편 인증이 없는 경우 카카오톡 앱에서 [더보기] – [카카오페이] 버튼을 눌러 카카오페이에 가입하고 인증서를 발급받자.

16. 간편 인증을 진행하면 카카오톡 알림톡으로 인증 요청이 도착한다. [확인하기]를 클릭하여 카카오 간편인증을 활성화한다.

원화 입금

이더리움을 구매하려면 원화를 입금하여 구매한다. 업비트와 연결한 케이뱅크 계좌에 충분한 금액을 입금하고 다음 절차로 업비트에 원화를 입금하자.

1. 업비트 하단 메뉴에서 입출금을 클릭한다.

2. 입출금 화면에서 원화를 선택한다.

3. KRW 입출금 화면이 나타나면 [입금하기] 버튼을 클릭한다.

4. 원하는 입금 금액을 입력하고 [입금신청]을 클릭한다.

5. 2채널 인증을 설정하여 카카오페이 인증으로 한번 더 인증하면 원화 입금이 완료된다.

개인 지갑으로 암호화폐 전송

입금한 원화로 이더리움을 구매하여 메타마스크 지갑으로 송금하자.

 TIP_ (편집자) 국내 거래소마다 개인 지갑으로의 출금 지원 여부가 달라 별도로 내용을 정리했다. 아래 주소로 관련 사항을 확인하도록 하자.

- https://github.com/hanbit/easy-nft-guide/tree/main/tips

나만의 NFT 고양이 수집, 번식, 판매

크립토키티 게임에는 구매, 번식, 교배, 거래의 네 가지 주요 기능이 있다. '구매' 기능은 간단하게 디지털 고양이 NFT를 살 수 있다.

고양이 NFT를 가진 사람은 자신의 고양이를 번식시켜 새로운 NFT를 만들 수 있다. 또 번식을 원하는 다른 사용자에게 '교배'할 고양이를 임대할 수 있다. '제안' 기능으로 판매 중이 아닌 고양이에도 입찰할 수 있으며 교환을 원하는 사용자와 고양이를 맞교환할 수 있다.

첫 크립토키티 구매

구매 기능은 간단하다. 메타마스크를 설정한 후('메타마스크 설정' 절 참조) 마켓플레이스로 접속해서 나만의 작고 귀여운 고양이를 찾아보자.

크립토키티 마켓플레이스를 둘러보면 여러 종류의 고양이를 볼 수 있다. 크립토키티는 공짜가 아니다.

누가 선물로 주지 않는 이상 최소 $3에서 많게는 $100,000까지의 비용[4]을 지불해야 한다. 물론 개인 지갑에 있는 ETH로 지불해야 한다.

다음 단계를 따라 크립토키티를 검색하고 구매해보자.

1. https://cryptokitties.co/search에 접속한다.

2. 페이지에서 고양이를 찾거나 상단 검색창에서 검색한다. 고양이 종류, 세대, 쿨 타임으로 필터링 할 수 있다.

3. 아래 [Next]를 클릭하면 더 많은 고양이 목록을 볼 수 있다.

4. 사고 싶은 고양이를 찾았으면 지금 구매 버튼을 클릭한다.

5. 구매하려는 고양이를 더블 클릭한다

....

4 옮긴이_ 2022년 4월 기준 가장 싼 고양이는 0.005ETH 정도다. 하지만 급격한 가스비 상승으로 가스비를 최저로 설정해도 고양이를 구매하려면 2ETH이 필요하다.

6. 모든 것을 완료하면 [OK, Buy This Kitty] 버튼을 클릭한다.

대퍼랩스의 거래 창이 나타난다. https://meetdapper.com/에서 지갑이 없으면 지갑을 설정하라는 메시지가 나타난다. 메타마스크 계정을 생성하지 않았다면 대퍼랩스 페이지 가이드를 따라 계정을 생성하고 고양이 주문 화면으로 돌아간다.

7. [Submit] 버튼을 클릭하여 고양이를 구매한다.

고양이를 구매한 후 프로필에 표시되기까지 시간이 몇 분 정도 걸릴 수 있다. 이더리움 블록체인이 소유자 변경 내역을 기록하고 업데이트하는 시간이 필요하다. 이더리움 네트워크 상황에 따라 더 걸릴 수 있다.

제안하기 기능

고양이를 사는 또 다른 방법으로는 사용자에게 제안을 하는 방법이 있다. [Make Offer] 버튼을 누르면 판매 중이 아닌 고양이를 구매하기 원하는 사용자가 판매를 제안할 수 있다. 소유자는 제안을 받으면 3일 안에 제안을 수락할 수 있다.

고양이 번식

크립토키티에서는 번식기능이 존재해 부모 고양이의 유전자를 조합한 새로운 고양이를 만들 수 있다. 고양이를 구매하고 번식시킬 계획이 있다면 가계도를 반드시 확인해야 한다. 독특하고 희귀한 유전자 구성을 가진 고양이는 무궁무진하여 어떤 결과가 나올지 아무도 모른다. 고양이마다 고유한 특성Cattributes을 바로 확인할 수 있지만 일부 특별 속성은 번식으로만 잠금을 해제할 수 있다. 번식할 고양이의 속성을 알고 있으면 원하는 번식 결과를 얻는데 도움이 될 수 있다.

번식할 때 한쪽 고양이는 수컷 역할을 하며 한 번 번식하면 일정한 회복 기간이 필요하다. 다른 고양이는 암컷 역할로 새끼 고양이를 낳기 전까지 다른 번식은 할 수 없다. 고양이를 번식시키는 방법은 두 가지다.

- 내가 가진 고양이 두 마리를 교배한다.
- 내가 가진 고양이 중 하나를 다른 암컷이나 수컷과 교배시킨다. 수컷을 교배시키면 임대 수수료를 받을 수 있고 암컷은 새 고양이를 가질 수 있다.

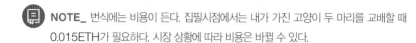 **NOTE_** 번식에는 비용이 든다. 집필시점에서는 내가 가진 고양이 두 마리를 교배할 때 0.015ETH가 필요하다. 시장 상황에 따라 비용은 바뀔 수 있다.

크립토키티는 얼마든지 번식할 수 있지만 교배를 할수록 회복, 임신 기간은 늘어나니 주의하자. 대기 시간은 고양이 사진 아래 시계 아이콘과 함께 나타난다. 내고양이가 교배를 많이 할수록 자식을 낳는데 더 오랜 시간이 걸린다.

새로 만들어질 고양이는 부모 고양이가 가진 세대 중 높은 세대에 1을 더해 세대가 정해진다. 예를 들어 4세대와 5세대를 교배하면 6세대 고양이를 얻는다. 반면 10세대 두 마리를 교배하면 11세대를 얻는다. 그러니 세대가 같은 고양이끼리 교배하는 편이 좋다.

NFT의 현황

순서대로 책을 읽었다면 지금쯤이면 NFT가 무엇인지(1장) 이해하고 구입(2장)까지 해봤을 것이다. 그러나 깜찍한 크립토키티와 6900만 달러짜리 NFT를 신경쓰다보면 NFT의 본질을 놓치기 쉽다. 대체 불가 토큰은 단순히 대체 불가한 아이템의 소유권을 확인해주는 암호화된 디지털 코드다.

이 장에서는 NFT의 잠재력과 재산권 측면에서 NFT가 의미하는 바를 다룬다. 본론으로 넘어가기 전에 먼저 크리스티 경매에서 6900만 달러에 팔린 유명한 NFT에서 영감을 얻어보자. 엄청나게 비싼 NFT는 어떤지 살펴보자. 비플 NFT가 작품 자체가 아니라면 과연 무엇일까?

6900만 달러짜리 NFT 뜯어보기

비플Beeple로 알려진 아티스트는 5,000일 동안 매일 새로운 디지털 예술 작품을 만들겠다는 약속으로 EVERYDAYS 컬렉션을 시작했다. 화제의 작품, 「EVERYDAYS - THE FIRST 5000 DAYS」는 2007년 5월에 작업을 시작하여 2021년 2월 16일에 NFT로 작품을 발행하면서 그동안 절정에 달한 작품 활동 여정을 끝냈다. [그림 3-1]이 「EVERYDAYS」 프로젝트의 최종 결과물이다. 과연 비플은 정말 판매한 것은 무엇일까?

25 Feb - 11 Mar 2021 | Online Auction 20447
Beeple | The First 5000 Days

← Lot 1 →

Beeple (b. 1981)
EVERYDAYS: THE FIRST 5000 DAYS

Price Realised
USD
69,346,250

Estimate
unknown

Closed: 11 Mar 2021

♡ Save   ᐛ Share

그림 3-1 비플의 유명한 디지털 작품 「EVERYDAYS - THE FIRST 5000 DAYS」

디지털 이미지는 픽셀의 집합이다. 때문에 비플은 약 300MB 이미지를 해시 코드Hash Code를 사용해 압축했다. 해시 함수는 그래픽을 기계어 수준으로 압축한다. 그리고 이 해시 코드에 추가 메타 정보를 포함하여 다시 해시한 뒤 토큰 URI `ipfs://ipfs/QmPAg1mjxcEQPPtqsLoEcauVedaeMH81WXDPvPx3VC5zUz`와 함께 비플 NFT 메타데이터의 일부로 저장한다. URI로 P2P 네트워크 저장소인 IPFS에 저장된 「EVERYDAYS - THE FIRST 5000 DAYS」를 찾아볼 수 있다. 이렇게 비플의 디지털 아트를 전파하고 `token ID 49013`(스마트 컨트랙트 주소: `0x2a46f2ffd99e19a89476e2f62270e0a35bbf0756`)가 탄생했다! IPFS 네트워크를 자세히 알고 싶다면 '다크 웹 들여다보기' 박스를 참고하자.

이런 기록들은 NFT 거래 기록에서 세부 정보를 확인할 수 있다. [그림 3-2]에서 비플이 6,900만 달러짜리 NFT를 발행한 기록을 확인할 수 있다. 크리스티 경매 사이트에 [그림 3-3]과 같이 NFT를 확인할 수 있는 세부 정보가 있다(https://bit.ly/3tzmWvw에 접속하면 전체 거래 내역을 볼 수 있다).

다크 웹 들여다보기

IPFS는 행성간 파일시스템을 의미하는 InterPlanetary File System의 약자로, 다크 웹 또는 다크넷의 일부다. IPFS는 콘텐츠 주소 스토리지를 기반으로 하는 분산 파일 공유 네트워크로 데이터가 저장된 위치가 아닌 콘텐츠 자체를 기반으로 데이터에 접근한다. 앞서 살펴본 토큰 URI에서 QmPAg1m-jxcEQPPtqsLoEcauVedaeMH81WXDPvPx3VC5zUz 부분은 IPFS에서 분산 네트워크에 있는 파일을 찾는 데 필요한 콘텐츠 메타데이터를 제공한다. 비플은 자신의 실제 디지털 미술품을 최신 버전 냅스터^{Napster}에 마음껏 배포한 셈이다!

그림 3-2 비플 NFT를 생성한 트랜잭션에서 발췌한 이벤트 로그

Details   —

Beeple (b. 1981)
EVERYDAYS: THE FIRST 5000 DAYS
token ID: 40913
wallet address: 0xc6b0562605D35eE710138402B878ffe6F2E23807
smart contract address:
0x2a46f2ffd99e19a89476e2f62270e0a35bbf0756
non-fungible token (jpg)
21,069 x 21,069 pixels (319,168,313 bytes)
Minted on 16 February 2021. This work is unique.

그림 3-3 크리스티 온라인 경매 사이트에 있는 비플 NFT의 세부 정보

낙찰자가 구매한 것은 무엇일까? NFT는 법적으로 디지털 미술품에 대한 접근을 독점하도록 하진 않는다. 디지털 미술품은 누구나 접근할 수 있도록 자유롭게 공유된다. 또 미술품을 사용할 때 발생한 로열티를 얻을 수 있는 권리를 나타내지 않는다. 금융 기술^{FinTech} 역사의 놀라운 현장이다. 우리는 이더리움 블록체인에 중개자 없이도 안전하게 저장되어 있는 소유 기록을 보고 있다. 이 고유한 디지털 아이템을 현재 누가 소유하고 있는지, 과거에 누가 소유했는지 거래 기록을 확인할 수 있다.

비플의 작품이 최고가로 낙찰되며 사람들에게 NFT가 유망한 기술이란 인식을 심어주었고 NFT 성장 기반을 제공했다. 13장에서는 「EVERYDAYS – THE FIRST 5000 DAYS」를 비롯해 믿을 수 없는 가격으로 팔린 NFT Top 10(비플 작품 두 개 포함)을 소개한다.

소유권의 재정의

크립토키티나 비플 NFT의 소유권과 거래 이력을 추적하는 일은 시작에 불과하다. 마켓플레이스가 제대로 작동하려면 소유권을 잘 정의하고 권리를 확실하게 보장해야 한다. 신뢰할 수 있는 중개자를 사람들은 당연하게 여긴다. 예를 들어 각종

소유권을 관리하려면 시청 직원이 필요하다고 생각한다. 사람들은 차량관리국을 신뢰하고 차량관리국은 자동차 등록을 관리한다. 하지만 NFT는 거래내역을 기록하고 소유권을 증명하는 중개자가 필요 없다.

비플 NFT처럼 NFT는 블록체인에 암호학적으로 안전하게 저장된 것 이상이다. 현대에서 소유권 이전이란 자동차, 집, 디지털 이미지 등 특정 자산을 사용할 수 있는 법적 권리의 이전을 의미한다. '주운 사람이 임자' 같은 말은 통하지 않는다. 권리 이전은 NFT가 가진 특성에 잘 맞는다. 소유권, 증서, 라이선스를 NFT로 생성하여 법적으로 증명할 수 있다.

NFT는 큰 잠재력을 지녔다. 소유권을 P2P 방식으로 전송하고 그 기록을 안정적으로 추적할 수 있다. 게다가 기록을 검증할 신뢰하는 제3자가 필요 없다. 고유한 아이템 소유권을 즉시 추적하고 검증할 수 있는 기능은 출처 증명이 부족하거나 체계가 없었던 시장을 개선할 수 있다.

NFT와 디지털 자산

디지털 자산 추적은 NFT의 자연스러운 출발점이다. 디지털 수집품에서 게임 아이템과 디지털 미디어에 이르기까지 NFT는 창작자 경제를 민주화시킬 힘을 가지고 있다.

음악, 영화, 책

최근까지 소비자는 원하는 음악을 들으려면 음악을 소유해야 했다. 음반에서 카세트 테이프, CD에서 MP3에 이르기까지 물리적이든 디지털 미디어 형태로든 소유를 당연하게 여겼다. 디지털 음악은 편리하지만 사람들은 음반을 사고파는 데에 더 익숙하다. 아티스트도 시간이 지나면 소비자들이 구매한 음반에 흥미를 잃는다는 사실을 잘 알고 있었다. 그래서 저작권자 허가 없이 구매자가 음반을 재판매할 수 있도록 **최초 판매 원칙**First-Sale Doctrine을 제정했다.

지금은 스트리밍 서비스가 음악 구매와 다운로드를 훨씬 능가하면서 개인이 음악을 소유하는 건 먼 과거의 일이 되었다. 디지털 사본은 복사해도 품질이 떨어지지 않았다. 여기에 미국 저작권청이 디지털 음악 거래에 '최초 판매 원칙'을 적용하는 것을 미루는 사이 개인 기기에 사본을 저장해두고 구입한 디지털 음악을 다른 사람에게 판매하는 것이 자연스러운 현상이 됐다.

디지털 미디어 분야에서도 소유와 접근 권한을 잘 확립하고 쉽게 검증할 수만 있다면 디지털 상품 거래는 물리적인 거래와 차이는 없어질 것이다. 따라서 NFT는 디지털 시대의 소유 개념(과 최초 판매 원칙!)을 음악뿐만 아니라 영화와 책에도 적용할 수 있다.

사진 및 디지털 아트

디지털 이미지 시장 역시 NFT가 자연스레 발전할 수 있는 시장이다. 디지털 사진이나 예술 작품의 법적 권리를 안정적으로 입증하는 데 사용할 수 있다. 내가 소유하고 있는 디지털 이미지(이미지 메타데이터에 NFT의 식별 정보를 포함할 수 있음)와 함께 NFT를 생성하여 정당한 소유자와 허가 받은 사용자를 기록할 수 있다고 상상해보자. 셔터스톡Shutterstock이나 게티 이미지Getty Images에서 활동하는 디지털 아티스트 또는 사진 작가가 얻을 수 있는 잠재적인 수익은 엄청날 것이다.

이미지 검색 엔진 정확도가 높아져(그림 3-4) 콘텐츠 창작자는 디지털 콘텐츠를 무단으로 사용하는 사람을 쉽게 찾을 수 있다. 허가 받은 사용자 역시 NFT와 이미지 메타데이터로 법적 권리를 확인할 수 있다.

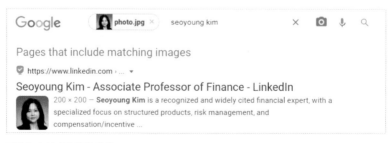

그림 3-4 이미지 검색 예시

공인은 NFT로 딥페이크Deepfake[1] 생성 문제를 줄일 수 있다. 오바마의 합법적인 디지털 컨텐츠가 만들어질 때마다 토큰을 생성하는 오바마 NFT가 있다고 상상해보자. 소비자는 다양한 오바마 컨텐츠에 포함된 토큰 해시를 확인하고 이미지, 음성, 영상이 변경되었는지 확인할 수 있다. 물론 신뢰 사회에서는 신뢰할 수 있는 중앙 기관이 검증된 미디어의 해시 목록을 게시할 수 있다. 그러나 체제가 불안정하다면 자신이 본 미디어의 진위여부를 믿으려면 누구도 개입하지 않은 변경할 수 없는 계정에서 해시 목록을 관리해야 한다.

게임 아이템

〈에버퀘스트EverQuest〉나 〈리그 오브 레전드League of Legends〉와 같은 온라인 롤플레잉 게임이 인기를 얻으면서 게이머들은 게임에서 재산을 더 빨리 축적하거나 더 높은 지위를 얻으려고 희귀한 아이템에 진짜 돈을 쓰기 시작했다.

게이머는 게임 아이템을 이베이eBay 또는 플레이어옥션PlayerAuctions[2](그림 3-5)와 같은 마켓플레이스에 올리고 구매자가 돈을 지불하면 게임 내에서 아이템을 건네주기로 약속(위험성이 다분한 거래 방식)을 한다. NFT는 자연스럽게 게임 아이템이나 캐릭터 소유권을 보여주고 스마트 컨트랙트를 활용해 P2P 거래를 자동으로 할 수 있도록 한다. 진정 민주적으로 소유와 거래가 가능한 게임 세상을 상상해보자. 숙련된 게이머는 더 많은 판매 수익을 얻을 수 있고 초보 게이머는 조금 더 낮은 비용으로 게임 내 지위를 얻을 수 있다. 실시간으로 P2P 거래가 안전하게 이뤄지는 셈이다.

---

1 딥러닝 기술로 닮은 사람을 합성한 이미지 또는 영상
2 게임 내 아이템을 현금으로 거래하는 거래소(옮긴이_ 국내의 아이템베이와 비슷하다)

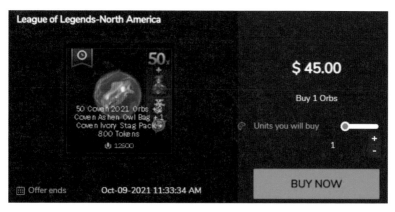

그림 3-5 플레이어옥션에서 판매하는 리그 오브 레전드 게임 아이템

NFT와 실물 재산

물리 세계에서는 더 많은 활용 사례가 있다. 대체 불가 상품을 나누거나 분류하고 디지털 방식으로 추적할 수 있다. 게다가 투명하고 믿을 수 있는 자동화 시스템이 있다면 활용하여 큰 이익을 얻을 수 있다.

주택, 자동차, 애완동물

주택 등기와 거래 내역을 퍼블릭 블록체인에 기록해 보험이나 에스크로 서비스가 필요 없는 세상을 상상해보자.

또한 차량등록증 대신 대체 불가능한 토큰을 발행하는 것도 상상해보자. [그림 3-6]처럼 카팩스^{CARFAX}에서 자동차등록증을 39.99달러를 주고 구매하는 대신 오픈 소스 블록체인에서 자동차 등록 이력을 검색할 수 있다. 소유자 변경 이력, 사고 내역, 정비 이력, 차적지 변경내역 등을 무료 또는 약간의 거래 수수료를 지불하고 찾아볼 수 있다.

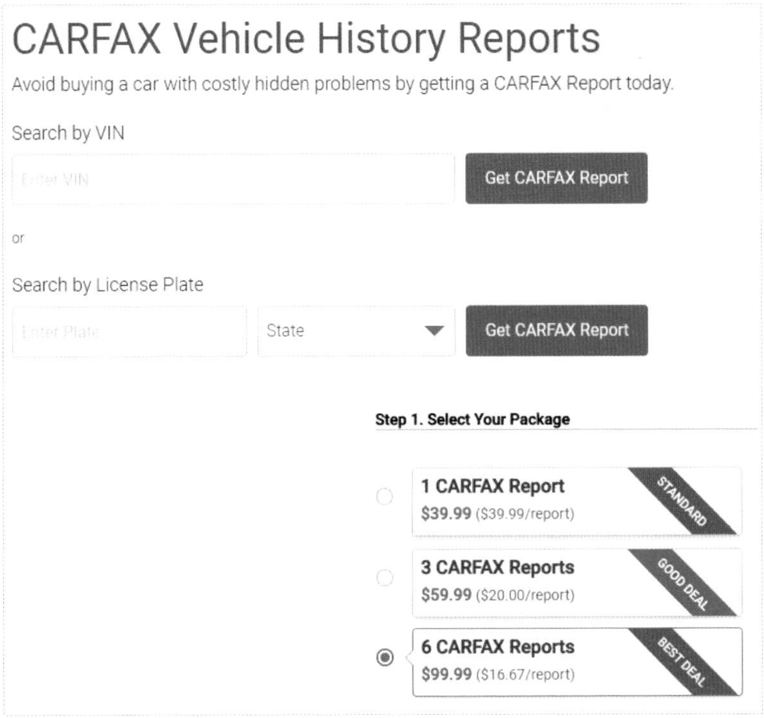

그림 3-6 카팩스 화면과 가격 정책

디지털이 아닌 실제 애완동물에도 크립토키티처럼 소유권과 혈통 추적에 NFT를 활용할 수 있다. [그림 3-7]처럼 아메리칸 케널 클럽American Kennel Club[3]에서 발행한 인증 가계도는 $36이며 혈통 정보를 4세대까지만 제공한다. 크립토키티보다 비쌀 뿐 아니라 제공하는 정보도 적다.

....
3 옮긴이_ 미국의 애견협회

그림 3-7 아메리칸 케널 클럽 혈통 증명서

예술, 보석, 와인 및 기타 수집품

고급 와인과 보석, 다른 걸작과 같이 경험하기 힘든 비싼 물건은 늘 사기당할 위험이 있다. 루디 커니아완Rudy Kurniawan은 수백만 달러 가치의 위조 와인을 판매한 사건으로 악명이 높다. 도멘 드 라 로마네 콩티Domaine de la Romanée-Conti[4]나 샤토 무통 로쉴드Château Mouton Rothschild처럼 권위 있는 와이너리에서 생산한 와인을 값싼 와인과 섞어 팔았다.

 NOTE_ NFT는 위조를 발견하거나 해결할 수 없다. 하지만 신뢰할 수 있는 원산지 증명 기록 전체와 함께 전문가의 품질 보증을 제공한다. 그래도 미덥지 못한가? 기록이 남기에 사기는 단 한 번만 가능하다는 점은 잊지 말아달라.

....
4 옮긴이_ 부르고뉴 지방으로 세상에서 가장 비싼 와인 로마네 콩티 그랑 크뤼를 생산하는 지역

가능성을 상상하다

택시 번호판에서 콘서트 티켓에 이르기까지 모든 독특하고 양도 가능한 권리는 중개자가 없는 P2P 시장으로 무르익고 있다. 기존 아이디어와 사업에 블록체인과 네이티브 토큰의 개념을 도입하겠다며 의미 없이 사명만 바꿔 놀림받던 시절(롱 블록체인Long Blockchain[5]을 기억하는가?)이 있었다. 하지만 탈중앙화 금융Decentralized Finance(DeFi) 분야(유니스왑Uniswap, 체인링크Chainlink, 컴파운드Compound)에서 매우 가치 있고 의미 있는 게임 체인저가 나타나고 있다.

DeFi 분야의 게임 체인저를 더 자세히 알아보려면 다음 웹사이트를 확인해보자.

- 유니스왑Uniswap(탈중앙화 거래소): https://uniswap.org/about
- 체인링크Chainlink(탈중앙화 오라클): https://blog.chain.link
- 컴파운드Compound(탈중앙화 대출 풀): https://compound.finance

가능성은 무궁무진하다. 앞으로 NFT는 또 어떤 것들을 변화시킬 수 있을까?

---

5 옮긴이_ 2017년 롱 아일랜드 아이스 티Long Island Iced Tea 주식회사가 블록체인 기술 기반 아이스티 생산 및 관련 기업 인수를 모색한다며 롱 블록체인Long Blockchain으로 변경했으나 결국 근거 부족으로 2018년 나스닥에서 상장 폐지가 됐다.

NFT의 구매와 판매

2부에서는 실제로 NFT를 구매하고 판매하는 방법에 대해서 소개한다. 4장에서는 NFT 시장에 대한 현황을 소개한 뒤 암호화폐 지갑인 메타마스크를 설정하고 마켓플레이스에서 NFT를 민트하는 방법을 소개한다. 5장에서는 투자 수단으로써의 NFT를 살펴본다. 투자할 때 주의해야 할 점과 어떤 상품들이 존재하는지 확인할 수 있다.

Part 2

NFT의 구매와
판매

CHAPTER 4

NFT 민팅

이 장의 주요 내용

◆ 핫 월렛 설정하기

◆ 도난에서 지갑 보호하기

◆ 독창적인 디지털 아트 작품 만들기

◆ 무료로 나만의 NFT 만들기

◆ NFT 컬렉션 경매

이 장에서는 NFT 세상을 자신있게 탐험하기 위한 준비를 한다. 이번 장을 마치면 여러분은 인터넷에서 인기를 끌고 있는 다양한 플랫폼에서 NFT를 구매, 생성, 판매할 수 있다. 또한 NFT를 활용해 창작자에게 권한을 부여하는 새로운 디지털 자산을 만들 수 있다. NFT는 위조를 막아주기 때문에 예술가와 수집가는 NFT를 좋아한다. NFT를 사용하면 디지털 수집 카드 같은 새로운 유형의 디지털 자산을 만들 수 있다.

이 장에서는 핫 월렛인 메타마스크와 지갑을 안전하게 보호하는 방법을 배운다. 오픈씨OpenSea, 니프티 게이트웨이Nifty Gateway, 라리블Raribles과 같이 인기 있는 NFT 마켓플레이스를 탐색하고 사용하는 방법을 알아본다. 그리고 생애 첫 NFT를 무료로 처음부터 만들어보고 업로드 해본다. 마지막으로 투자수단으로 NFT를 배우고 앞으로 NFT를 어떻게 활용할 수 있을지 알아보자.

NFT 매매에 관한 모든 것

NFT는 한 사람이 다른 사람에게 자산을 전송한 디지털 기록으로 보통 고유한 디지털 아이템을 표현한다. 이미 NFT 기술을 활용하는 온라인 게임 기업이 있으며, 곧 NFT가 수집품의 표준이 될 수 있다.

NFT는 다른 디지털 콘텐츠와 다르다. NFT는 사진, 비디오, 다양한 유형의 온라인 미디어를 소유한 사람이 누구인지 보여주는 블록체인 기반 인증서를 포함한다. 토큰은 유일하기 때문에 수집가가 수집하는 수집품이나 다름없다. 구조적으로 복제할 수 없기 때문에 희소성을 유지한다. 2020년부터 NFT는 엄청난 인기를 끌고 있고 현재 값비싼 예술품이 NFT로 판매되고 있다.

초기 NFT 성공 요인

최초 NFT 중 하나는 크립토키티 게임의 디지털 고양이로 2장에서 자세히 다뤘다. 크립토키티는 캐나다 스튜디오 대퍼랩스가 개발한 이더리움 블록체인 게임이다. ERC-721 토큰 표준을 사용한 선구자로 고유한 가상 고양이를 사용자가 구매, 수집, 번식, 판매할 수 있다.

토큰 표준이 만들어진 후 ERC-721 토큰 표준은 점차 확장되고 있다. 토큰 표준은 모든 유형의 디지털 미디어를 거래할 수 있도록 돕는다.

NBA의 탑샷

미국 NBA의 탑샷이 출시되면서 NFT는 대중적으로 인기를 끌기 시작했다. 사용자는 사이트에서 좋아하는 NBA 선수의 NFT를 구매하거나 거래할 수 있다. 탑샷은 출시한 지 5개월 만에 10만 명이 넘는 구매자를 모았고 매출액이 거의 2억 5천만 달러에 달했다. NBA 팬들은 탑샷에 열광했다. 거래 대부분은 P2P 시장에서 일어나고 판매할 때 발생하는 로열티는 NBA로 넘어간다.

르브론 제임스의 덩크슛은 농구 역사상 상징적인 순간 중 하나다. 이 장면의 NFT

는 20만 달러에 판매되었다. NBA 팬은 좋아하는 선수와 경기 장면을 기억하기 위해 NBA 기념품을 구입한다는 점을 활용해 NFT라는 완전히 새로운 방식의 기념품을 만들어낸 것이다.

뮤지션

NFT는 가요계에도 퍼지기 시작했다. 최근 몇 년간 주목받은 뮤지션 그라임스Grimes는 니프티 게이트웨이 웹사이트에서 시리즈 10점을 600만 달러에 판매했다. 가장 높은 금액으로 팔린 작품은 독특한 뮤직 비디오 〈Death of the Old〉로 388,938달러에 판매되었다. 그라임스는 〈Earth〉와 〈Mars〉라는 짧은 뮤직 비디오 두 편을 수백 개의 에디션으로 나눠 개당 7,500달러에 판매했다.

인터넷 밈

냥캣Nyan Cat 밈은 NFT로 전환된 유명한 밈 중 하나다. 모르는 사람을 위해 설명하자면 냥캣은 2011년 유튜브에서 시작됐다. 몸통이 팝 타르트로 된 고양이가 우주를 날아가며 일본 팝송에 맞춰 무지개 무늬 흔적을 남기는 애니메이션이다. 해당 영상의 창작자인 크리스 토레스Chris Torres는 24시간의 경매를 통해 냥캣 리마스터 기념일 에디션을 59만 달러에 판매했다.

독특한 NFT

반드시 예술품이 아니더라도 NFT로 만들 수 있다. 예를 들면 트윗을 예술이라고 생각하기 어렵다. 하지만 트위터 창업자 잭 도시Jack Dorsey는 자신이 올린 첫 트윗을 NFT로 만들어 290만 달러에 팔았다. 2006년 3월 21일에 게시된 트윗에는 '방금 내 트위터를 만들었음'이라고 쓰여있다. 해당 트윗을 구매한 부유한 사업가 시나 에스타비Sina Estavi는 이를 모나리자 그림 구매에 비유했다. 진정한 예술과 아름다움은 보는 이의 눈에 달려 있다.

투자로서의 NFT

모든 투자와 마찬가지로 구매하는 NFT 작품 가치를 결정할 때는 최선의 판단을 내려야 한다.

 WARNING_ 지은이와 옮긴이는 자산관리사가 아니며, 해당 내용은 NFT에 관한 소개 일뿐 투자 조언이 아니다.

NFT는 주관적 방법이나 객관적 방법으로 모두 평가할 수 있다. 이번 절에서는 NFT 드롭과 관련하여 고민해야 할 몇 가지 항목을 정리했다. 드롭^{Drop}이란 음악 업계에서 출시를 의미하는 용어.

 NOTE_ NFT는 디지털 자산의 새로운 형태로 NFT 시장은 수년간 계속해서 발전할 것 이다. 항상 최선의 판단을 내리고 정말로 좋아하는 아이템만 사자. 그리고 잃어도 괜찮은 만큼만 투자하자. 그럼 즐거운 쇼핑이 되길!

아티스트 인기도

아티스트의 인기도는 NFT를 드랍하기 전 가치를 결정짓는 가장 큰 요인이다. 아티스트가 유명하다면 다른 사람들도 이 아티스트가 만든 디지털 아트를 소유하고 싶어한다.

크립토펑크^{CryptoPunks}는 이 기준에 조금 맞지 않다. NFT 발행 전까지 어떤 누구도 크립토펑크 존재를 몰랐기 때문이다. 지금 수집가들은 오픈씨나 라리블과 같은 마켓플레이스에서 크립토펑크 NFT를 수천 달러에 판다. 크립토펑크 거래가 활발하게 일어나면서 생겨난 가격 하한선^{Floor Price}은 시장이 크립토펑크 가치를 얼마로 평가하고 있는지 파악하는 기준이 된다.

크립토펑크는 초기 NFT 프로젝트 중 하나다. NFT는 더 오래되고 희귀할수록 가치를 얻는다. 크립토키티와 크립토펑크처럼 2017년에 발행한 오래된 NFT는 경매에서 높은 가격으로 팔리고 있다.

블록체인 보안

NFT를 이야기할 때는 늘 보안 문제가 따라온다. NFT는 정확하게 소유권을 추적할 수 있어 조작이 불가능하고 사기를 막을 수 있다. 또 블록체인 기술로 중앙 기관에 의존하지 않고도 NFT를 관리하고 안전하게 보호할 수 있다. 즉, 독립적으로 NFT를 소유할 수 있다. NFT 덕에 이더리움은 가장 인기 있는 네트워크로 부상했다. NFT를 생성하고 보관할 수 있으며 가장 역사가 깊고 안전하기 때문이다. NFT가 발행된 블록체인을 평가할 때 얼마나 탈중앙화되고 지속할 수 있는지 중요하다. 미래에도 인기를 계속 유지할 수 있는지 고려해야 한다.

> **NOTE_** 모든 NFT가 온 체인 NFT는 아니다. 온 체인 NFT란 디지털 아트를 렌더링할 때 필요한 데이터를 블록체인에 저장한 NFT다. 탈중앙화 작업 증명 네트워크에서는 데이터를 저장하는 비용이 많이 든다. 그래서 아티스트는 NFT의 이미지를 AWS와 같은 클라우드 서비스에 주로 저장한다. 반면 아바스타Avastars, 아베고치Aavegotchis, 아트블록Art Blocks은 이더리움만으로 완전한 NFT를 제공한다.

> **WARNING_** 오프체인 NFT는 소유권을 나타내는 토큰이며 디지털 아트 자체를 보호하지 않는다. 그러나 온 체인 NFT는 탈중앙화 데이터 구조를 기반으로 토큰처럼 데이터가 복제되어 각 노드에 존재한다.

메타마스크 핫 월렛의 위험성

메타마스크Metamask는 인터넷과 연결된 **핫 월렛**Hot Wallet이다. ETH를 포함한 다른 토큰들을 보관하거나 보내고 받을 수 있다. 웹 기반 지갑은 모두 핫 월렛이다. 암호화폐 지갑 유형 중에서 가장 안전하지 않다. 반면에 **콜드 월렛**Cold Wallet(하드웨어 월렛Hardware Wallet 또는 오프라인 월렛Offline Wallet)은 인터넷에 연결되어 있지 않다. 메타마스크는 핫 월렛이므로 자산을 저장하는 안전한 방법은 아니다. 바로 써야하는 소액 거래에만 사용하도록 하자.

집필 시점까지 메타마스크는 큰 해킹을 당한 적이 없다. 메타마스크는 프라이빗 및 퍼블릭 주소 계층 구조를 자동으로 생성하여 지갑을 백업하는 **계층적 결정론적 지갑**Hierarchical Deterministic Wallet(HD 지갑)이다. 그러면 백업을 위해 해당 쌍을 손수 생성할 필요가 없다. 메타마스크는 정기적으로 코드를 업데이트하는 활발한 개발자 커뮤니티가 존재한다. 메타마스크를 사용할 때 마주칠 수 있는 위험은 주로 피싱Phishing 공격이다. 사기꾼은 사기성 메시지를 보내 사용자를 속여 비밀번호와 사용자 정보를 가로챈다.

피싱 공격은 자주 발생한다. 지갑 비밀번호와 복구 문구가 공격 대상이다. 어떤 상황에서도 다른 사람에게 암호나 복구 문구를 알려주면 안 된다. 다음 항목을 열지 않도록 주의하여 피싱 공격을 방지하자.

- 팝업 광고
- 의심스러운 이메일
- 의심스러운 광고 또는 이메일의 링크

메타마스크를 사용하면 온라인 신원을 관리할 수 있다. 디앱dApp이 트랜잭션을 실행하고 이더리움 블록체인에 기록할 때 메타마스크가 보안 인터페이스 역할을 한다.

 TIP_ 메타마스크 지갑은 큰 금액을 보관하기에는 보안 수준이 낮다. 경험에 따르면 실물 지갑에 넣고 다닐 금액만큼만 메타마스크에 보관하자. 보다 많은 양을 보관하려면 트레저Trezor, 렛저Ledger 처럼 하드웨어 지갑을 사용하자. 또한 하드웨어 지갑은 제조업체에서 직접 구입할 수 있다. 최근에는 조작된 기기를 판매하는 아마존 사기가 있었다.

핫 월렛의 종류

메타마스크가 아닌 다른 핫 월렛도 많다. 이 책에서는 수 년에 걸쳐 개발하고 검증된 지갑인 메타마스크를 사용한다. 엑소더스Exodus 및 잭스Jaxx 같이 사용할 수 있는 다른 지갑들도 많다. 이들 역시 무료이며 잘 작동한다.

핫 월렛이 가진 장단점

메타마스크를 활용하면 블록체인 풀 노드를 운영하지 않아도 이더리움 블록체인을 사용할 수 있다. 블록체인 풀 노드를 유지하려면 많은 노력이 필요하고 하드 디스크 공간도 많이 필요하다. 메타마스크는 블록체인이나 NFT를 막 시작하는 초보자에게 유용하다.

다음은 메타마스크가 지닌 장점이다.

- **오픈 소스**: 지속적으로 업데이트되는 오픈 소스 소프트웨어. 대규모 개발 커뮤니티가 계속해서 소프트웨어를 개선하여 메타마스크를 더 쉽고 안전하게 사용할 수 있도록 한다.
- **설정**: 메타마스크는 지갑을 백업할 수 있도록 HD설정을 지원한다.
- **통합**: 암호화폐 거래소(쉐이프쉬프트^{ShapeShift}, 코인베이스)와 같은 다른 쓸만한 응용 프로그램에서 사용할 수 있다. 코인베이스는 2장에서 다뤘다.

다음은 단점이다.

- **보안 부족**: 모든 핫 월렛과 마찬가지로 메타마스크 역시 완전하게 안전하다고 할 수 없다.
- **정보 접근 제한**: 메타마스크는 내 정보에 접근하는 것을 일부 제한하고 있어 불편하다고 느끼는 사람들이 있다.

2016년 제품 출시 이후 메타마스크 팀은 먼 길을 걸어왔다. 덕분에 쉽고 안정적으로 그리고 안전하게 이더리움 블록체인에 접근할 수 있다.

 NOTE_ 메타마스크의 가장 큰 문제는 웹 기반 지갑이라는 데 있다. 하드웨어 지갑이나 종이 지갑만큼 안전하지 않다.

DIFFICULT_ 브라우저에 메타마스크를 추가하면 '방문하는 웹사이트의 모든 데이터를 읽고 변경합니다.'라는 메시지가 뜬다. 메시지를 승인하여 설정을 업데이트한다. 탈중앙화 앱을 사용하려면 블록체인에 접근해야 한다. 이 장 뒷부분에서 NFT 웹사이트와 같은 탈중앙화 앱을 직접 접속해본다. 설정이 업데이트된 메타마스크는 web3 자바스크립트를 페이지마다 삽입한다. 웹사이트 자체는 변하지 않지만 웹사이트와 블록체인에 동시에 접근할 수 있다.

메타마스크 지갑 사용법

메타마스크는 인기 있는 암호화폐 지갑으로 다양한 브라우저에 설치할 수 있다. 이번 절에서는 지갑 설정, 도난 방지, 토큰 보관 방법을 알아본다.

메타마스크 창업자들은 사용하기 쉽고 안전한 지갑을 만들고 싶었다. 또한 신규 사용자가 오픈씨OpenSea와 같은 웹3 웹사이트와 상호 작용할 수 있도록 하고 싶었다. 웹3이란 인터넷을 보다 지능적이고 긴밀하게 연결하려는 운동이다. 메타마스크는 여기서 인터페이스 역할을 한다.

메타마스크는 계정을 관리하고 사용자를 이더리움 블록체인에 연결한다. 메타마스크는 이더와 ERC-20 토큰 지갑으로 이더리움 개인키를 웹 브라우저로 관리할 수 있다. 또 메타마스크와 통합된 웹사이트에 바로 로그인할 수 있다. 원하는 브라우저에서 이더리움 디앱을 실행하려고 이더리움 풀 노드를 운영할 필요가 없다는 점이 매우 멋지다. 메타마스크를 사용하기 전에는 개인 기기에 전체 블록체인을 다운받고 동기화해야 했다. 일반 사람이 관리하기에는 버거운 작업이다.

메타마스크 설치

메타마스크를 시작하고 실행하는 것은 쉽다. 이번 절에서는 크롬, 파이어폭스, 브레이브 3개의 브라우저에 메타마스크를 설치하는 방법을 알아보자.

 TIP_ 앞서 언급한 브라우저가 설치되어 있지 않은 독자에겐 브레이브Brave를 추천한다. 공식 사이트(https://brave.com)에서 브레이브를 다운로드하자.

크롬용 메타마스크

크롬에서 메타마스크를 다운로드하려면 크롬을 열고 다음 단계를 따르자.

1. https://metamask.io로 **이동한다.**

2. [Download Now] 버튼을 클릭한다.

크롬 스토어로 이동한다.

3. 크롬 스토어의 메타마스크 페이지에서 [Chrome에 추가]를 클릭한다.

4. 팝업 메뉴에서 확장 프로그램 추가를 선택한다.

브라우저 오른쪽 상단에 작은 아이콘이 나타난다. 메타마스크를 실행하려면 아이콘을 클릭하자. 지갑을 보호하는 방법을 보려면 73페이지에 있는 '크롬 및 파이어폭스용 메타마스크 지갑 보안'으로 건너뛰자.

파이어폭스용 메타마스크

파이어폭스에서 메타마스크를 다운로드하려면 파이어폭스를 열고 다음 단계를 따르자.

1. https://metamask.io로 이동한다.

2. [Download Now] 버튼을 클릭한다.

이 단계에서는 파이어폭스 부가 기능 페이지로 이동한다.

3. [Firefox에 추가] 버튼을 클릭한다.

4. 팝업에서 [추가]를 클릭한다.

새로운 메타마스크 지갑을 만들었다. 브라우저 오른쪽 상단에 작은 여우 아이콘이 나타난다. 아이콘을 클릭하면 메타마스크가 열린다. 지갑을 보호하는 방법을 보려면 73페이지에 있는 '크롬 및 파이어폭스용 메타마스크 지갑 보안'으로 건너뛰자.

브레이브용 메타마스크

브레이브 브라우저에는 이미 메타마스크가 내장되어있다. 활성화하면 바로 사용할 수 있다. 브레이브를 열고 다음 단계를 수행한다.

1. https://metamask.io로 이동한다.

2. [Download Now] 버튼을 클릭한다.

3. [Install Metamask for Brave] 버튼을 클릭한다.

브레이브 앱 스토어 웹사이트로 이동한다.

4. [Add to Brave] 버튼을 클릭한다.

5. [Add Extension] 버튼을 클릭한다.

6. [Get Started] 버튼을 클릭한다.

7. [Create a Wallet] 버튼을 클릭한다.

8. [No Thanks] 버튼을 클릭한다.

동의 버튼을 누르면 메타마스크 개발팀에 사용 기록을 전송한다.

9. 입력창이 나타나면 암호를 생성하고 안전한 곳에 기록한다.

 WARNING_ 다음 설명을 읽고 꼭 따라해야 한다.

비밀번호를 생성하면 백업 단어 12개가 보인다.

블록체인에는 고객 서비스 부서가 없다. 자기 계정을 복구하는 책임은 스스로에게 있다. 이때 필요한 것이 바로 백업 단어다. 12단어로 만들어진 백업 단어를 사용하면 계정을 복구할 수 있다.

다음 페이지에서 백업 단어 12개를 같은 순서로 넣어야 한다. 이 단계를 수행하기 전에 암호와 백업 단어를 보호하는 몇 가지 방법이 있다. 온라인이나 컴퓨터가 아닌 안전한 장소에 기록한다. 여러 장의 종이에 기록하고 금고나 잠금장치가 있는 파일 캐비닛처럼 안전한 장소에 각각 나눠 보관한다. 비밀번호와 백업 단어를 적은 종이를 합칠 수 있다면 모아서 보관해도 좋다.

10. 지시에 따라 단어를 모두 입력하고 [완료] 버튼을 클릭한다.

크롬 및 파이어폭스용 메타마스크 지갑 보안

크롬이나 파이어폭스에 메타마스크를 설치한다면 다음 단계에 따라 지갑을 보호하자.

1. 열려 있는 크롬 또는 파이어폭스 브라우저 오른쪽 상단 모서리에 있는 여우 아이콘을 클릭한다.

2. 페이지 중간에 있는 시작하기 버튼을 클릭한다.

3. 지갑 생성 버튼을 클릭한다.

4. '메타마스크 개선을 도와주세요' 페이지에서 [I Agree]를 클릭한다.

5. 입력창이 나타나면 고유한 암호를 만들고 안전한 곳에 기록해둔다.

 WARNING_ 다음 설명을 읽고 꼭 따라해야 한다.

비밀번호를 생성하면 백업 단어 12개가 보인다.

블록체인에는 고객 서비스 부서가 없다. 자기 계정을 복구하는 책임은 스스로에게 있다. 이때 필요한 것이 바로 백업 단어다. 12단어로 만들어진 백업 단어를 사용하면 계정을 복구할 수 있다.

다음 페이지에서 백업 단어 12개를 같은 순서로 넣어야 한다. 이 단계를 수행하기 전에 암호와 백업 단어를 보호하는 몇 가지 방법이 있다. 온라인이나 컴퓨터가 아닌 안전한 장소에 기록한다. 여러 장의 종이에 기록하고 금고나 잠금장치가 있는 파일 캐비닛처럼 안전한 장소에 각각 나눠 보관한다. 비밀번호와 백업 단어를 적은 종이를 합칠 수 있다면 모아서 보관해도 좋다.

6. 지시에 따라 단어를 모두 입력하고 [완료] 버튼을 클릭한다.

거래소에서 구매한 이더리움 전송

아직 이더리움을 가지고 있지 않다면 메타마스크 지갑 애플리케이션에서 소량을 구입할 수 있다. 이더리움 지불 업체인 와이어^{Wyre} 고객 인증을 통과하면 더 많은 금액을 구매할 수 있다.

 NOTE_ 와이어 결제 기능을 사용하면 애플 페이나 신용카드로 암호화폐를 쉽게 구매할 수 있다. 메타마스크 같은 핫 월렛에는 암호화폐를 소량만 보관해야 한다.

ETH를 구매하려면 다음 단계를 수행한다.

1. 직전에 메타마스크를 설치한 브라우저를 열고 오른쪽 상단 여우 아이콘을 클릭하여 메타마스크 지갑을 실행한다.

2. 사용자 이름과 비밀번호로 지갑에 로그인한 다음 구매 버튼을 클릭한다.

3. [Wyre로 넘어가기] 버튼을 클릭한다.

새 창이 열리고 와이어 결제 페이지가 나타난다.

- https://pay.sendwyre.com/purchase

4. 구매하려는 금액과 결제 방법(애플 페이 또는 신용 카드)을 선택한다.

와이어 앱이 작동하지 않는다면 www.coinbase.com에서 생성한 코인베이스 계정으로 ETH를 구입할 수 있다. 코인베이스를 설정하는 방법이 필요하면 2장을 확인하자. 지갑 대 지갑 전송 정보가 더 필요하면 티아나 로런스의 책, 『Blockchain For Dummies』(Wiley, 2019)이 도움이 된다.

토큰을 직접 구매하거나 다른 곳에서 전송했다면 메타마스크 지갑에 새로운 토큰이 보인다. 네트워크 속도에 따라 대기 시간은 다르다. 토큰이 입금되면 첫 NFT를 구매할 준비가 됐다.

 WARNING_ (편집자) 현재 국내 신용카드사는 카드를 사용한 암호화폐 구매를 막고 있어 Wyre의 사용이 불가능하다. 따라서 메타마스크 지갑에 암호화폐를 전송하기 위해서는 거래소에서 입금하도록 하자. 44페이지를 참고하자.

(한국어판 부록) 카이카스 지갑 사용법

카이카스Kaikas는 국내에서 인기를 끌고 있는 암호화폐 클레이튼 전용 지갑으로 PC 웹 브라우저 확장 프로그램 형태로 사용할 수 있다. 더불어 클레이튼 기반 블록체인 웹 어플리케이션에서 요청하는 모든 유형의 트랜잭션을 카이카스로 대신 서명할 수 있다.

클레이튼은 카카오의 자회사인 그라운드X에서 개발한 블록체인 기반 암호화폐로 코인원, 빗썸 같은 국내 거래소뿐만 아니라 바이낸스 같은 해외 거래소에서도 거래할 수 있다. 클레이튼 플랫폼의 통화는 클레이KLAY로 번역 시점에선 1클레이당 1,400원 대의 가격을 유지하고 있다. 국내 NFT 프로젝트 중에는 클레이튼 기반으로 운영되는 프로젝트들이 존재하므로 이를 이용하기 위해 카이카스 지갑의 사용법을 설명하도록 하겠다.

 TIP_ 클레이튼에 관한 자세한 소개는 공식 홈페이지 https://klaytn.com/에서 확인할 수 있다.

카이카스 설치

카이카스를 시작하는 방법은 메타마스크와 비슷하다. 다른 점은 카이카스는 크롬에서만 확장 프로그램 형태로 지원한다.

1. 크롬 브라우저에서 https://chrome.google.com/webstore/category/extensions로 이동한다.

2. 검색창에 카이카스를 입력한다.

3. 카이카스를 클릭하고 [Chrome에 추가] 버튼을 클릭한다.

브라우저 오른쪽 상단에 작은 클레이튼 아이콘이 나타난다. 카이카스를 실행하려면 아이콘을 클릭하자.

4. 카이카스가 창이 열리면 비밀번호를 입력한 뒤 [생성] 버튼을 클릭한다.

5. 계정 이름을 입력하고 [생성] 버튼을 클릭한다.

6. 안전 사용 가이드를 확인하고 [다음]을 클릭한다.

7. 시드 구문이 나타나면 구문을 종이에 적어 안전하게 보관하고 [예, 안전한 곳에 보관했습니다.]를 클릭한다.

블록체인 지갑 계정은 비밀번호를 분실했을 때 일반 은행처럼 고객 서비스 센터를 통해 계정을 복구할 수 없다. 따라서 백업 단어를 안전하게 보관하자.

8. 시드 구문을 다시 직접 입력하여 확인하고 [Kaikas 시작하기]를 클릭한다.

거래소에서 구매한 클레이 전송

카이카스 지갑 애플리케이션에는 신용카드로 소량의 클레이튼을 구매할 수 있는 문페이Moonpay 서비스를 지원한다. 하지만 번역서 발간 시점에서 국내 카드사는 신용카드를 이용한 암호화폐 구매를 막고 있으므로 해당 서비스를 이용하기 쉽지 않다. 대신, 국내 암호화폐 거래소에서 클레이튼을 구매하여 카이카스로 전송할 수 있다. 국내 거래소 중 클레이튼이 상장되어 있는 곳은 빗썸, 코인원, 코빗 거래소이다. 회원가입 및 암호화폐 출금 절차는 2장에서 설명한 업비트와 비슷하니 참고하자. 각 거래소별로 원화 입금을 지원하는 은행이 다르기 때문에 개인적인 상황에 맞춰 거래소를 선택하자.

> **DIFFICULT_** 집필시점에 '특정 금융거래정보의 보고 및 이용 등에 관한 법률(특금법)'에 따라 일부 거래소는 인증되지 않은 개인지갑(메타마스크, 카이카스)으로 암호화폐 입출금을 막고 있다. 따라서 거래소에서 개인 지갑 입출금을 지원하는지, 본인이 인증을 받을 수 있는지 여부를 반드시 확인하고 암호화폐 구입을 진행해야 한다.

TIP_ (편집자) 국내 거래소마다 개인 지갑으로의 출금 지원 여부가 달라 별도로 내용을 정리했다. 아래 주소에서 관련 사항을 확인하도록 하자.

- https://github.com/hanbit/easy-nft-guide/tree/main/tips

토큰을 직접 구매하거나 다른 곳에서 전송했다면 카이카스 지갑에 클레이튼이 보인다. 네트워크 속도에 따라 입금 대기 시간이 다르다. 클레이튼이 입금되면 첫 NFT를 구매할 준비를 마쳤다.

NFT 마켓플레이스 둘러보기

NFT를 구매, 판매, 생성할 수 있는 다양한 방법과 플랫폼이 존재하므로 길을 잃기 쉽다. 이번 절에서는 NFT를 구매, 판매, 생성할 수 있는 세 가지 플랫폼을 소개한다.

오픈씨

오픈씨OpenSea는 수집품, 도메인 이름, 디지털 아트, 게임 아이템, 기타 자산을 모두 아우른다. 사용자가 소유한 모든 종류의 디지털 상품을 거래할 수 있는 대규모 블록체인 기반 P2P 마켓플레이스이다. 오픈씨는 통합된 하나의 마켓플레이스에서 쉽게 NFT를 구매, 판매, 생성, 전송, 검색할 수 있고 열정적인 사용자, 개발자, 창작자로 이루어진 대규모 커뮤니티가 있다.

데빈 핀저Devin Finzer는 공동 설립자 알렉스 아탈라Alex Atallah와 함께 2017년에 오픈씨를 만들었다. 최근에 핀저는 이전에 경영하던 회사 클레임독Claimdog을 크레딧 카르마Credit Karma에 매각했다. 핀저는 구글과 같은 대형 테크 기업에서 일했으며 브라운 대학에서 컴퓨터 공학 및 수학을 전공했다. 이런 경험으로 블록체인 기술이 만들어 가는 새로운 디지털 경제의 가치를 알아봤다.

많은 블록체인 디지털 아이템 창작자가 오픈씨 마켓플레이스를 빠르게 받아들였고 오픈씨는 수십억 달러 시장으로 급속하게 성장했다. 오픈씨에서 지원하는 도구로 창작자는 풍부한 통합 디지털 자산을 만들어 판매할 수 있다.

오픈씨의 일반적인 토큰 유형

오픈씨에서는 중요한 토큰 유형을 몇 가지를 지원하는데 ERC-20, ERC-1155, ERC-721과 같은 토큰 표준을 포함한다. 다양한 표준을 활용하여 자신만의 독특한 방식으로 자산을 프로그래밍할 수 있다. 그래서 토큰 유형을 알아두면 좋다.

- ERC-20은 스마트 컨트랙트로 생성한 대체 가능한 토큰이다. ERC-20 토큰 컨트랙트는 대체 가능 토큰을 계속 추적한다. 대체 가능이란 한 토큰이 다른 토큰과 정확히 같다는 것을 의미한다. ERC-20 토큰에는 특별한 권리나 혜택이 없다. ERC-20 토큰은 암호화폐나 투표 용도로 적합하다.

- ERC-1155는 디지털 카드, 디지털 동물, 게임 내 스킨과 같은 대체 가능 또는 대체 불가 자산을 만들 때 사용하는 토큰 표준이다. ERC-20보다 더 복잡한 표준으로 개발자는 스마트 컨트랙트 하나로 여러 토큰을 한 번에 생성할 수 있다.

- ERC-721은 토큰 소유권을 표현한다. ERC-721 토큰으로 고유한 속성이 있는 아이템을 추적할 수 있다. ERC-721은 역사가 깊은 대체 불가 디지털 자산 표준이다. ERC-1155와 유사하지만, ERC-721은 잔액 개념이 없다. ERC-721로 생성한 각 토큰은 고유하고 대체할 수 없다.개발자는 토큰을 발행할 때 블록체인에서 발생하는 수수료를 관리하려고 ERC-1155를 만들었다. 여러 토큰을 활용하는 프로젝트에서는 가스비를 크게 절약할 수 있다. ERC-721을 사용하여 토큰마다 스마트 컨트랙트를 새로 배포하는 대신 ERC-1155 토큰 스마트 컨트랙트 하나로 여러 토큰을 발행할 수 있다. 발행 비용을 줄이고 절차가 간단하다.

오픈씨에서 NFT 구매

오픈씨에서 NFT를 구입하는 것은 매우 쉽다. 비트코인이나 이더리움을 이미 가지고 있고 메타마스크 지갑도 설정했다면 더 쉽다. 메타마스크를 설치한 브라우저에서 오픈씨 웹사이트(https://opensea.io)로 이동한다. 여우 아이콘을 클릭해서 메타마스크 지갑에 로그인한다.

마켓플레이스를 클릭하면 오픈씨 카테고리를 탐색할 수 있다. 각 카테고리에는 지금 뜨는 컬렉션, 최신 컬렉션, 신규 컬렉션이 보인다. 오픈씨에서 NFT를 둘러보고 구매하려면 다음 단계를 수행하자.

1. [Explore] 메뉴에서 [Art]를 선택한다

이 단계에서는 최신 NFT 예술품을 찾을 수 있는 예술품 분류로 이동한다. 검색 창을 사용하여 좋아하는 아티스트를 찾거나 구매 가능한 아이템을 검색할 수 있다.

연습삼아 저자가 가장 좋아하는 NFT 제작자인 'Artificial Intelligence Art V2'를 찾아보자. 이 제작자는 고전 회화를 바탕으로 독특한 예술 작품을 만든다. AI 모델로 파블로 피카소, 마크 로스코, 클로드 모네처럼 유명 예술가가 그린 이미지 수백만 장을 분석하여 학습한 뒤, 독특하면서도 친숙한 화풍을 가진 흥미로운 예술 작품을 한정판 컬렉션으로 만든다.

2. 검색 창에 'The Aftermath of Uncertainty 1583'을 입력한다.

3. 'The Aftermath of Uncertainty'의 이미지를 클릭하면 거래 내역을 포함한 세부 정보를 볼 수 있는 페이지로 이동한다.

거래 내역(아래로 스크롤하여 확인)은 NFT를 소유한 사람과 지불한 가격을 볼 수 있다. 모든 NFT에는 소유자, 창작자, 거래 이력이 있다. 모든 정보는 검증이 가능하다. 각 항목 페이지에는 세부 정보가 적혀 있다. 발행할 때 사용한 스마트 컨트랙트 정보, 어떤 블록체인 기반인지, 이미지 파일을 중앙화된 한 곳에 저장하고 있는지, 여러 곳에 저장하고 있는지 같은 중요한 정보를 확인할 수 있다.

4. 사고싶은 예술 작품을 찾았다면 [Buy Now] 버튼을 클릭한다.

메타마스크가 지갑에 NFT를 추가하도록 거래 페이지를 불러온다.

구매한 NFT의 정보는 구매시 사용한 메타마스크 지갑에 연동된다.

 NOTE_ 지갑이 안전한지 확인하자. 확실하지 않다면 이 장 앞부분에 있는 '메타마스크 설치'를 참고하자.

오픈씨에서 NFT 민팅하기

오픈씨에서 내 첫 번째 컬렉션을 설정하는 것은 간단하다. 이번 절에서는 오픈씨 컬렉션을 만들고 여기에 내가 민팅한 NFT를 추가하는 방법을 다룬다. 민팅^{Minting}이란 그림이나 영상 등 디지털 자산의 NFT 생성하는 과정을 일컫는 용어로 화폐를 주조한다는 영단어 Mint에서 따왔다.

디지털 예술 작품을 만들 때 어떤 스케치 소프트웨어든 사용할 수 있다. 익숙한 제작 소프트웨어를 사용하자. 여기서는 저자가 무료 스케치 사이트(https:// sketch.io)에서 만든 추상 미술 작품을 업로드한다.

오픈씨는 이미지, 비디오, 오디오, 3D 모델처럼 다양한 파일 형식을 지원한다. 사이트에서는 파일 크기를 20MB 미만으로 유지하도록 권장한다. 글을 쓰는 지금 시점에는 최대 40MB까지 파일 크기를 지원한다. 오픈씨는 GIF, GLB, GLTF JPG, MP3, MP4, OGG, PNG, SVG, WAV 및 WEBM 파일 형식을 지원한다 (40MB짜리 파일은 속도가 느릴 수 있다).

sketch.io 웹사이트 일부 아이콘은 집필 당시 모양과 다를 수 있다. [그림 4-1] 처럼 다운로드 화면에서 다음과 같은 옵션을 선택한다.

- **Format**: JPEG – 오픈씨에서 지원하는 파일 형식이다.
- **DPI**: 300 – 해상도가 높을수록 이미지 품질이 높아진다.
- **Size To**: Scale
- **Size**: 2.0x

그림 4-1 sketch.io의 이미지 다운로드 페이지

작품을 다운로드할 때 뭔가 예술적인 이름을 짓는 걸 잊지 말자. 그리고 나중에 쉽게 찾을 수 있는 폴더에 저장한다. 이제 NFT로 발행할 수 있는 예술 작품 원본이 생겼다. [그림 4-2]는 저자가 sketch.io로 만든 추상 작품 원본이다.

그림 4-2 sketch.io에서 그린 저자의 작품 원본

작품을 완성했다면 이제 오픈씨에서 첫 번째 컬렉션을 설정할 차례다. 다음 단계를 따르자.

1. https://opensea.io로 이동한다.

2. 프로필 아이콘을 클릭하고 [My Collections]을 선택한다.

브라우저에 메타마스크 지갑을 설치하면 오픈씨에 자동으로 로그인된다. 아니라면 3단계를 보자.

3. 입력창이 뜨면 지갑에 로그인하자.

생성한 지갑은 오픈씨에서 ID로 사용할 수 있다. 아직 지갑을 설정하지 않았다면 이 장의 앞부분에 있는 '메타마스크 설치'를 참고하자.

4. 내 컬렉션 페이지 상단에 있는 [Create a collection] 링크를 클릭한다.

5. 컬렉션 이름과 설명을 입력하자.

이제 오픈씨 마켓플레이스에 내 공간이 생겼다! 다른 사람이 볼 수 있도록 컬렉션에 예술 작품을 민팅해 추가하려면 다음 단계를 참고하자.

1. 생성한 컬렉션 페이지에서 페이지 상단에 있는 [Add item]을 클릭한다.

새 페이지로 이동하고 작품을 업로드하라는 메시지가 나타난다.

새 항목 만들기 아래에 이미지, 비디오, 오디오, 3D 모델 파일을 끌어다 놓을 수 있는 박스가 있다.

2. 이미지 파일을 표시된 상자로 끌어다 놓는다.

3. 페이지 입력 상자에 간단한 설명과 기타 세부 정보를 추가한다.

4. 페이지 하단으로 스크롤하여 [Create] 버튼을 클릭한다.

축하한다! 생애 첫 번째 NFT를 만들었다. 생성한 NFT를 소셜 미디어에 공유해보자. 즐거웠다면 트위터에서 저자인 @LaurenceTiana를 태그해 NFT 링크를 트윗해보자.

니프티 게이트웨이

니프티 게이트웨이[Nifty Gateway]는 대체 불가 토큰을 거래하는 프리미엄 디지털 아트 경매 플랫폼이다. 그리핀[Griffin]과 던칸 콕 포스터[Duncan Cock Foster]가 설립한 니프티 게이트웨이를 유명인사인 윙클보스 쌍둥이 형제[1]가 인수했다. 니프티 게이트웨이는 비플[Beeple], 그라임스[Grimes], 빌레리스[Billelis] 및 기타 국제적으로 인정받는 아티스트가 만든 NFT를 판매했다. 소더비 경매회사와 파트너십을 맺고 있는 니프티 게이트웨이는 NFT 수집가들을 위한 프리미엄 플랫폼으로 자리 잡았다.

니프티 또는 작품

니프티 게이트웨이에서는 희소한 디지털 아이템을 니프티[Nifty] 라고 부른다. 니프티는 NFT의 또 다른 힙한 이름일뿐이니 놀라지 말자. 니프티는 다른 토큰과 똑같이 인지도가 높은 ERC-721 표준을 따른다. 각 니프티는 유일한 디지털 아이템이다. 니프티 게이트웨이 또한 다른 플랫폼과 마찬가지로 암호 수집품과 미술작품을 검색하기 좋은 장소이다.

니프티 게이트웨이에서는 신용 카드나 직불 카드로 NFT를 쉽게 구매할 수 있다. 집필 시점에 대부분 다른 플랫폼에서는 ETH와 같은 암호화폐만을 사용해야 한다. 크립토키티, 갓 언체인드[Gods Unchained]와 같은 인기 있는 크립토 게임이나 오픈씨와 같은 마켓플레이스 NFT도 이곳에서 구입할 수 있다.

드롭은 니프티 게이트웨이에서 제공하는 흥미로운 기능이다. 드롭으로 아티스트는 새로운 디지털 아트 작품을 특정한 시간에 제한된 수량만을 출시한다. 가수 그라임스와 공동 작업자인 맥 바우처[Mac Boucher]가 드롭으로 워님프[WarNymph] NFT를 출시했고 몇 분 만에 모든 작품이 팔렸다.

---

1 옮긴이_ 윙클보스 형제는 페이스북의 초기 아이디어를 제공했고 소송 끝에 페이스북 주식을 받았다. 페이스북 상장 후 일부를 매각하여 비트코인을 구매했고 2015년 부터 비트코인 거래소인 제미니 거래소를 운영하고 있다.

TIP_ 멋진 아티스트의 새로운 작품을 볼 수 있을 뿐만 아니라 NFT 마켓플레이스에서 재판매하여 현금화할 수 있기 때문에 드롭은 수집가 사이에서 인기를 얻었다. 이러한 방식은 인기 있는 콘서트 티켓을 구매한 다음 스텁허브^{StubHub}와 같은 티켓 리셀러 웹사이트에서 재판매하는 것과 매우 비슷하다. 다른 점이 있다면 니프티 드롭은 아티스트가 직접 판매한다는 점이다. 드롭으로 판매하는 NFT는 정해진 기간에만 구매하거나 2차 마켓에서 1차 구매자에게서 구매할 수 있다.

니프티 계정 설정 및 구매법

다음 단계는 니프티 게이트웨이 계정을 설정하는 법이다.

1. https://niftygateway.com으로 이동한다.

2. 회원가입/로그인 버튼을 클릭한다.

3. 가입 페이지에서 계정 정보를 입력하고 새 계정을 만들자.

니프티 게이트웨이에서 코드가 포함된 확인 이메일을 보낸다.

4. 이메일[2]을 확인하고 받은 코드를 입력창에 복사하여 붙여넣는다.

니프티 게이트웨이에서 NFT를 찾아보고 구매하는 것은 쉽다. 다음을 단계를 참고하자.

1. 니프티 게이트웨이 홈페이지(https://niftygateway.com**)로 다시 이동한다.**

2. 오른쪽 상단에 있는 [Curated Drops] 버튼을 클릭한다.

출시 날짜와 함께 예정된 모든 드롭 목록을 볼 수 있는 페이지로 이동한다.

3. 오늘 날짜의 추천된 프로젝트를 클릭한다.

판매 중인 NFT 상세 정보 페이지로 이동한다. 상세 정보에는 아티스트와 공개한 컬렉션 정보가 나온다. 페이지 내부에서 [View Listings in the Marketplace]

2　옮긴이_ 번역시점을 기준으로 인증방법이 바뀌었다. 이메일이 아닌 휴대폰 번호로 인증해야 한다. [My Account] – [Edit Profile] – [Validate Profile]에서 인증할 수 있다.

링크를 클릭하면 판매하고 있는 NFT를 볼 수 있다.

4. NFT 중 하나를 클릭하자. 작품 에디션과 같은 상세 정보 페이지로 이동한다.

마음에 드는 NFT를 찾았다면 NFT 이미지 설명에 있는 [Make Global Offer] 버튼으로 입찰할 수 있다. 니프티 게이트웨이에서는 일반 온라인 쇼핑 웹사이트처럼 신용 카드로 NFT를 구매할 수 있다.

 NOTE_ NFT는 예술품 투자이므로 생산적인 투자라고 보긴 어렵다. 시간이 지나면서 인기가 떨어지면서 가치도 떨어질 수 있다. 따라서 잃어도 될 만큼만 NFT에 투자하자고 정말 마음에 들어서 구매하고 싶은 **NFT**만 사야 한다.

라리블

라리블Rarible은 탈중앙화 NFT 마켓플레이스다. 러시아의 알렉세이 팰린Alexei Falin과 알렉산더 살니코프Alexander Salnikov가 2017년 설립했다. 설립 3년 뒤 2020년, 라리블 마켓플레이스가 문을 열었다. 다른 NFT 마켓플레이스와 마찬가지로 미술품을 토큰으로 만들고 판매할 수 있다. 하지만 다른 플랫폼과 달리 상당히 아티스트 친화적인 다양한 서비스를 제공한다. 라리블은 고해상도 파일과 구매자만 볼 수 있는 비밀 메세지 기능을 지원한다. 또 스마트 컨트랙트로 작품 로열티를 설정하고 받을 수 있다. 아티스트는 작품이 거래될 때마다 일정 수수료를 받을 수 있다. 라리블은 아티스트가 수익을 창출할 수 있는 훌륭한 도구다. 그러나 로열티 시스템을 지원하지 않는 다른 플랫폼에서 NFT가 거래된다면 로열티를 받지 못할 수 있다.

라리블 NFT 마켓플레이스가 지닌 차별점은 여기서 더 드러난다. 처음부터 커뮤니티의 참여로 운영되는 탈중앙화 자율 조직Decentralized Autonomous Organization(DAO)이라는 새로운 형태의 회사로 설립됐다. 중앙화 서비스와 다르게 DAO는 비수탁형 NFT 발행 및 거래 플랫폼이다. 비수탁형이란 중앙에서 책임지는 중개자가 없다는 의미이다. 라리블 DAO는 아티스트와 NFT 애호가로 구성된 강력한 커뮤니티를 형성하고 커뮤니티가 플랫폼을 통합적으로 관리한다.

커뮤니티 회원은 RARI 거버넌스 토큰으로 플랫폼의 미래를 결정할 수 있다. 암호화폐 초보자를 위해 설명을 덧붙이자면 거버넌스 토큰은 블록체인 상에서 투표권을 가진 암호화폐 유형이다. 활발한 활동을 하는 창작자와 수집가들은 RARI 토큰으로 플랫폼 업그레이드, 작품 큐레이션 및 재조정 작업에 참여할 수 있다.

 NOTE_ RARI 토큰은 거래소에서 구매하거나 RARI 플랫폼에서 활발하게 활동하여 얻을 수 있다. 라리블 마켓플레이스에서 창작자, 판매자, 구매자는 주간 구매량, 판매량과 같은 활동 레벨에 따라 주 1회 토큰을 받을 수 있다.

라리블에서 NFT를 만드는데 몇 분 밖에 걸리지 않는다. 스마트 컨트랙트에 로열티 비율과 경매 방식을 설정하고 판매할 수 있도록 편리한 인터페이스를 제공한다.

라리블은 창작자에게 예술 작품을 토큰화하여 출처와 소유권을 보장하는 기능을 제공함으로써 지적 재산권 거래 문제, 사기, 라이선스를 위한 서류 작업과 같은 문제를 해결하려고 노력한다.

라리블은 아직 완벽하지 않다. 극복해야 할 문제가 몇 가지 있다. 예를 들어, 창작자는 NFT 가장 매매[3]로 DAO 시스템을 교란할 수 있다. RARI 토큰을 얻기 위해 창작자가 자기 작품을 매매하는 비정상적인 거래다. 집필시점에서 라리블은 아직 완전한 DAO가 아니라는 점을 고려하자. 우리의 투표권이 라리블 팀에 더 큰 영향을 줄 수 있다는 의미다. 물론 여전히 라리블 팀에서 무엇을 해야 할지 최종적으로 결정한다. 아직 신생 프로젝트임을 고려할 때 지금 단계에선 최선이다.

라리블 가입

지갑을 사이트와 연결하여 라리블 계정을 설정하자. https://rarible.com으로 이동하여 화면 오른쪽 상단에 있는 지갑 연결하기를 클릭한다. 메타마스크나 사용 중인 지갑 서비스를 선택한다.

------

3 옮긴이_ 가장 매매(Wash Trading)란 가격이나 거래량을 부풀리기 위해 동일인이 지속적으로 사고파는 행위를 하는 것을 말한다.

지갑에서 로그인하면 자동으로 라리블 사이트도 로그인된다. 다음 단계에 따라 관리자 설정을 해보자.

1. 페이지 상단의 내 아이템 버튼을 클릭하거나 https://rarible.com/settings로 이동한다.

2. 설정 페이지에서 이름을 바꾸거나 소셜 미디어 계정을 연결할 수 있다.

3. 프로필 업데이트 버튼을 클릭하면 변경 사항을 저장한다.

메타마스크 지갑에서 새 팝업 창이 뜨면 서명하기를 클릭하여 진행한다. 웹사이트에서 신원을 확인할 때 발생할 수 있다. 예를 들면 지갑에 보류중인 거래가 있다면 라리블에서 사용자 정보를 업데이트할 수 없다. 자금을 추가하거나 거래를 취소하여 지갑에서 해당 거래를 삭제해야 한다. 보류 중인 거래를 삭제하면 라리블 인증 작업을 완료할 수 있다.

로열티가 포함된 NFT 민팅 방법

라리블 경매에 작품을 올리기 전에 먼저 스케치패드^{Sketchpad}나 다른 스케치 소프트웨어로 디지털 미술작품을 만들자.

작품을 만들었다면 다음 단계를 따라하자.

1. 라리블 웹사이트(https://rarible.com/)로 이동한다.

2. 로그인을 클릭하여 메타마스크로 로그인 한다.

메타마스크 지갑을 아직 설정하지 않았다면 앞부분으로 돌아가서 지갑을 설정하자.

3. 페이지 상단의 [Create] 버튼을 클릭한 뒤, NFT를 발행할 블록체인을 선택한다.

4. NFT의 타입을 선택하는 화면에서 [Multiple]을 클릭한다.

5. [Choose File] 버튼을 클릭한다.

이 버튼을 누르면 컴퓨터에서 작품 파일을 검색할 수 있는 새 창이 열린다.

6. 작품 파일을 찾는다.

파일 이름을 입력하면 파일이 창에 나타난다.

7. 창에서 파일을 클릭하여 선택한다.

8. 창 오른쪽 하단에 열기 버튼을 클릭한다.

내 작품이 라리블 페이지에 나타난다. 브라우저에서 나머지 단계를 계속 진행한다.

9. [Open for bids] 버튼을 클릭한다.

마켓플레이스에 올리면 다른 사용자들이 내 NFT에 입찰할 수 있다.

10. 컬렉션 선택 절에서 [Rari]를 클릭한다.

11. 원하는 제목, 설명과 작품이 거래될 때마다 받을 로열티 비율을 설정한다.

12. 에디션 매수를 설정한다.

13. [Create Item] 버튼을 클릭한다.

14. 메타마스크 지갑 창이 뜨면 서명 버튼을 클릭한다.

메타마스크 지갑에 암호화폐가 없다면 이 장 앞부분을 참고하자. 이더리움 블록체인에 NFT를 발행하려면 가스비가 필요하다. 가스 가격은 고정되어 있지 않으며 바뀐다. (자세한 가스비 내용은 6장을 참고하자.)

15. 라리블 웹사이트로 돌아가서 [My profile] 버튼을 클릭한다.

등록한 NFT를 보려면 페이지를 새로 고쳐야 할 수도 있다.

축하한다! 작품 하나로 NFT 에디션을 여러 개 만들어 경매에 올렸다. 그리고 NFT가 거래될 때마다 로열티를 지불받도록 설정했다.

CHAPTER 5

NFT 투자

이 장의 주요 내용

◆ 암호화폐와 NFT의 차이점 알기

◆ 투자 규칙 준수

◆ 최고 수익율 높은 NFT 알아보기

◆ NFT 투자 전략 수립

◆ NFT 세금 이해하기

이 장에서는 NFT 투자라는 새로운 세계를 살펴본다. 여기서는 투자 전략을 탐색하고 어떤 NFT 유형에 투자할 수 있는지 알아보자. 또 NFT 투자를 포함한 모든 투자관련 법률과 규제 기관도 알아본다.

예비 투자자, 수집가, 초기 투자자 그리고 단순히 NFT가 궁금한 사람도 NFT에 관한 많은 정보를 배울 수 있다. 새로운 시장을 진정으로 이해하는 유일한 방법은 직접 경험해보는 것이다. 이번 장에서는 마켓플레이스에서 사용하는 다양한 토큰을 소개한다. 또 마켓플레이스마다 가격을 어떻게 책정하고 자산들을 큐레이팅하고 분류하며 판매하는지 감을 잡아보자.

> **NOTE_** 모든 투자가 그렇듯 NFT 투자 역시 가능한 한 많은 조사가 필요하다. 또 손실을 감당할 수 없을 정도로 무리한 투자는 해선 안 된다. 또한 공급, 수요, 기술, 규제 변화로 한동안 시장은 유동적일 수 있다. 따라서 변하는 시장을 따라가려면 꾸준히 노력해야 한다.

WARNING_ 우리는 금융 전문가가 아니며 이 장의 정보는 투자 또는 세금 관련 조언이 아니다. 전문 투자 상담사나 회계사의 조언보다 이 장의 내용을 중요시하지 말자.

NFT와 암호화폐의 차이

기술적으로 볼 때 NFT는 블록체인에 디지털 기록으로 존재한다는 점에서 암호화폐와 비슷하다. NFT와 암호화폐가 다른 점은 NFT는 유일하다는 점이다. 예를 들어, 비트코인 한 개를 소유하고 있으면 이 비트코인을 다른 비트코인과 교환할 수 있고 둘 다 같은 가치를 갖는다. **대체 가능성**Fungibility이란 단어로 설명할 수 있다. 특정 자산 한 단위를 같은 유형의 다른 자산 한 단위와 교환할 수 있다. 이는 자산의 개별 가치가 동일하다는 것을 뜻한다.

블록체인에서 모든 비트코인은 다른 비트코인과 같다. 이더리움, 라이트코인, 심지어 도지코인도 마찬가지다. 이런 유형의 자산이 세계적으로 수백만 달러 단위로 교환되고 있고 수많은 구매자를 끌어들이고 있다.

NFT는 다르다. NFT는 대체할 수 없는 개별 토큰으로 하나하나가 고유하다. 거래는 가능하지만 단순히 다른 토큰으로 교환할 수 없다. 암호화폐 시장 변동성이 매우 크다고 하지만 같은 시간에 1BTC는 다른 1BTC와 가격이 같다. 반면 NFT는 가격이 각기 다르다. 다른 NFT의 가격과 관계없이 독립적으로 가격이 바뀐다.

 NOTE_ NFT는 구매하려는 사람과 판매하려는 사람이 있어야 가격이 형성된다. NFT 단 한 개로도 시장이 만들어질 수 있다. 하지만 아무도 NFT를 사고 싶어하지 않을 수 있다. 1990년대의 타사의 비니 베이비Beanie Babies처럼 NFT 시장이 붕괴할 수 있다는 전망도 있다.

NFT는 투자 자산일까

투자 분야는 암호화폐, 주식 토큰Equity Tokens(기존 주식 자산처럼 작동하는 증권형 토큰), NFT와 같은 새로운 디지털 자산의 등장으로 빠르게 변화하고 있다. NFT 는 새로운 자산으로 글로벌한 관심을 받고 있지만 관련 규정은 따라가지 못하고 있다.

지금까지 투자 영역은 일반인이 접근하기 어려웠다. 주식, 채권, 펀드 등 복잡한 세계를 이해하는 투자상담사나 재무상담사의 조언을 따라 투자하는 게 일반적이 었다. 이런 투자 방식은 느리지만 안정적인 수익을 얻을 수 있었다. 물론 투자를 돕는 전문가 역시 정부 기관의 규제를 받는다.

물론 애초부터 그런 것은 아니었다. 미국은 1920년 대에 투기와 사기로 투자자 수 백만 명이 나락에 빠지는 모습을 목격했다. 이로 인해 1934년 투자자를 보호하 고 연방 증권법을 집행하는 역할을 맡을 미국 연방 규제 기관으로 증권 거래 위원 회Securities and Exchange Commission(SEC)가 설립되었다. SEC의 설립은 미국 뉴딜 정책의 일부로 대공황 이후 경제가 악화되는 것을 막고 사기와 오만이 다시 일으킬 수 있 는 재정난을 막기 위한 것이었다.

미국 의회는 일반 투자자를 보호하기 위해 1933년 증권법을 통과시켰다. 증권법 은 미국에서 판매하는 증권, 미국 시민이 이용할 수 있는 모든 증권을 의무적으로 등록하도록 했다. 투자자가 등록된 증권의 정확한 재무 정보를 받을 수 있도록 하 여 증권 사기를 방지했다. 또한 연방거래위원회Federal Trade Commission(FTC)에 사법 권 한을 부여하여 주식 거래를 중단시키거나 경제범을 처벌할 수 있도록 했다.

 NOTE_ 블록체인 기술로 만든 실물 또는 가상 형태의 유가증권은 새로운 금융 상품으 로 FTC와 SEC의 규제를 받는다. NFT를 투자할 때 이 내용을 명심하자. 판매자 시민 권과 국적, 구매자 시민권과 국적에 따라 관련 규제를 받을 수 있다.

SEC는 NFT와 같은 디지털 자산을 기존 자산과 유사하게 평가하여 증권인지 여부 를 결정한다. 집필 시점에서 NFT는 SEC 해석상 규제 대상이 아니었고 NFT 창작자 또한 규제를 받지 않았다. 그러나 NFT는 투자자를 속이거나 자금 세탁에 사용될 수 있어 미국이나 다른 국가의 정부가 개입하여 NFT 산업을 규제할 가능성이 높다. 물론 규제하기까지 몇 년 이상 걸릴 것이다. 간단하게 증권 여부를 구분하는 방법을 소개한다. 기존 실물 자산을 블록체인에 올려 인증된 수집품 NFT로 발행한다면 유가증권으로 해석하지 않는다. 이때는 미술품이나 다른 예술 작품을 사는 것과 같다. 그러나 NFT는 유가증권으로 해석할 여지가 많다. 투자 수익을 약속한 NFT는 유가증권이 될 수 있다. 예를 들면 배당을 약속하는 부동산 NFT나 디지털 미술품 로열티 수익 등은 증권으로 판단하고 호위 테스트Howey Test[1]를 통과하지 못할 수 있다. 호위 테스트로 미국에서 어떤 자산을 투자 계약으로 인정하고 미국 증권법을 적용할지 결정한다. 투자를 검토할 때 투자 계약인지 헷갈리다면 아래 네 가지 기준으로 판단할 수 있다.

- 투자금을 포함한다
- 일반적인 사업이다
- 수익이 발생한다
- 타인의 노력으로 수익이 발생한다

NFT 투자가 나에게 맞는 투자인가

NFT 투자 전략을 고민하기 전에 먼저 NFT 투자가 자신에게 적합한지 생각해보자. 깊은 역사를 가지고, 예측 가능하며, 시장 조사가 가능한 다른 많은 투자처를 선택할 수 있다. 변동성이 크고 투기에 가까운 모든 투자가 그렇듯 NFT에 집 문서를 걸어서는 안 된다.

 WARNING_ 잃어도 좋을 금액만 투자하자. 이 전략은 재정적으로 안전하고 스트레스도 적다.

---

1 옮긴이_ 호위 테스트는 미국 증권거래위원회(SEC)가 SEC가 증권 여부를 결정하는 기준이다. 1946년 호위컴퍼니(Howey Company)와의 소송 이후로 SEC는 호위 테스트를 기준으로 거래의 투자 계약 여부를 확인한다.

내가 가진 자산을 찾는 사람이 늘어나고 가격이 오르는 건 재밌고 흥미진진한 일이다. 만약 내 자산을 아무도 찾지 않거나 가치가 없다 생각해도 손해는 아니다. 왜냐면 내 분수에 맞는 투자였고 내가 좋아서 산 것이기 때문이다.

사람들이 일반적으로 NFT에 투자하는 이유는 두 가지이다.

- **새로운 자산의 선구자라는 명성 획득**: 최초 NFT 중 하나를 소유하게 되면 선구자로서 명성이 따른다.
- **금전적 수익**: 현재 일부 사람은 NFT를 사고팔면서 큰 돈을 벌고 있다. 불행히도 2차 시장 거래 데이터는 거의 없지만 NFT로 부자가 된 이야기를 많이 찾을 수 있다.

NFT는 암호화폐 초창기와 비슷한 순간을 즐기고 있다. 초기에 일부 사람들이 비트코인과 기타 토큰을 구매하여 많은 돈을 벌자 너도나도 투자에 뛰어들었다. 어떤 사람들은 투자로 성공했지만 일부 투자자는 구매한 신생 코인이 가치가 전혀 없었거나 시장 변동에 따라 가격을 끝까지 유지하지 못해 상당한 돈을 잃었다.

초보자를 위한 NFT 투자 전략

투자자들은 NFT를 엄청난 글로벌 기회의 땅이라 여기며 흥분하고 있다. 누군가는 NFT가 1990년대를 열광으로 몰아넣었던 타이^{Ty}사의 비니 베이비처럼 곧 터질 거품이라 말하기도 한다. 진실은 그 중간 어딘가에 있을지도 모른다.

 TIP_ 일부 NFT는 절호의 투자 기회일 수 있고 어떤 NFT는 빠르게 가치가 없어질 수 있다. NFT 투자는 여러 면에서 다른 투자와 비슷하며 NFT 투자 역시 위험이 존재한다. 최선의 방법은 잘 아는 것이다.

재미로 NFT를 수집할 수 있다. 많은 사람들이 동전이나 우표를 수집하면서 즐거움을 느낀다. 매우 높은 가치로 평가되는 수집품도 있지만 많은 수집가는 수집품을 팔지 않고 소장하는 데 만족한다. 한편 여러분이 만약 NFT로 부를 쌓거나 가치를 키우고 싶다면 많은 공부를 해야 한다.

NOTE_ 충분한 지식 없이 NFT에 뛰어드는 것은 미술이나 미술품에 대한 가치를 이해하지 않고 미술품에 투자하는 짓이나 다름없다. 금전적 가치가 없는 상품에 발목 잡힐 수 있다. 계속 이런 식으로 투자하다간 재정이 파탄 나고 만다.

NFT 평가 기준

NFT는 전통적인 수집품이나 현대 미술의 디지털 버전으로 보인다. 수집품의 종류는 야구 카드에서 동전, 미술품, 고문서, 심지어 자동차까지 매우 다양하다. 수집품의 가치는 희소성과 수요에서 온다. 찾는 사람이 많지만 공급량이 적다면 수집품 가치는 높아진다. 아무리 수집품이 회귀해도 기꺼이 원하고 구매하려는 사람이 있어야 거래 시장이 만들어진다.

NFT는 기존 수집품과 비슷하지만 다르다. NFT 자체는 블록체인에 저장한 소유권과 거래 기록일뿐이다. NFT는 디지털 콘텐츠를 포함하지 않을 때도 많다. 블록체인은 용량이 제한되어 있고 디지털 미디어 파일은 상당히 크기 때문에 기존 블록체인에 저장하려면 비용이 많이 든다.

NFT 기술은 이런 가치를 창출하는 데 도움을 준다. 희소성은 수집품의 가치와 관련이 크다. 때문에 디지털 창작물을 수집하기 점점 어려워진다. 디지털 창작물은 복사해도 품질이 떨어지지 않는다. 이런 특징이 디지털 자산을 '소유'하기 어렵게 만든다. NFT가 이 문제를 해결했다. 아티스트는 한정판 에디션이나 작품 원본을 NFT로 만들어 수집가에게 소유권을 판매할 수 있다. 이렇게 생성한 NFT는 자산 가치를 나타낼 수 있다. 즉, 다른 누군가가 해당 자산을 구매하려고 지불하는 금액이 가치를 결정한다.

NFT 가치를 판단하는 여러 가지 방법이 있다. 브랜드, 희소성, 시장에 따라 자산 가치가 정해진다. 다른 수집품을 수집해봤다면 익숙할 것이다.

브랜드

여기서 브랜드란 기본적으로 NFT를 누가 만들고 관여하고 있는지로 판단한다. NBA 탑샷(https://nbatopshot.com)에서 판매하는 가장 비싼 수집품은 르브론 제임스LeBron James의 비디오 클립으로 '높은 수익을 낸 NFT' 절에서 더 자세히 설명한다. 르브론이란 브랜드에는 가치가 있다. 클립에서 보이는 정확한 움직임에 깊은 인상을 받은 수집가도 있겠지만 가장 중요한 가치는 사람이다. NFT 세계는 현재 쿠어스Coors, 코카콜라Coca Cola, NBA, 비플Beeple, 그라임스Grimes와 같은 거물들을 끌어오고 있다. 무명 아티스트가 발행했어도 가치가 높은 NFT를 찾을 수 있다. 하지만 장기적으로 가치를 유지하기는 매우 어렵다.

희소성

희소성 또한 NFT 가치를 결정하는 중요한 요소다. 작가가 어떤 작품을 1개만 발매할 때 10,000개를 발매하는 것보다 더 큰 가치를 지닌다. 다행스럽게도 희소성이란 매우 중요한 요소이기에 대부분 마켓플레이스는 각 에디션을 얼마나 판매 중인지 명확하게 표시한다. 따라서 창작자와 시장은 출시할 에디션 수를 조절하여 희소성을 유지한다. 이런 전략은 빠르게 작품 가치에 영향을 미칠 수 있다.

시장

NFT 가치를 결정하는 마지막 요소는 NFT가 판매되는 시장 또는 NFT 전용 마켓플레이스다. 투자자는 초기 판매 가격을 알아내거나 비슷한 상품 판매내역을 확인하고 작품 가치를 감정하기 위해 시장을 활용할 수 있다.

나만의 전략 선택

불안정한 NFT 세계로 들어갈 준비가 되었다면 첫 번째 할 일은 조사다. NFT 투자 기회를 얻으려고 검색하다 보면 현재 업계 상태는 마치 황량한 서부시대와 비슷하다는 것을 알 수 있다. NFT 수십만 개가 다양한 NFT 마켓플레이스(12장에서 마켓플레이스 10곳을 소개한다)에서 거래되고 있다.

 WARNING_ 구매하기 전에 이곳이 합법적인 마켓플레이스인지 구매하려는 자산이 진
품인지 반드시 확인해야 한다. 누구나 NFT를 만들고 원본이라고 부를 수 있다. NFT와
블록체인은 탈중앙화되어있어 작품 품질과 평판을 검증해주는 공식적인 기관이 없다.

좋아하는 NFT 장르에 소액 투자로 시작하자. 자신이 알고 있는 분야나 연구하고
싶은 분야부터 투자하는 것은 좋은 방법이다. 자산을 구매하고 나면 작품과 관련
된 자료를 읽고 시장을 살펴보는데 많은 시간을 투자해야 한다.

지식과 자신감이 늘어날수록 투자를 더 늘려가기 시작할 것이다. 저자는 투자자로
서 투자 목표를 설정한다. 시장이 과열되더라도 투자 목표에 따라 계산된 결정을
할 수 있다. 투자 계획을 세우고 잘 지킨다면 자산 유형에 관계없이 합리적으로 결
정할 수 있다.

저자가 찾아보는 주요 지표는 **거래량**이다. 즉, 특정 기간에 활발하게 활동하는 구
매자와 판매자 수를 확인한다. 하지만 NFT는 판매자와 구매자가 적은 얇은 시
장Thin Market으로 거래량을 확인하기 조금 까다롭다.

 WARNING_ 사기꾼은 자신이 소유한 계정으로 자산을 반복적으로 사고팔면서 자산
가격을 올리고 거래량을 늘린다. NFT는 레딧Reddit이나 트위터 같은 SNS에서 정보를
얻는다. SNS는 누구나 글을 게시할 수 있어 자산 가치를 부풀리고 고점에 자산을 판매
하려는 사람이 많으니 조심해야 한다. 안타깝게도 암호화폐 시장에서는 일상적인 일이다.

TIP_ 저자는 투자자로서 10%라는 투자 기대 수익률이나 목표 가격을 자신만의 방식으
로 설정해 보수적으로 투자한다. 스스로 공부하여 내가 만족할 수 있는 기대 수익을 정한
다. 기대 수익을 정해두면 언제 매도해야 하는지 알 수 있다. 전설적인 투자자 워렌 버핏
은 투자자에게 다른 사람들이 모두 팔 때 매수하고 살 때 매도하라고 조언한다.

높은 수익을 낸 NFT

구매자는 다양한 근거로 NFT 가치를 평가한다. 투자자 일부는 NFT를 하나의 예술 작품으로 받아들인다. 또 다른 투자자는 특정 커뮤니티에서 자신의 힘과 결속력을 보여주려고 NFT를 구매한다. 특정 개체를 소유함으로써 커뮤니티에 대한 소속감과 높은 지위를 가진 권위감을 주는 일종의 소셜 시그널Social Signal[2]인 셈이다.

 TIP_ NFT를 이해하고 투자 이익과 위험을 분명하게 하려면 지금까지 최고 수익을 낸 NFT를 찾아보자.

다음은 높은 수익을 낸 NFT와 가격을 결정한 요인을 정리한 목록이다.

- **르브론 제임스, 〈코스믹〉 덩크 비디오(2019년, 20만 8천 달러):** 이 NFT는 NBA 탑샷 NFT 마켓플레이스에서 거래됐다. 탑샷은 트레이딩 카드를 수집하던 기억을 떠올리게 한다. 탑샷은 비슷한 방식으로 작동한다. 수집가는 팩을 구입하고 팩 속의 컬렉션 중 매우 가치가 있는 특별한 카드(NBA 경기 순간을 기록하는 개별 클립)를 찾는다. 〈코스믹Cosmic〉은 카드 49장으로 구성된 팩에서 나왔다. 일반 카드팩은 9달러부터 특별 카드 팩은 1,000달러까지 컬렉션 가격을 형성한다.
- **〈릭 앤 모티〉, 'The Best I Could Do' 일러스트 시리즈(2021년, 100만 달러):** 저스틴 로일랜드Justin Roiland가 제작한 〈릭 앤 모티Rick and Morty〉는 카툰 네트워크Cartoon Network의 심야 편성 시간대 어덜트 스윔Adult Swim에서 방영하는 인기 성인 애니메이션 시리즈다. 로일랜드는 독창적인 애니메이션 일러스트 18개로 구성된 컬렉션을 백만 달러에 판매했다. NFT 마켓플레이스인 니프티 게이트웨이에서 거래된 금액 중 가장 크다. 릭 앤 모티는 넓은 수요층과 골수팬이 있다.
- **크립토펑크 #7523, 픽셀 아트 캐릭터(2017년, 1180만 달러):** 크립토펑크CryptoPunk는 구글이 소규모 내부 프로젝트로 처음 시작한 라바 랩스Larva Labs에서 만든 픽셀 아트 캐릭터 10,000개 중 하나이다. 크립토펑크는 NFT 세계의 고전으로 NFT 소유자끼리 커뮤니티를 형성한다. 13장에서 크립토펑크 #7523과 다른 크립토펑크를 자세히 설명한다.
- **엑시 인피니티, 최초 부동산(2021년, 150만 달러):** 엑시 인피니티Axie Infinity는 암호화 게임 〈엑시Axie〉에 존재하는 가상의 부동산이다. 실제 토지와 마찬가지로 입지에 따라 가치가 다르다. 최초 부동산은 게임에서 가장 좋은 자리에 있고 독특하고 아름다운 모습을 가지고 있다.

---

2 옮긴이_ 소셜 시그널이란 소셜 미디어 게시물에 좋아요, 공유하기, 조회수 등을 말한다. 소셜 시그널이 클수록 흥미로운 컨텐츠, 많은 팔로워를 의미한다.

- **트위터 CEO 잭 도시의 첫 번째 트윗(2006년 최초 생성, 2021년 NFT 전환, 290만 달러):** 트위터^{Twitter}는 문화적으로나 역사적으로 매우 중요한 존재가 되었다. 트윗 자체는 원래 첫 블록체인이 생성되기 훨씬 이전에 생성됐다. 최초 트윗을 NFT로 만들면서 확실하게 수집가의 눈길을 끌었다.

- **도지 밈(2021년 NFT로 변경, 440만 달러):** 밈은 다양한 형태로 나타나는 문화적 접점으로 밈을 소유하는 것은 소셜 시그널의 끝판왕이다. 사랑스러운 시바 개가 나오는 도지^{Doge} 밈은 누구나 암호화폐를 만들 수 있다는 조소가 담겨 있어 암호화폐 생태계에서 매우 인기가 있다.

- **비플, 「EVERYDAYS - THE FIRST 5000 DAYS」, 디지털 미술(2021년, 6930만 달러):** 경매 회사 크리스티^{Christie's}에서 최초로 판매된 순수 디지털 미술 작품(순수 현대 미술에 더 가깝다)으로 13년 동안 촬영한 5,000장의 이미지로 구성되어 있다. 메타코반^{MetaKovan}과 투배드아워^{Twobadour}로 알려진 싱가포르 NFT 수집가에게 판매되었다. 13장에서 이 작품과 비플의 다른 작품을 자세하게 설명한다.

인기 있는 NFT 유형

다양한 종류의 NFT가 존재하며 새로운 토큰 표준이 계속 개발되고 있다. 이번에는 가장 인기 있는 몇 가지 NFT 유형을 보여줍니다.

디지털 아트

디지털 아트는 광범위한 NFT 카테고리로 최고 판매액이 나온 분야다. 가장 오래된 NFT 유형이다. 케빈 맥코이^{Kevin McCoy}의 「퀀텀^{Quantum}」이 최초로 발행된 NFT다. 디지털 아트 카테고리에서는 누구나 쉽게 만들고 판매할 수 있다. 또 많은 플랫폼에서 누구나 NFT 디지털 아트를 생성할 수 있도록 지원하고 있다.

수집품

수집품 또한 NFT 시장에서 커다란 카테고리다. 수집용 NFT는 전통적인 야구 카드, 우표 등과 매우 비슷하다. NBA 탑샷은 가장 큰 스포츠 수집품 플랫폼이다. 탑샷 거래량은 수백만 달러에 달하고 새로운 형태의 마니아층을 탄생시켰다.

게임

게임 역시 블록체인 혜택을 받은 카테고리다. 게임 아이템은 NFT와 완벽한 짝꿍이다. NFT 카테고리에서 게임 아이템은 가장 많은 판매량을 보인다. 2020년에만 600,000개 이상의 게임 아이템이 판매됐다. 게임 아이템에는 디지털 부동산, 스킨, 캐릭터를 포함한다.

NFT는 게임 플레이어가 자신이 가진 게임 아이템에 더 많은 권한과 갖고 제어할 수 있도록 한다. 플레이어보다 제작자가 유리한 일반적인 게임 생태계를 변화시키고 있다.

음악

음악 NFT 판매도 인기를 얻고 있다. 아티스트는 팬에게 음악을 직접 판매할 수 있다. 팬은 일반적으로 구매할 때는 얻기 어려운 추가 혜택을 누릴 수 있다. 음악 산업은 스트리밍 산업으로 바뀌고 있다. 아티스트는 새 앨범을 녹음하고 앨범을 판매하거나 홍보하려고 더 이상 음반 회사에 기대지 않는다. 독립 아티스트는 콘텐츠로 수익을 내고 고유할 수 있는 새로운 방법을 찾고 있다. 뮤지션은 음악을 토큰으로 만들어 팬에게 직접 판매할 수 있다. 구매한 팬은 다른 곳에서는 볼 수 없는 독점 콘텐츠나 작업 결과물을 받을 수 있다.

인상적인 음악 NFT 몇 가지를 살펴보자. 2021년 2월, DJ이자 프로듀서인 3LAU는 NFT 1,200만 달러어치를 판매했다. NFT는 커스텀 곡, 미발매 곡에 대한 접근 권한, 커스텀 예술 작품, 새로 각색한 기존 발표곡 등을 포함하고 있다.

인기 있는 밈

가장 독특한 유형으로 인터넷 밈을 NFT로 발행한다. '재앙의 소녀^{Disaster Girl}', '냥 캣^{Nyan Cat}', '과도하게 집착하는 여자친구^{Overly Attached Girlfriend}' 같은 오래되고 인기 있는 밈이 수십만 달러에 팔렸다. 밈은 대중문화와 결이 비슷하다. 주로 순간을 포착하여 밈을 반복 생산한다. 밈은 비주류 문화 속에서 탄생해 점차 문화 전반으로 퍼져나간다. 반복해서 재생산되는 밈을 소유한다는 것은 희소성 원칙과 상충되기 때문에 NFT로는 독특한 유형이다.

NFT와 세금

더 깊은 NFT 투자 세계로 들어가면 세금 문제에 다다른다. NFT가 가진 탈중앙화와 디지털이란 특성 때문에 국세청에서 벗어날 수 있다고 생각했다면 다시 생각해보자. NFT 수익에는 두 가지 유형이 있다.

- NFT 창작자가 NFT를 판매할 때 얻는 수입
- 투자자가 NFT를 판매하여 번 돈

투자자 대부분은 창작자가 세금을 내는 방식을 알 필요 없지만 참고 삼아 알아두자. NFT 창작자는 판매 소득을 일반 소득으로 처리한다. 프리랜서 창작자는 자영업 소득으로 과세한다.

미국에서는 기존 수집품과 다르게 NFT에 과세를 한다. 미국세법 절 408(m)(2)에 따라 NFT 판매 이익에 양도소득세를 부과한다. 고소득자에게는 더 높은 세율을 적용할 수 있다.

미국 국세청은 새로운 현상인 NFT를 따라잡으려 부단히 노력하고 있다. 납세 보고 절차가 아직 만들어 지지 않았으므로 구매자와 판매자 모두 세부 거래 기록을 보관하여 납세를 준비해야 한다. 다시 설명하면 NFT에서 얻은 수익을 미국 국세청에 보고하는 방식은 자산 취득 경로에 따라 다르다. 창작자는 단순히 사업상 손익(P&L) 형식으로 보고하며 제작에 들어간 모든 비용과 수수료를 공제받을 수 있다.

 NOTE_ 세금 및 기타 규제 법률을 확실히 준수하려면 자신이 처한 상황을 이해하고 도움을 줄 수 있는 세무 전문가를 고용하자.

3

NFT 프로그래밍

3부에서는 이더리움 기반의 대체 불가 토큰을 발행해본다. 우선, 6장에서 이더리움의 동작 원리를 살펴보고, 7장에서는 실제 토큰을 발행해보기 위한 계정을 생성한다. 이후 8장에서 실제 토큰 개발을 위한 환경을 설정한 뒤 9장에서 스마트 컨트랙트를 배포해본다. 그리고 잠시 실습을 멈추고 10장에서는 이더리움의 토큰 표준을 살펴본 뒤, 11장에서 NFT의 토큰 표준인 ERC-721 표준을 기반으로 토큰을 구축해본다.

Part 3

NFT 프로그래밍

CHAPTER 6

이더리움

이 장의 주요 내용

◆ 이더리움 가상 머신(EVM) 알아보기

◆ 이더리움 및 스마트 컨트랙트 역할 알아보기

◆ 블록체인에서 트랜잭션을 검증하는 방법과 정보를 저장하는 방법 알아보기

◆ EVM 외부 정보 접근 방법과 제약 사항 알아보기

이 장에서는 수많은 토큰(대체 가능 토큰과 대체 불가 토큰 모두)을 탄생시킨 플랫폼 이더리움을 개괄적으로 소개한다.

이 장에서는 이더리움에서 대체 불가 ERC-721 토큰을 발행하는 단계별 가이드를 설명하지 않는다. 7장에서 실질적인 세부 사항과 가이드를 시작해 11장에서 나만의 NFT를 발행한다. 이 장에서는 내가 만든 NFT 기본 기능을 보다 잘 이해하도록 도움이 되는 정보를 제공한다. 그리고 이더리움의 다른 부분과 내가 만든 NFT가 어떻게 상호 작용하는지 소개한다.

이더리움 가상 머신

탈중앙화 자율 조직 Decentralized Autonomous Organization(DAO)에서 리더 없이 커뮤니티 합의로 코드를 저장하고 실행하는 강력한 컴퓨터를 상상해보자. 리퀘스트를 처리하

려는 사람은 대체 가능 토큰(리더가 없는 커뮤니티 기본 통화)으로 컴퓨팅 파워를 구매한다. 다른 커뮤니티 구성원은 컴퓨팅 파워를 제공하고 보상으로 토큰을 받는다. 누구나 허가없이 자유롭게 커뮤니티에 들어가고 나갈 수 있으며 원하는 만큼 커뮤니티 구성원으로 참여할 수 있다.

리퀘스트 비용이 필요하지만 커뮤니티 구성원 누구나 시스템에 리퀘스트를 보낼 수 있다. 커뮤니티 구성원 전체가 유효한 리퀘스트인지 확인하고 합의하면 해당 요청을 승인한다. 커뮤니티에서 아래와 같은 질문으로 리퀘스트가 유효한지 확인한다.

- 해당 구성원이 리퀘스트를 처리할 충분한 토큰을 가지고 있는가?
- 커뮤니티 슈퍼컴퓨터 자원 상황을 고려할 때 리퀘스트를 처리할 수 있는가?
- 이 구성원은 리퀘스트를 보낼 권한이 있는가?

모든 정보(예: 코드, 거래내역, 토큰 보유량)를 영원히 저장하고 모든 사람이 정보를 볼 수 있으므로 완전하게 투명하다. 커뮤니티 구성원은 업데이트된 시스템 복사본을 개별적으로 저장하고 지속적으로 관리해 컴퓨터 상태를 무결하게 유지한다.

이더리움 세계에서 이 컴퓨터는 **이더리움 가상 머신**Ethereum Virtual Machine(EVM)이다. 리더가 없는 커뮤니티는 말 그대로 참여를 원하는 모든 사람이 운영하는 컴퓨터 네트워크다. 노드Node라고 부르는 각각의 컴퓨터는 업데이트된 EVM 복사본을 저장한다. 더불어 누구나 원한다면 채굴 노드Mining Node, 채굴자Miner로 참여할 수 있다. 채굴자는 리퀘스트를 검증하고 처리한 대가로 보상을 받는다. 소프트웨어 자체는 오픈 소스이며 무료지만 리퀘스트 처리에 필요한 하드웨어와 전기는 그렇지 않다.

트랜잭션Transaction 컴퓨팅 리퀘스트를 실행하려면 이더리움 기본 암호화폐인 ETH를 받고, 보내고, 저장할 수 있는 계정Account이 필요하다. 계정으로 스마트 컨트랙트를 배포하거나 배포된 스마트 컨트랙트와 상호 작용할 수 있다. 이더리움에서 이 계정을 공식적으로 외부 소유 계정Externally Owned Account(EOA)라고 한다. 지나가다 누군가 계정을 이야기하는 것을 들었다면 외부 소유 계정을 이야기했을 가능성이 높다.

7장에서 계정 유형을 소개하고 계정 생성과 관리 방법을 자세히 설명한다.

EVM에서 발생하는 모든 트랜잭션은 ETH를 지불해야 한다. 트랜잭션은 다음 작업이 필요하다.

- 한 계정에서 다른 계정으로 ETH 전송
- EVM에 데이터 저장
- 기존 데이터 변경

EVM은 네트워크 합의로 요청한 트랜잭션을 검증하고 처리한다. 바뀐 EVM 상태를 노드로 전파하고 네트워크 전체에 복제한다. 블록체인 기반 분산원장에 전체 트랜잭션 이력을 저장하여 누구나 접근할 수 있다.

공개 원장이 실제로 어떻게 작동하는지 보자. 이더리움 블록체인 탄생 이후 EVM의 모든 트랜잭션 데이터를 다음 단계로 확인해보겠다.

1. https://etherscan.io로 이동한다.

2. [그림 6-1]과 같이 [Blockchain] 드롭다운 메뉴에서 [View Txns] 옵션을 선택한다.

전 세계 누구나 볼 수 있도록 EVM이 최초 생성된 후 발생한 모든 트랜잭션 데이터가 있다.

 DIFFICULT_ 이더리움에서 Txns는 트랜잭션을 의미한다.

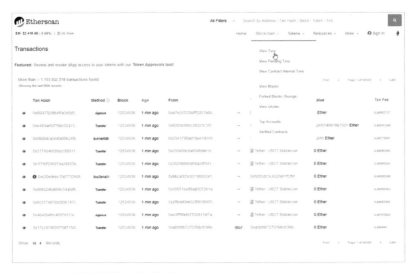

그림 6-1 이더리움 블록체인 거래 데이터

트랜잭션을 처리하는 연료, 가스

이더리움에서 가스^{Gas}는 EVM에서 트랜잭션을 처리하는 데 필요한 연산 작업량을 나타내는 측정 단위다.

이더리움 네트워크에 트랜잭션을 요청할 때 비용과 관련한 두 가지 값을 입력해야 한다.

- **가스비**: 트랜잭션을 처리할 때 지불할 가격이다. 가스 단위로 계산하며 이더로 지불한다. 트랜잭션을 검증, 처리하고 보상을 받는 채굴자에게 가스비가 높은 트랜잭션은 매력적이다.
- **가스 한도**: 트랜잭션 처리가 완료될 때까지 소비할 최대 가스 단위이다. 트랜잭션을 처리할 때 필요한 가스량보다 높은 가스 한도를 설정해야 트랜잭션을 완료할 수 있다.

일반적으로 여기서 설정한 가스비와 가스 한도에 따라서 트랜잭션 처리 속도와 트랜잭션 성공 여부가 결정된다.

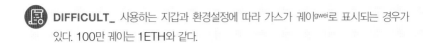

DIFFICULT_ 사용하는 지갑과 환경설정에 따라 가스가 궤이^{gwei}로 표시되는 경우가 있다. 100만 궤이는 1ETH와 같다.

트랜잭션의 흐름

트랜잭션 하나를 처리하는 전반적인 흐름과 발생하는 비용을 더 잘 이해할 수 있도록 내 계정에서 거래 요청을 시작할 때 어떤 일이 발생하는지 살펴보자.

1. 트랜잭션은 트랜잭션 해시(TxnHash, TxHash 또는 TXID로 약칭)라는 고유 코드를 갖는다.

TxnHash의 예는 다음과 같다.

```
0x7b91d4f49ccafdb93f2ca89fd57649301331bd691cfe26478822afb468ac9589
```

2. 트랜잭션을 수많은 노드로 구성된 이더리움 네트워크로 전파한다.

3. 처리를 기다리는 트랜잭션만 모아둔 풀에 정상 트랜잭션을 추가한다.

이 풀(그림 6-2)을 멤풀^{Mempool}이라 한다. 보류 중인 트랜잭션 세부 정보를 보려면 [TxnHash]를 클릭한다(그림 6-3).

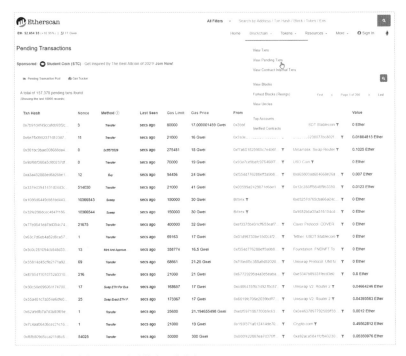

그림 6-2 멤풀에서 보류 중인 미확정 트랜잭션

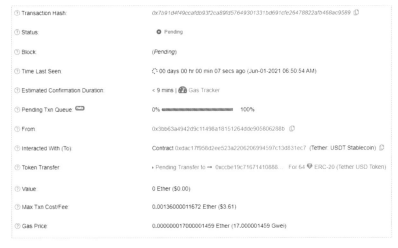

그림 6-3 보류 중인 트랜잭션으로 확정되고 처리되길 기다린다.

4. 채굴자 노드는 (아직 확정하지 않은) 블록을 생성하려고 멤풀에서 보류 중인 트랜잭션을 선택한다.

5. 채굴자는 이더리움 블록체인에 새로운 블록을 추가하고 확정할 수 있는 권한을 얻으려고 노력한다.

복잡한 방정식(작업 증명$^{Proof-of-work}$, PoW 퍼즐, 막대한 컴퓨팅 자원이 필요함)을 먼저 해결하면 권한을 얻을 수 있어 다른 채굴자와 경쟁한다. 이런 이유 때문에 채굴자는 4단계에서 보류 중인 트랜잭션 중 가스 가격이 더 높은 트랜잭션을 선택하는 경향이 있다.

6. 먼저 문제를 해결해서 블록 보상을 받은 채굴자는 자신이 생성한 블록을 네트워크에 전파한다.

각 트랜잭션에 설정한 가스 한도를 벗어나지 않도록 블록에 포함된 트랜잭션을 처리하고 나면 새로운 채굴 경쟁을 다시 시작한다.

[그림 6-4]는 성공적으로 확정한 블록 번호와 1단계에서 설명한 보류 중이었던 트랜잭션을 보여준다. 이제 이더리움 블록체인은 트랜잭션을 영구적으로 기록한다.

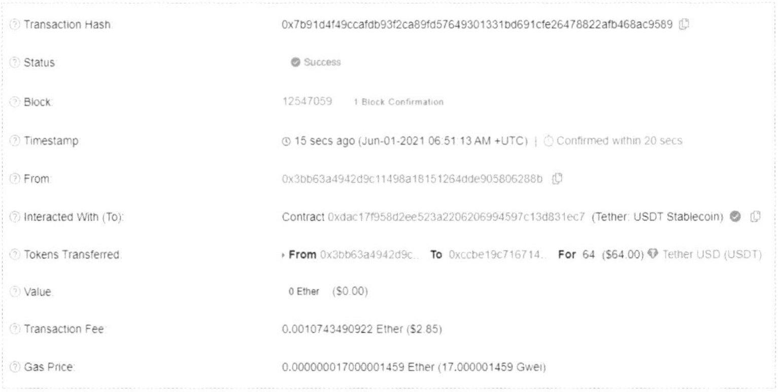

ⓘ Transaction Hash	0x7b91d4f49ccafdb93f2ca89fd57649301331bd691cfe26478822afb468ac9589
ⓘ Status	✅ Success
ⓘ Block	12547059 1 Block Confirmation
ⓘ Timestamp	⏱ 15 secs ago (Jun-01-2021 06:51:13 AM +UTC)	ⓘ Confirmed within 20 secs
ⓘ From	0x3bb63a4942d9c11498a18151264dde905806288b
ⓘ Interacted With (To):	Contract 0xdac17f958d2ee523a2206206994597c13d831ec7 (Tether: USDT Stablecoin) ✅
ⓘ Tokens Transferred:	▸ From 0x3bb63a4942d9c... To 0xccbe19c716714... For 64 ($64.00) ⬥ Tether USD (USDT)
ⓘ Value:	0 Ether ($0.00)
ⓘ Transaction Fee:	0.0010743490922 Ether ($2.85)
ⓘ Gas Price:	0.000000017000001459 Ether (17.000001459 Gwei)

그림 6-4 [그림 6-3]에서 대기중이던 트랜잭션 확정 상세 페이지

일반적으로 트랜잭션을 성공적으로 처리하려면 다음 조건이 필요하다.

- **트랜잭션이 유효해야 한다.** 예를 들어, 트랜잭션을 처리하려면 충분한 자금과 적절한 권한이 있어야 한다.

- **트랜잭션을 확정하고 처리하길 기다려야 한다.** 이더리움 블록체인에 새 블록을 추가하고 확정할 권한을 가진 채굴 노드가 내가 생성한 트랜잭션을 선택해야 한다.
- **트랙잭션의 복잡도가 설정한 가스 한도를 넘으면 안 된다.** 트랜잭션을 요청할 때 가스 한도를 설정한다.

POW 보상: 채굴자가 받는 보상

채굴 경쟁에서 승리한 채굴자는 새로운 블록을 추가할 때마다 블록 보상을 받는다. 보상은 두 가지가 있다.

- **고정 수익**: 글을 쓰는 시점에 고정 수익은 2ETH이다.
- **수수료**: 블록에 담긴 트랜잭션에 포함된 수수료이다.

예를 들어 블록 #12546760(그림 6-5) 채굴자는 약 2.32175ETH를 보상받았다. 블록 보상은 아래와 같다.

- **2ETH**: 고정된 블록 보상
- **0.32175ETH**: 블록에 담긴 트랜잭션 236개에 포함된 개별 수수료 합계

⑦ Block Height:	**12546760** < >
⑦ Timestamp:	⏱ 15 mins ago (Jun-01-2021 05:38:15 AM +UTC)
⑦ Transactions:	236 transactions **and** 34 contract internal transactions **in this block**
⑦ Mined by:	0x52bc44d5378309ee2abf1539bf71de1b7d7be3b5 (**Nanopool**) in 4 secs
⑦ Block Reward:	2.321750465869280353 Ether (2 + 0.321750465869280353)
⑦ Uncles Reward:	0
⑦ Difficulty:	7,575,898,402,191,356
⑦ Total Difficulty:	25,572,659,330,806,195,893,138
⑦ Size:	70,763 bytes
⑦ Gas Used:	14,976,460 (99.94%)
⑦ Gas Limit:	14,985,259
⑦ Extra Data:	nanopool.org (Hex:0x6e616e6f706f6f6c2e6f7267)

그림 6-5 블록 #12546760 메타데이터

당연히 채굴자는 작업량 대비 잠재적인 보상을 극대화하려고 한다. 여기서 작업량이란 복잡한 작업 증명 퍼즐을 풀기 위해 사용하는 컴퓨팅 파워를 말한다.

퍼즐 난이도는 채굴자가 확정하려는 최신 블록 크기나 내용과 상관이 없다. 따라서 일반적으로 채굴자는 블록에 포함할 트랜잭션을 선택할 때 다음을 고려하여 수익을 최대화하려고 한다.

- 블록에 허용된 최대 가스 한도 내에서 트랜잭션 여러 개를 진행
- 가스 가격이 가장 높은 트랜잭션을 진행

따라서 네트워크에 트랜잭션을 보낼 때 위와 같은 인센티브 체계를 고려하여 가스 가격을 결정할 수 있다.

가스 가격 설정: 속도에 따라 달라지는 가격

채굴자가 다음 블록에 포함할 트랜잭션을 선택할 때 높은 가스 가격은 매력적이다. [그림 6-6]처럼 가스 가격을 높게 설정하면 트랜잭션이 선택, 확정, 실행되는 예상 속도가 빨라진다.

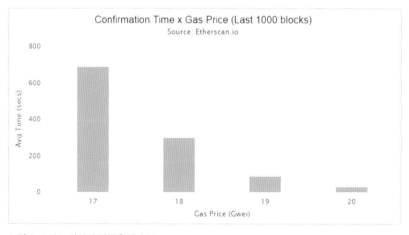

그림 6-6 가스 가격별 평균 확정 속도

그럼 가스비를 얼마로 설정해야 할까? 급하지 않다면 비용을 더 적게 지불하고 좀 더 기다릴 수도 있다. 데스밸리Death Valley에서 너무 힘든 나머지 100달러에 물 한 병을 샀다고 생각해보자. 하지만 다른 고객이 가격을 흥정해 50달러에 샀다는 이야기를 들었다면 후회가 밀려올 수 있다.

문제는 채굴자가 가스 가격이 높아지길 원하고 그때 더 많은 수수료를 얻으려하는 데 있다. 채굴자들은 더 낮은 가격으로 트랜잭션을 처리할 수 있는지 알려주지 않고 차액을 환불해 주지도 않는다. 긴급성을 고려할 때 얼마를 지불해야 할까? 또 네트워크 혼잡도를 고려할 때는 얼마로 설정해야 할까?

 TIP_ 다행히 메타마스크(2장, 4장에서 설명)를 포함한 많은 서비스가 느림, 평균, 빠름을 선택할 수 있어 초보자도 가스비를 쉽게 설정할 수 있다. 지갑 서비스는 내부 알고리즘으로 선택한 값에 따라 트랜잭션 가스 가격을 자동을 설정한다. 숙련된 사용자는 최근 확정된 블록에서 정보를 수집, 분석, 예측하여 가스 가격을 스스로 설정할 수 있다.

빠르고 재미있게 권장 가스 가격을 모니터링하고 싶다면 이더 가스 스테이션ETH Gas Station(https://ethgasstation.info)를 확인해보자. [그림 6-7]은 10분 간격으로 캡처한 가스 가격을 보여준다.

이더스캔Etherscan에는 [그림 6-8]과 같이 https://etherscan.io/gastracker으로 접속할 수 있는 자체 이더리움 가스 추적기Ethereum Gas Tracker가 있다.

그림 6-7 이더 가스 스테이션에서 추천하는 가스 가격 스냅샷

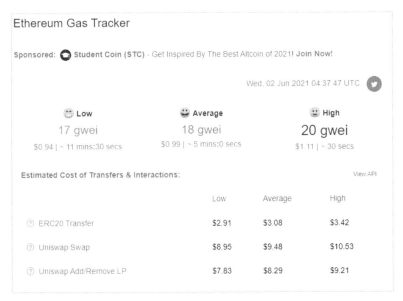

그림 6-8 이더스캔에서 지원하는 이더리움 가스 추적기

예산 설정: 가스 한도는 무제한일까?

트랜잭션의 가스 가격은 예상 처리 속도에 영향을 미치지만 가스 한도는 트랜잭션이 완료될 수 있는지 여부를 결정한다. 자금이 부족하면 끝내 트랜잭션을 완료하지 못한다는 것을 의미한다. 따라서 트랜잭션에 충분한 가스를 할당하는 것은 중요하다. 다음과 같은 두 가지 의문이 자연스럽게 생길 수 있다.

- 내 마음대로 가스 한도를 높게 설정하면 안 될까?
- 적절한 한도를 설정하기 전에 필요한 가스를 미리 계산할 수 없나?

첫 번째 질문에 답하자면 가스 한도를 그냥 크게 설정해선 안 된다. 다양한 이유가 있지만 실현가능성이 중요하다.

- **한 트랜잭션에 설정할 수 있는 가스는 계정 ETH 잔액을 초과할 수 없다.** 트랜잭션을 보내려면 계정 잔액이 가스 가격 × 가스 한도의 결과보다 더 커야 한다.
- **트랜잭션 가스 한도는 통상적인 블록 가스 한도로 제한한다.** 내 트랜잭션 가스 한도가 현재 블록 가스 한도를 초과하면 트랜잭션을 블록에 포함할 수 없다.

또한 비현실적인 가스 한도가 입력된 거래를 채굴자가 선택할 가능성이 낮다.

- 블록 가스 한도가 있어 채굴자는 새 블록에 포함할 수 있는 트랜잭션 수가 제한된다.
- 채굴자는 트랜잭션을 처리하는데 사용한 실제 가스로 보상을 받는다. 각 트랜잭션에 할당된 한도 내에서 사용하지 않은 가스는 원래 계정으로 반환한다.
- 가스 한도를 크게 초과하는 트랜잭션은 채굴자에게 도움이 되지 않는다. 그만한 보상은 받지 못하는데 귀중한 블록 공간만 차지하기 때문이다.

 TIP_ 두 번째 질문에 답해보자. 특정한 트랜잭션 유형은 사전에 필요한 가스를 계산하여 합리적으로 가스 한도를 설정할 수 있다. 한 계정에서 다른 계정으로 ETH를 전송하는 것과 같은 간단한 트랜잭션은 실행하기 전에 필요한 가스를 명확하게 계산할 수 있다. 단순 이체는 21,000으로 가스를 설정하자. 간단한 이체는 가스 한도를 너무 깊게 생각할 필요가 없다. 그냥 가스 한도를 21,000으로 설정하자.

그러나 더 복잡한 트랜잭션을 실행하는 데 필요한 가스 비용은 트랜잭션이 완료될 때까지 평가하기 어려울 때가 많다. 트랜잭션에 결함이 있을 수도 있고 비용이 많이 드는 루프가 포함되어 있거나 다른 방식으로 의도하지 않게 복잡할 수 있다.

 NOTE_ 초기 코인 공개(ICO)에 참여하는 것처럼 더 복잡한 작업이 필요한 트랜잭션을 보낼 때 가장 좋은 방법은 발행 기관에 가이드를 참고하는 것이다. 만약 내가 복잡한 함수를 직접 개발한 사람이라면 최종 사용자에게 가스 한도 설정 방법을 제공하는 것이 좋다.

9장과 11장에서 실제 사례와 팁과 함께 가스 사용 방법을 더 자세히 설명한다.

트랜잭션 수수료

트랜잭션이 확정되고 처리된 후 발생하는 총 거래 수수료(ETH)는 트랜잭션에서 사용한 실제 가스 양에 처음 설정한 가스 가격을 곱한 값과 같다.

트랜잭션 처리 과정에서 연산이 복잡하여 지정한 가스 한도를 초과하면 트랜잭션을 성공적으로 완료할 수 없다. 그러나 이미 처리 과정에서 EVM 컴퓨팅 성능을 사용하기 때문에 설정한 가스 한도와 가스 가격을 곱한 만큼 요금을 지불해야 한다.

설명한 내용이 실제로 작동하는지 확인하려면 두 가지 트랜잭션 수수료 시나리오를 살펴보자. 하나는 성공한 트랜잭션이고 다른 하나는 가스를 모두 사용해 실패한 트랜잭션이다.

시나리오 1: 트랜잭션 성공

다음 입력값으로 트랜잭션 보내자.

- **가스 가격**: 0.000000018ETH
- **가스 한도**: 437,603

트랜잭션이 완료되고 사용한 실제 총 가스는 307,804로 가스 한도인 437,603보다 적다. [그림 6-9]와 같이 트랜잭션을 성공적으로 실행하고 발생한 총 트랜잭션 수수료는 다음과 같다.

307,804(사용된 가스) × 0.000000018ETH(가스 가격) = 0.005540472ETH

그림 6-9 성공적인 트랜잭션의 가스 소모량과 수수료

트랜잭션을 완료하는 데 필요한 가스는 전체 가스 한도보다 적다. 나머지 자금은 원래 계정으로 반환한다. 아래 목록은 발생한 순서를 보여준다.

- 우선 트랜잭션을 처리하는 데 필요한 가스로 437,603(가스 한도) × 0.000000018ETH(가스 가격) = 0.007876854ETH를 예상하고 계정에서 수수료를 가져간다.
- 트랜잭션을 처리하면서 사용한 실제 가스를 기준으로 채굴자는 거래 수수료로 0.005540472ETH를 가져간다.
- 사용하지 않은 가스 0.007876854 − 0.005540472 = 0.002336382ETH는 원래 계정으로 환불한다.
- 트랜잭션을 성공적으로 처리했기 때문에 EVM 상태가 변경되고 전체 네트워크로 전파한다.

시나리오 2: 가스가 부족한 트랜잭션

다음 입력값으로 트랜잭션을 보낸다.

- **가스 가격**: 0.000025ETH
- **가스 한도**: 25,000

채굴자는 계산이 너무 복잡해 트랜잭션 가스 한도인 25,000을 초과하고 트랜잭션에 가스가 부족하다는 것을 알게 된다(그림 6-10). 트랜잭션은 완료되지 않지만 발생한 총 트랜잭션 수수료는 다음과 같다.

$$25{,}000(\text{가스 한도}) \times 0.000025\text{ETH}(\text{가스 가격}) = 0.625\text{ETH}$$

Transaction Hash:	0xda8c0b80d8e240a83c8f6b067c4656babeb13e8e0ece4fd4292aa06252f1285c
Block:	3840222 8711411 Block Confirmations
Timestamp:	⏱ 1454 days 9 hrs ago (Jun-08-2017 02:02:57 PM +UTC)
From:	0xec5765dff3b6a36ee32b9c4051d3eaec30f3f483
To:	Contract 0xace62f87abe9f4ee9fd6e115d91548df24ca0943 (Monaco: Token Sale) ⚠
	Warning! Error encountered during contract execution [Out of gas]
Value:	0.1 Ether ($264.13) - [CANCELLED]
Transaction Fee:	0.625 Ether ($1,650.82)
Gas Price:	0.000025 Ether (25.000 Gwei)
Ether Price:	$259.41 / ETH
Gas Limit:	25,000
Gas Used by Transaction:	25,000 (100%)

그림 6-10 실패한 트랜잭션의 가스 소모량과 수수료

이 트랜잭션은 완료되지 않았지만 채굴자는 제공한 컴퓨팅 파워 보상을 받는다.

- 처음에는 25,000(가스 한도) × 0.000025ETH(가스 가격) = 0.625ETH를 원래 계정에서 가져간다.
- 비록 실패했지만 트랜잭션을 처리하려고 채굴자가 사용한 컴퓨팅 성능에 따라서 채굴자는 거래 수수료 0.625ETH를 가져간다.
- 트랜잭션이 실행되지 않았기 때문에 트랜잭션을 처리하기 전 상태로 EVM 상태를 유지한다.
- 원래 계정으로 다시 이체할 자금이 남지 않는다.

아무 일도 일어나지 않는데 0.625ETH를 지불하면 너무 아깝지 않은가!

NOTE_ 트랜잭션에 청구할 수 있는 금액은 내가 지정한 가스 가격과 가스 한도를 곱한 값으로 제한된다. 트랜잭션을 더 낮은 비용으로 처리하면 설정한 가스 가격과 사용하지 않은 가스를 곱한 금액을 원래 계정으로 반환한다.

블록체인: 모든 것이 안전하게 저장되는 공간

EVM에서 확정한 모든 트랜잭션은 이더리움에 영원히 저장한다. 이더리움은 블록체인 기반 분산원장으로 여러 노드끼리 동기화하는 무허가 공유 데이터베이스 역할을 한다. 모든 노드는 원장에 접근할 수 있고 거의 동시에 모든 노드에 수정한 원장을 반영한다. 블록체인은 정보를 블록에 담아 시간 순서대로 구성하는 기록 보관 시스템이다. 트랜잭션 기록을 모아서 블록에 저장하고 주기적으로 새 블록을 확정하고 기존 체인에 추가한다.

각 블록은 직전 블록 정보 해시값을 포함하며 이전 블록과 연결되어 말 그대로 블록체인Blockchain을 형성한다. 블록체인에서는 블록을 표기할 때 블록 위치를 나타내는 블록 높이 또는 선행 블록 수를 사용한다. 제네시스 블록은 블록 0으로 표기한다.

새로 만들어진 블록을 추가하기 전에 네트워크 합의가 필요하다. 합의가 이뤄지면 지속적으로 성장하는 확정된 블록 체인에 블록을 추가할 수 있다. 기존 블록체인에 자신의 블록을 추가할 수 있는 권한을 얻으려고 채굴자는 컴퓨터 연산이 복잡한 어려운 퍼즐 풀기 위해 맹렬히 경쟁한다. 작업 증명으로 알려진 퍼즐은 답은 찾기 어렵지만 검증은 쉽다. 예를 들어, 누군가의 전화번호를 추측하는 일은 어렵지만 전화번호가 주어지면 올바른 번호인지는 쉽게 확인할 수 있다.

한 채굴자가 답을 찾으면 다른 채굴자는 작업 중이던 블록을 닫고 나머지 네트워크에 정답을 전파한다. 블록체인 전체가 최신화되면 다시 다음 블록을 검증하는 새로운 속도 경쟁을 시작한다.

Ethash 및 작업 증명: 이더리움의 데이터 검증법

이더리움 및 비트코인과 같은 퍼블릭 블록체인은 시스템을 아래와 같이 유지하는 합의 메커니즘이 필요하다.

- **장애 방지**: 결함 또는 실패가 있거나 악의적인 노드가 있어도 시스템은 계속 작동해야 한다.
- **보안**: 네트워크가 함께 검증하고 합의하는 방식으로 원장을 안전하게 보호한다. 악의적인 노드가 있더라도 데이터를 변조할 수 없다.

Ethash로 알려진 작업 증명 합의 알고리즘은 이더리움 블록체인을 보호한다. 이더리움 개발자들은 **지분 증명**^Proof-of-Stake(POS) 합의 알고리즘으로 넘어가기 위해 노력하고 있다. 작업 증명은 길고 어려운 문제를 풀어야 트랜잭션을 확정하고 처리할 수 있어 완성된 블록 내용을 바꾸기 어렵다. 악의적인 노드는 변경한 정보를 기반으로 새로운 퍼즐 답을 힘들고 어렵게 찾아야 한다.

작업 증명 시스템은 복잡한 계산을 하도록 설계됐다. 일각에서는 작업 증명으로 보안을 유지하는 암호화폐는 과도하게 에너지를 소비하고 친환경이 아닌 점을 우려한다. 일부 기업(그림 6-11)과 국가(그림 6-12)에서 암호화폐 결제와 채굴을 보는 시선이 바뀌고 있다. 대응책으로 지분증명 프로토콜을 기반으로 하는 합의 알고리즘이 점차 주목받고 있다. 작업 증명과 달리 지분 증명은 트랜잭션을 확정하기 위해 충분한 지분이 필요하다. 지분은 계정 잔고나 보유 기간으로 얻을 수 있다.

Elon Musk @elonmusk

Tesla & Bitcoin

Tesla has suspended vehicle purchases using Bitcoin. We are concerned about rapidly increasing use of fossil fuels for Bitcoin mining and transactions, especially coal, which has the worst emissions of any fuel.

Cryptocurrency is a good idea on many levels and we believe it has a promising future, but this cannot come at great cost to the environment.

Tesla will not be selling any Bitcoin and we intend to use it for transactions as soon as mining transitions to more sustainable energy. We are also looking at other cryptocurrencies that use <1% of Bitcoin's energy/transaction.

3:06 PM · May 12, 2021 · Twitter for iPhone

그림 6-11 암호화폐 채굴의 지속가능성을 우려한 일론 머스크

그림 6-12 암호화폐 채굴 단속 뉴스 기사

이더리움 커뮤니티는 수년 동안 현재 작업 증명 기반 시스템에서 지분 증명 기반 시스템으로 전환하는 이더리움 2.0을 기다리고 있다. 이더리움 재단은 2022년 3월을 기준으로 테스트넷에서 지분 증명 기반 시스템으로의 전환을 성공적으로 진행했다. 이후 일정 기간 동안 테스트넷에서 안정성을 확인한 후 이더리움 메인넷에서도 전환이 진행될 예정이다.

채굴자와 논스

성공한 채굴자 작업 증명의 '증명'은 확정된 블록의 중요 정보를 담고 있는 블록 헤더 속 블록 논스에 저장된다.

보기만 해도 어려운 용어인 **블록 논스**block nonce는 복잡한 계산 과정과 시행 착오를 통해서만 찾을 수 있는 숫자다. 이 과정에서 채굴자는 특별한 숫자 논스를 찾을 때까지 임의의 값을 입력하여 계속 시도한다. 임의의 값과 현재 블록의 다른 중요한 정보와 결합하여 ETHash 프로토콜에서 요구하는 수학적 조건을 충족해야 한다. 논스 값을 찾는 것은 쉽지 않지만 값을 검증하는 것은 쉽다.

필요한 수학적 조건은 현재 블록의 난이도에 따라 바뀌는 목표값이다. 이전 블록 난이도와 최근 블록 생성 시간을 기반으로 블록 난이도를 조정한다. 새로운 난이도 수준은 이전 블록 수준보다 크거나 낮을 수 있다. 채굴자가 네트워크에 들어오고 나가는 동안 지속적으로 계속 값을 조정하여 블록이 너무 빠르거나 느리게 형성되지 않도록 한다.

 WARNING_ 블록 논스와 트랜잭션 논스를 혼동하면 안 된다. 트랜잭션 논스는 계정에서 전송된 트랜잭션 시간 순서를 나타내는 숫자다.

실제로 확정될 때까지 필요한 '확정'의 수

가장 최근 생성한 블록은 그 뒤로 블록이 없기 때문에 수많은 작업 증명 퍼즐을 해결할 필요가 없어 공격에 가장 취약하다. 악의적인 노드 그룹이 공모하여 네트워크 컴퓨팅 성능의 최소 절반 이상을 모아 51% 공격으로 알려진 공격을 시도할 수 있다. 이들의 최종 목표는 동일한 자금을 두 번 사용하는 것이다(이중 지불). 그들은 다음과 같은 전략을 사용한다.

1. 암호화폐 거래소 계정으로 ETH를 송금하는 트랜잭션을 제출한다.

2. 블록 확정되고 처리되면 즉시 ETH를 USD로 바꾸고 자금을 인출한다.

3. 동시에 1단계 트랜잭션을 조작한다. 이 그룹이 가지고 있는 컴퓨팅 파워로 지금 조작한 블록에 맞는 새로운 작업 증명을 찾아 트랜잭션을 되돌린다.

4. 앞 단계를 반복한다.

그러나 최근 생성된 블록 내용을 변경하고 작업 증명을 해결할 수 있는 충분한 컴퓨팅 파워가 있더라도 네트워크 합의로 확정된 블록을 무시할 정도로 빠르게 50개의 블록을 변경하고 작업 증명을 진행하기란 굉장히 어렵다.

이러한 유형의 공격을 막기 위해 거래소와 지갑 서비스는 충분한 블록이 쌓여야만 해당 트랜잭션이 정말로 확정된 것으로 본다. 대기 중인 자산이 실제 내 계정에 들어오기 위해 필요한 확정 수는 암호화폐 종류와 서비스 유형(거래소, 지갑)에 따라 다르다. [그림 6-13]은 미국의 주요 암호화폐 거래소인 크라켄Kraken에서 암호화폐 종류에 따라 필요한 확정 횟수와 예상 대기 시간이다.

Kraken's confirmations requirements

Cryptocurrency	Confirmations Required	Estimated Time* If included in the next block.
Bitcoin (BTC)	4 confirmations	EST 40 minutes Dependent on Fee
Bitcoin Cash (BCH)	15 confirmations	2.5 hours (150 minutes)
Cardano (ADA)	15 confirmations	10 minutes
Chainlink (LINK)	20 confirmations	5 minutes
Ethereum (ETH)	20 confirmations	5 minutes
Ethereum Classic (ETC)	40,000 confirmations	6.5 days

그림 6-13 크라켄 거래소의 확정 필요 횟수와 예상 대기 시간

크라켄에서는 이더리움을 거래하거나 인출하려면 블록 깊이가 20(확정 20회) 이상이 되어야 한다. 대조적으로 코인베이스는 확정 35회가 필요하고 제미니^{Gemini}는 확정 12회만 필요하다.

엉클과 고아

방대한 채굴 노드 네트워크에서는 여러 노드에서 새 블록을 생성하려고 경쟁하므로 작업 증명이 동시 또는 아주 가까운 차이로 끝난다. 이 때 네트워크는 같은 블록 높이(블록 번호)에 새로운 블록 두 개를 생성하고 추가한다. 일시적으로 블록체인이 쪼개지는 셈이다. 보다 정확하게 설명하자면 작업 증명 결과는 네트워크에 전파되는데 한 쪽의 결과가 먼저 일부 노드에 도달하고 다른 쪽 결과가 다른 노드

에 도달한다. 잠시 블록체인 상태가 노드에 따라 달라진다.

블록 생성이 계속되어 다음 블록을 확정하고 추가하면 체인 하나가 우위를 갖는다. 궁극적으로 네트워크는 더 많은 작업 증명을 포함한 체인(일반적으로 더 긴 체인)을 선택한다. 네트워크에는 오직 체인 하나만을 확정된 체인으로 남기고 다른 체인은 버려진다.

이 시나리오에서 버려진 블록을 이더리움에서 엉클Uncle 블록이라 한다(그림 6-14 참고). 성중립적인 용어로는 옴머Ommer 블록이라고도 부른다. 비트코인에서는 이 블록을 고아 블록이라고 부른다.

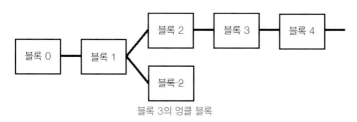

블록 3의 엉클 블록

그림 6-14 블록체인이 일시적으로 분할되어 생성된 엉클 블록

하드포크: 기본 프로토콜 업데이트

이더리움 같은 DAO에서는 참가자는 원할 때마다 자유롭게 네트워크에 들어가고 나갈 수 있다. 또 원하는 만큼 참여할 수 있고 참가자 누구나 다음과 같은 작업을 할 수 있다.

- 트랜잭션 전체 내역을 조회한다.
- EVM 상태 복사본을 유지하고 관리한다.
- 채굴자로 참가하여 체인에 새 블록을 확인하고 추가한다.

또한 일반적으로 이더리움 커뮤니티는 네트워크 프로토콜Network Protocol을 패치하고 업데이트한다.

네트워크 프로토콜은 이더리움을 관리하는 코드와 규칙 체계이다. 커뮤니티에 속한 누구나 **이더리움 개선 제안**^{Ethereum Improvement Proposal}(EIP)을 제출하여 프로토콜 개선안을 자유롭게 제안할 수 있다. 프로토콜 개발에 가장 많이 관여하고 중요한 역할을 하는 이더리움 코어 개발자^{Ethereum Core Developers}가 어떤 EIP를 구현할지 최종 결정한다.

주요 변경 사항은 기본 합의 프로토콜 포크^{Fork}가 필요하다. 새로운 합의 프로토콜에 따라서 새로 분기된 경로에 후속 블록을 추가하도록 블록체인을 영구적으로 강제 분할한다. 일반적으로 이더리움 블록체인을 하드포크하면 새로운(대체 가능) 토큰이 생기지 않는다. 커뮤니티 대부분이 코어 개발자 지시를 따르기 때문이다. 따라서 이전 프로토콜에서 작동하던 부분은 누구도 활용하지 않아 자연스레 폐기된다.

 DIFFICULT_ 일반적으로 조화롭게 잘 마무리된 포크와 다르게 2016년 이더리움 하드 포크는 유명한 예외 사례다. 커뮤니티 내부에 커다란 균열을 가져왔고 그 결과 별개의 두 토큰인 ETH와 ETC(이더리움 클래식)으로 나눠졌다.

이더리움 내전

2016년 중반 이더리움이 사용하던 탈중앙화 자산 관리 프로젝트 DAO에서 소프트웨어 취약점이 발견되며 이더 약 5천만 달러를 도난당한다. 전례 없는 사건으로 이더리움 커뮤니티는 포크 체인을 만들어 메인 체인 기록을 DAO 해킹 이전으로 변경했다.

이더리움 커뮤니티 대부분은 거래 기록을 복원한 포크 체인을 따랐지만 일부는 단호하게 반대했다. 그 결과 기록을 복원하지 않은 원래 체인에는 별개의 대체 가능 토큰인 이더리움 클래식(ETC)이 할당됐다. ETC는 오늘날에도 여전히 존재하지만 ETH보다 훨씬 낮은 평가와 지지를 받고 있다. ETC 블록체인도 수많은 이중 지불 공격을 받았다. 거래소에서 ETC 자금을 인출하려면 훨씬 더 많은 확정 횟수가 필요하다. 예를 들어 크라켄^{Kraken}은 ETC는 확정 40,000회가 필요하지만 ETH은 확정 20회가 필요하다.

스마트 컨트랙트

스마트 컨트랙트는 소프트웨어 프로그램이다. 일단 배포되면 EVM에 고유 주소를 가지고 있는 특별한 컨트랙트 계정에 저장된다. 스마트 컨트랙트를 배포하는 행위 자체가 트랜잭션으로 가스를 소비한다. 2장에서 스마트 컨트랙트를 소개했고 9장에서는 나만의 스마트 컨트랙트를 코딩하고 배포하는 방법을 설명한다.

일단 배포되면 스마트 컨트랙트는 다른 트랜잭션이 호출할 때까지 휴면 상태로 있다. 이더리움 블록체인에서 상당수 트랜잭션을 다양한 스마트 컨트랙트에 포함된 함수를 호출하도록 설계한다. 이는 다른 스마트 컨트랙트 함수 호출로 이어질 수 있다 (그림 6-15). 여기서 함수란 특정 작업을 수행하려고 작성한 코드 조각으로 조각 자체에는 작업에 필요한 모든 것을 포함한다. 호출이란 다른 곳에 위치한 함수를 참조하는 행위다. 여기서는 다른 스마트 컨트랙트에 있는 함수를 호출한다.

⑦ Transaction Hash:	0x03b8024f59407cb43253cb7e531eb068215a0c3b0375966550ec8499f1e588f2 🗍
⑦ Status:	⊘ Success
⑦ Block:	12553298 3 Block Confirmations
⑦ Timestamp:	⏱ 54 secs ago (Jun-02-2021 06:05:24 AM +UTC)
⑦ From:	0xf8859a9f815d01a6e9c03e879d9a65dff0a741eb 🗍
⑦ Interacted With (To):	⊕ Contract 0x00000000b7ca7e12dcc72290d1fe47b2ef14c607 ⊘ 🗍
	TRANSFER 0.016926950681072237 Ether From 0x00000000b7ca7e12dcc72290... To → Spark P
	SELF DESTRUCT Contract 0x7d557037758038a7aeb1cfcd...
	SELF DESTRUCT Contract 0xdd4ed687cbb02a848b38eac...
⑦ Transaction Action:	▸ Swap 580.779.020233654895516476 🔵 TIDAL For 3,903.975206 🔵 USDC On 🦄 Uniswap

그림 6-15 스마트 컨트랙트 함수를 호출하는 트랜잭션 예시

스마트 컨트랙트는 호출하면 일련의 규칙을 자동으로 실행하도록 설계되었다. EVM 방식에 따라 신중하게 설계된 스마트 컨트랙트는 주어진 조건을 검증하여 컨트랙트의 이행을 강제한다. 그리고 후속 리퀘스트를 요청하고 이에 따라 데이터를 최신화한다. 이 모든 과정이 신뢰할 수 있는 중개인 없이 이루어진다.

 WARNING_ 알 수 없거나 신뢰할 수 없는 곳에서 받은 애플리케이션과 마찬가지로 이더리움에서도 스마트 컨트랙트 애플리케이션을 사용할 때는 주의해야 한다.

신생 토큰의 초기 스마트 컨트랙트

새로운 펀드를 만들기 위해 스마트 컨트랙트를 배포하여 ETH를 모으고 싶다고 생각해보자. 예를 들어 블록체인 캐피탈Blockchain Capital(샌프란시스코 벤처 캐피털 회사)은 BCAP 토큰을 공개하고 1천만 달러를 모금했다. BCAP 토큰은 이더리움에서 스마트 컨트랙트로 구현했다. 그 과정은 다음과 같다.

1. 적절한 가스 가격과 가스 한도를 설정하여 컴파일된 코드가 포함된 트랜잭션을 제출한다.

2. 트랜잭션이 확정되고 처리되면 컨트랙트 계정이 생기고 주소가 할당된다.

3. 그 후 잠재적 투자자는 트랜잭션을 보내 스마트 컨트랙트의 입금 함수를 호출한다.

4. 채굴자가 이 트랜잭션을 선택하고 블록을 확정하면 트랜잭션이 실행되고 스마트 컨트랙트 입금 기능을 호출한다.

5. 입금 함수는 차례로 다른 내부 함수를 호출하여 잠재적 투자자가 펀드 투자자 기준(예: 최소 ETH 예금, 최소 예치 기간)을 맞는지 확인한다.

6. 이러한 조건이 충족되면 입금 함수는 ETH를 입금한다.

7. 투자자가 충분한 가스 한도를 설정했다면 트랜잭션이 완전히 실행되고 EVM 상태가 업데이트된다.

축하한다! 펀드 자본을 조달할 수 있는 애플리케이션을 배포했다. 이 애플리케이션은 탈중앙화 자율 방식으로 안전하게 검증 절차를 진행하며 펀드 자본을 자동으로 조달한다.

9장에서는 나만의 스마트 컨트랙트를 작성, 컴파일, 배포할 수 있는 단계별 실전 가이드를 제공한다.

새로운 서비스의 등장

블록체인 상의 신생 서비스는 탈중앙화 앱dApp 또는 블록체인에서 실행되는 앱 형태로 점점 더 인기를 얻고 있다. 이런 서비스의 매력은 중개자를 없애고 금융시장을 민주화하려는 열망에서 비롯한다. 암호화폐의 인기와 치솟는 가격 역시 사람들에게 탈중앙화 서비스에 관심 갖게 한다. 이더리움이 (많은 사람들이 웹3 또는 웹3.0이라고 부르는) 탈중앙화 인터넷이라면 디앱은 탈중앙화 웹사이트라고 볼 수 있다.

EVM 위에 다양한 목적을 가진 수많은 디앱이 생겨났다. 예를 들어, 스마트 컨트랙트는 다음 중 하나를 수행하도록 설계할 수 있다(모든 작업을 반드시 스마트 컨트랙트 하나에서 수행하진 않는다).

- ICO를 실행한다
- 대체 가능 토큰(즉, 암호화폐)을 발행하고 지원한다
- 대체 불가능한 수집품(즉, NFT)을 발행하고 거래한다
- 탈중앙화 소셜 미디어를 제공한다.
- 탈중앙화 거래소를 운영한다.
- 탈중앙화 베팅 시장을 운영한다.

기억해야 할 한계점

EVM은 닫힌 시스템Closed System이다. 이더리움은 완전히 독립적으로 운영되어 EVM 상태가 절대 위태롭지 않도록 합의 알고리즘을 유지할 수 있다. 모든 이더리움 노드는 확정된 모든 트랜잭션(최초 블록에서 최신 블록까지)을 차례로 실행할 수 있어야 한다. 활성 계정, 계정 잔액, 활성 스마트 컨트랙트과 저장된 데이터과 같은 블록 관련 EVM 상태 값을 모든 노드는 최신 상태로 동기화해야 한다.

이더리움 시스템 외부 정보는 결함을 일으켜 스마트 컨트랙트를 성공적으로 완료하지 못할 수 있다. 스마트 컨트랙트에서 특정 계정의 ETH 잔고 자체가 아니라 ETH 잔고의 달러 가치에 의존하는 수행 단계가 있다고 가정해보자. 오프체인에서 무작위로 가져온 USD/ETH 환율 정보는 스마트 컨트랙트를 의도한 바로 실행하는데 문제가 될 수 있다. 현재 EVM 상태에서 다음 단계로 넘어갈지 결정할 때 노드는 오프체인 정보를 조회하지만 시기에 따라 처리 결과가 달라질 수 있다.

NOTE_ 스마트 컨트랙트는 컨트랙트 내부에 있는 함수나 EVM의 다른 스마트 컨트랙트에 있는 함수만 호출할 수 있다. 스마트 컨트랙트는 데이터를 얻으려고 HTTP 요청을 보내거나(예: 인터넷 정보를 접근할 때) 체인 밖 외부 애플리케이션 프로그래밍 인터페이스Application Programming Interfaces(API)와 상호 작용할 수 없다.

오라클: '외부' 세계와 연결하는 방법

EVM에서 베팅 앱을 개발한다고 가정해보자. 2025년 1월 1일, 샌프란시스코 기온이 섭씨 38도를 초과하면 특정 계정으로 일정 액수의 ETH를 보내도록 설계했다. 날씨 정보는 www.weather.com에서 받아온다. 이더리움 블록체인 외부 정보를 가져오는 요청을 보내도록 스마트 컨트랙트를 프로그래밍할 수 없다. 그래서 신뢰할 수 있는 오프체인 정보를 자동으로 스마트 컨트랙트에서 불러올 수 있는 똑똑한 방법이 필요하다. 오라클의 세계로 들어가자.

오라클Oracle은 구조화된 최신 정보를 EVM에 보내는 방법을 제공한다. 날씨 베팅 앱을 오프체인에서 애플리케이션으로 개발한다면 다음 단계를 수행한다.

1 2025년 1월 1일. 오전 12:00:00부터 www.weather.com에 HTTP 요청을 보낸다.
2 샌프란시스코 기온이 38도를 초과하면 오프체인 애플리케이션이 이더리움 네트워크에 트랜잭션을 보내고 기온 정보를 온체인 베팅 앱이 있는 스마트 컨트랙트 주소로 요청을 보낸다.
3 해당 트랜잭션을 채굴하여 실행하면 38도 이상으로 확인된 기온 정보가 온체인 베팅 앱을 호출하여 적절한 계정으로 ETH을 이체한다.

 NOTE_ 데이터 소스와 프로그래밍 로직만큼 오라클은 안전하고 믿을 수 있다. 더 복잡한 블록체인 앱이 증가하고 인기도 높아지면서 오라클 서비스 수요도 증가하고 있다.

오라클 서비스는 일반적인 오프체인 데이터와 알고리즘을 접근할 수 있는 인프라를 제공한다. 다음 사례를 보자.

• 블록체인 게임 난수 생성: 최초로 대중화 블록체인 게임인 크립토키티와 지금은 다른 여러 게

임에서 활용한다. 자세한 크립토키티 내용은 2장을 참고하자.

- 베팅 앱 또는 DeFi에 가격 정보 제공: DeFi는 탈중앙화 금융을 의미하며 탈중앙화 퍼블릭 블록체인 네트워크에서 제공하는 금융 서비스이다.
- 다른 퍼블릭 블록체인 데이터 제공: 예를 들면 비트코인과 라이트코인은 서로 다른 퍼블릭 블록체인이다.

다음은 인기 있는 오라클 서비스다.

- 체인링크^{Chainlink}: `https://chain.link`
- 프로버블^{Provable}: `https://provable.xyz`
- 위트넷^{Witnet}: `https://witnet.io`

이더리움의 기초

이번 절에서는 이 장 전체에 걸쳐 설명한 단어와 개념을 다시 정리하고 각 기술요소간 관계를 살펴본다.

개념 정리

이더리움을 이해하기 위한 필수 용어이다. 일반적인 암호화폐 이야기나 특히 이더리움을 이야기할 때 빠지지 않는 단어들이다.

- **이더리움 가상 머신(EVM)**: 분산 컴퓨팅 플랫폼으로 참여하는 노드는 최신 EVM 상태를 복제하여 저장한다.
- **이더(ETH)**: 이더리움 기본 토큰. EVM의 모든 컴퓨팅 요청을 실행하려면 충분한 ETH가 필요하다.
- **블록체인**: 기록 보관 시스템으로 블록이 시간순으로 정렬되어 있고 블록은 트랜잭션 기록을 포함한다. 각 블록은 직전 블록과 암호학적으로 연결되어 있다.
- **분산원장**^{Distributed ledger}: 중앙 기관 허가 없이 참여를 원하는 모든 사람이 접근할 수 있는 퍼블릭 기록 보관 시스템
- **탈중앙화 자율 조직**^{Decentralized autonomous organization}**(DAO)**: 리더가 없이 자율적으로 운영되는 조직으로 오픈 소스 스마트 컨트랙트과 운영 규칙이 결합되어 구성원간 합의가 이뤄진다.

블록체인 기본용어

다음 기술적 개념을 알아두면 남들에게 내 암호화폐 지식을 뽐내기 좋다.

- **채굴자**Miner(**채굴 노드**Mining Node): 특별한 노드로 복잡한 작업 증명 퍼즐을 해결한다. 요청받은 내용을 검증하고 처리하면 보상을 받는다.
- **합의 메커니즘**: 탈중앙화 네트워크가 계속 작동하도록 규칙을 제공한다. 규칙에 따라 올바른 정보는 받아들이고 네트워크에 악의적인 참가자가 보내는 잘못된 정보는 거부한다.
- **이더리움 개선 제안(EIP)**: 이더리움을 관리하는 기본 프로토콜을 업데이트하기 위한 제안
- **작업 증명**Proof of work(**PoW**): 보안 프로토콜로 참가자가 트랜잭션을 확정하고 처리하려면 어렵고 오래 걸리는 퍼즐을 풀어야 한다.
- **지분 증명**Proof of stake(**PoS**): 보안 프로토콜로 참가자가 트랜잭션을 확정하고 처리하려면 시스템에 충분한 지분을 입증해야 한다.
- **블록 높이(블록 번호)**: 블록체인에서 블록 위치 또는 더 정확하게는 앞에 있는 블록 수를 나타낸다. 최초(또는 제네시스) 블록은 블록번호가 0이다.
- **블록 논스**Block nonce: 성공한 채굴자 작업 증명을 확인할 수 있다. 이더리움 POW 합의 알고리즘이 요구하는 수학적 조건을 만족한다. 채굴자는 새 블록을 확정하고 현재 블록체인에 추가할 수 있다.
- **51% 공격**: 악의적인 채굴자가 공모하여 네트워크의 컴퓨팅 파워 절반 이상을 모아 시스템을 조작하는 공격이다.
- **엉클**Uncle **블록(옴머**Ommer **블록)**: 현재 활성화된 이더리움 체인에 포함된 블록과 동시에 채굴된 블록으로 지금은 유효하지 않은 블록이다. 비트코인 블록체인에서는 엉클 블록을 고아 블록으로 부른다.
- **하드포크**: 기본 합의 프로토콜을 변경하는 작업으로 영구적으로 블록체인이 나뉜다. 이더리움 블록체인 하드포크는 일반적으로 별도 토큰이 발행되지 않는다.

가스 필수용어

이번 절에서 소개하는 단어는 일반적으로 흥미롭지 않을 수 있다. 하지만 트랜잭션 실행 속도와 성공에 미치는 영향을 이해하면 블록체인 커뮤니티에서 아는 척을 할 수 있다.

- **트랜잭션**: EVM에 연산을 요청하는 것을 의미한다.
- **트랜잭션 해시(TxnHash)**: 각 트랜잭션에 할당된 고유한 코드이다.

- **가스 가격**: 제출한 트랜잭션이 소비한 가스로 가스 단위로 표시된 ETH을 의미한다.
- **가스 한도**: 제출한 트랜잭션을 완전히 실행할 때 사용할 최대 가스 단위를 의미한다.
- **트랜잭션 수수료**: 트랜잭션을 처리하는데 사용한 실제 가스량과 설정한 가스 가격을 곱한 값이다.

EVM을 흥미롭게 만드는 요소

다음 용어를 설명할 수 있으면 이더리움을 이야기할 때 좀 더 전문적인 지식을 갖춘 것처럼 보인다.

- **스마트 컨트랙트**: 코드와 데이터 집합으로 호출하면 정해진 규칙을 자동으로 실행하도록 설계되었다.
- **탈중앙화 애플리케이션(dApp)**: EVM 위에서 실행되는 애플리케이션
- **오라클**: 오프체인 정보를 EVM으로 보내는 방법을 제공한다.

CHAPTER 7

이더리움 계정 생성

이 장의 주요 내용

◆ 외부 소유 계정 및 컨트랙트 계정 자세히 알아보기

◆ 메인넷과 테스트넷의 차이 알아보기

◆ 지갑과 계정 구별하기

◆ 계정 설정

이 장에서는 이더리움에서 다양한 유형의 계정을 설정하는 방법을 설명하고 각 계정에 자금을 적절하게 입금하는 방법을 설명한다. 고유한 ERC-721 대체 불가 토큰을 생성하는 여정의 위대한 첫걸음이다. 기본 기능을 이해하고 앞으로 필요한 기능을 선택하여 활용하고 싶다면 7장을 모두 살펴보도록 하자. 하지만 시간이 없다면 바로 마지막 부분으로 넘어가도 좋다. 마지막 절인 '메타마스크 계정 준비'는 반드시 읽고 넘어가자.

 NOTE_ 이 장의 실습 내용을 살펴보기 전에 메타마스크 지갑을 설치하고 설정해야 한다. 또 계정에 약간의 ETH가 필요하다(특히 실제 NFT를 이더리움 네트워크에 발행할 경우). 자세한 수행 방법은 2장과 4장에서 소개하고 있다.

외부 소유 계정

외부 소유 계정 Externally owned accounts(EOA)은 이더리움 네트워크에 리퀘스트를 보낼 때 사용한다. EOA는 이더(이더리움 플랫폼 기본 암호화폐)를 수신, 저장 및 보낼 수 있을 뿐만 아니라 배포한 스마트 컨트랙트와 상호 작용할 수 있다. 리퀘스트는 한 EOA에서 다른 EOA로 자금을 보내거나 EVM(이더리움 가상 머신은 6장에서 설명)에 있는 다양한 스마트 컨트랙트 함수를 호출한다.

 NOTE_ EOA는 단순하게 계정Account으로 부른다. 이 책에서도 이런 관습을 따라 계정으로 칭한다. 사실, 2장과 4장에서 메타마스크에서 첫 이더리움 계정을 만들었다. 엄밀하게 말하면 이 계정이 바로 외부 소유 계정이다. 책에서는 계정과 외부 소유 계정을 같은 의미로 사용한다.

다음 몇 가지 사항을 기억하자.

- 이더리움 네트워크에서 트랜잭션을 보내려면 계정이 필요하다.
- 계정은 스마트 컨트랙트나 다른 계정과 상호 작용하려고 트랜잭션을 보낼 수 있다.
- 계정 사이의 트랜잭션은 자금 이체(ETH) 리퀘스트만 가능한다.
- 계정은 지갑이 아니며 지갑은 계정이 아니다.

NOTE_ 메타마스크와 같은 지갑 서비스는 이더리움 계정 관리를 돕도록 설계되었다. 다른 이메일 클라이언트에서 내 이메일 주소로 전송된 이메일을 접근할 수 있는 것처럼 다른 지갑 서비스에서도 내 이더리움 계정에 접근할 수 있다.

계정은 간단히 무료로 생성할 수 있다. 계정을 생성할 때 ETH이 필요하진 않지만 트랜잭션을 보내려면 계정에 자금이 있어야 한다. 6장에서 설명했듯이 트랜잭션을 보내는 일은 항상 쉽지는 않고 비용도 들어간다.

계정 생성 원리

많은 지갑 서비스에서 계정을 생성할 수 있다. 메타마스크와 같은 서비스는 키 쌍을 생성할뿐이다.

- 개인키: 개인키로 계정 자금에 접근하므로 개인키를 절대 공유해서는 안 된다.
- 공개 주소: 공개 주소는 다른 사람에게 공유하여 다른 계정에서 자금을 받을 수 있다.

물론 키 쌍을 생성하려고 지갑 서비스를 꼭 써야하는 건 아니다. 사실, 개인키를 알아내는 건 간단하다. 0에서 2^{256} 사이 숫자에서 하나를 선택하자. 2^{256}는 1조의 6승(1조 × 1조 × 1조 × 1조 × 1조 × 1조)보다 큰 숫자다.

사용 가능한 개인키는 충분히 많다. 지구상 80억 인구가 각각 계정을 1,000개씩 생성하면 8조 개의 활성 계정이 생성되지만 만들 수 있는 총 계정 수에 비하면 매우 적은 숫자다. 이미 사용 중인 계정의 개인키를 추측하거나 생성하는 것은 불가능에 가깝다.

 DIFFICULT_ 그래도 수학에 능숙하지 않다면 처음에는 지갑 서비스를 활용해 감을 잡자. 기술적으로 0보다 크고 FFFFFFFFFFFFFFFFFFFFFFFFFFFFFEBAEDCE6AF48A03B BFD25E8CD0364141보다 작은 숫자 중에 개인키 값을 선택한다. 그래도 2^{256}보단 작은 숫자다.

16진수 64자리로 개인키를 표현한다. 16진수는 각 자리 숫자를 다음 16개 문자 중 하나로 표시한다(0, 1, 2, 3, 4, 5, 6, 7, 8, 9, A, B, C, D, E, F).

- 16진수 412는 우리가 더 잘 알고 있는 10진수로 표현하면 $(4 \times 16^2) + (1 \times 16^1) + (2 \times 16^0)$ = *1,042*와 같다.
- 16진수 F9C3는 10진수로 $(15 \times 16^3) + (9 \times 16^2) + (12 \times 16^1) + (3 \times 16^0) = 63,939$ 와 같다.

 TIP_ 위 계산에서 거듭제곱 0은 1과 같다.

개인키를 무작위로 생성한 후 타원 곡선 디지털 서명 알고리즘^{Elliptic Curve Digital Signature Algorithm}(ECDSA)로 공개키를 생성한다(비트코인과 이더리움 모두 공개키 생성 알고리즘으로 secp256k1 ECDSA를 사용한다). 그 후 keccak256 해시 함수로 생성한 공개키를 다시 해시하고 마지막 16진수 40자리(또는 마지막 20바이트)를 가져온다. 그리고 앞에 0x를 추가하여 최종적으로 퍼블릭 계정을 생성한다. 인증에 사용하는 자세한 수학적 알고리즘 내용은 뒷부분 '디지털 서명' 절을 참고하자.

개인키와 공개키

개인키로 계정에서 자금을 인출한다. 공개 주소는 내 계정으로 자금을 받기 위해 공개할 수 있는 주소다. 물론, 다른 새 지갑에서 계정을 접근하려면 개인키를 반드시 알아야 한다.

메타마스크에서 계정 개인키와 공개 주소에 접근하려면 다음 단계를 따르자.

1. 메타마스크에 로그인한다.

[그림 7-1]과 같이 계정 이름 아래에 공개 주소가 나타난다. 여기서 계정 이름은 NFTs For Dummies이고 공개 주소는 다음과 같다.

```
0xf77a3cE366E32645ffC78B9a88B7e90583646df9
```

2. 계정 이름을 클릭하여 공개 주소를 복사한다.

42자리 16진수로 주소를 표시한다(또는 접두사 0x를 추가한 40자리 16진수이다).

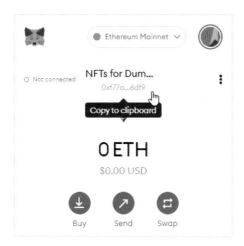

그림 7-1 메타마스크에서 표시되는 계정 이름과 공개 주소

3. [그림 7-2]와 같이 계정 이름 오른쪽에 있는 버튼을 클릭하고 드롭다운 메뉴에서 계정 세부 정보를 선택한다.

[그림 7-3]과 같이 계정 세부 정보 탭이 나타난다.

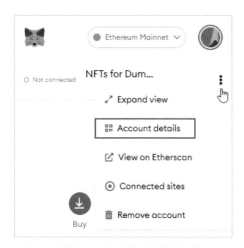

그림 7-2 메타마스크에서 계정 세부 정보를 확인

그림 7-3 메타마스크 계정 세부 정보

4. [비공개키 내보내기] 버튼을 클릭한다.

5. [그림 7-4]와 같이 메타마스크 지갑 비밀번호를 입력하고 [확인] 버튼을 클릭한다.

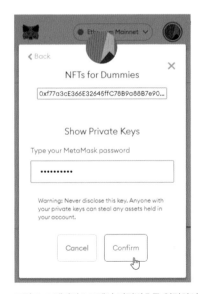

그림 7-4 메타마스크에서 비밀번호를 입력하여 계정 비공개키를 확인

6. 이제 계정 개인키를 클릭하여 복사할 수 있다.

[그림 7-5]에 표시된 NFTs For Dummies 계정은 64자리 16진수로 이루어진 개인키를 얻었다.

```
0bf71f18f67efa95140d5fe4c68afe06f9c9e475b0dde035d06a83d8026f441c
```

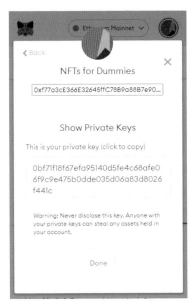

그림 7-5 메타마스크에서 보이는 계정 개인키

WARNING_ 물론 개인키는 절대 공개하면 안 된다. 책에서는 이해를 돕기 위해 개인키를 공개했다.

정리하자면 개인키와 공개키는 트랜잭션을 검증하기 위한 디지털 서명을 구성하는 요소다. 이런 과정으로 진짜 계정 소유자만 해당 계정에서 트랜잭션을 보낼 수 있다.

디지털 서명

개인/공개키 쌍은 어떻게 계정 소유자만 계정에서 ETH를 사용할 수 있게 제한할 수 있을까? 이때 사용하는 것이 **디지털 서명**Digital signatures이다. 디지털 서명은 수학적 알고리즘으로 디지털 메시지나 문서 진위를 검증한다. 디지털 서명의 작동 방식을 몇 가지 간단한 예로 살펴보겠다.

- 공개키 한 개는 개인키 한 개와 대응한다.
- 공개키를 공개해도 개인키는 알 수 없다.
- 개인키를 공개키, 트랜잭션 정보와 결합하여 서명을 생성한다.
- 요청한 트랜잭션과 함께 디지털 서명을 네트워크 전체에 전파한다.
- 검증인은 공개키를 공개된 서명에 적용해 원래 트랜잭션 정보를 얻는다.

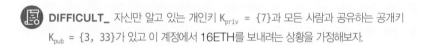

DIFFICULT_ 자신만 알고 있는 개인키 K_{priv} = {7}과 모든 사람과 공유하는 공개키 K_{pub} = {3, 33}가 있고 이 계정에서 16ETH를 보내려는 상황을 가정해보자.

다음 내용은 디지털 서명으로 어떻게 계정의 진짜 소유자가 나인지 증명하는 방식을 단순하게 설명한다.

1. 숫자 16(보내려는 금액)을 7(개인키)번 거듭제곱하고 33(공개키의 일부)으로 나눈다.

즉, 16^7을 33으로 나눈다. 이 나눗셈의 나머지는 25다. 바로 숫자 25가 이번 트랜잭션의 디지털 서명이다. 디지털 서명인 숫자 25는 개인키를 공개하지 않고도 내가 진짜 계정 소유자라는 것을 증명한다.

2. 디지털 서명 25와 함께 16ETH 전송 리퀘스트를 보낸다.

즉, 검증하려면 숫자 {16, 25}를 한 쌍으로 전파한다.

3. 내가 정당한 소유자인지 확인하려고 검증인은 공개키 K_{pub} = {3, 33}를 활용하여 25를 세제곱하고 33으로 나눈다.

정확히 나머지가 16으로 내가 정당한 소유자임을 증명한다.

이 시점에서 내가 보낸 트랜잭션은 보류 트랜잭션 메모리 풀에 추가되어 블록체인에 추가되기를 기다린다. 이 모든 것이 개인키 K_{priv} = {7}을 공개하지 않고도 이루어졌다.

 NOTE_ 악의적인 사용자가 내 계정에서 자금을 인출하려고 시도할 때 개인키 없이는 불가능하다. 악의적인 사용자가 개인키를 (진짜 키 K_{priv} = {7} 대신) {8}로 잘못 추측했다 가정하자. 다음은 이 때 일어날 일이다.

1. 16ETH 전송 리퀘스트에 서명하려고 악의적인 사용자는 이제 7 대신 8로 16을 8번 거듭제곱하고 33으로 나눈다(공개키 K_{pub} = {3, 33} 정보 활용).

여기서 나머지는 4가 나온다. 4는 디지털 서명으로 네트워크에 전파한다.

2. 악의적인 사용자는 디지털 서명 {16, 4}와 함께 트랜잭션을 보낸다. 자신이 정당한 소유자라고 주장하며 디지털 서명 4와 함께 16ETH 인출을 요청한다.

3. 검증인은 검증하려면 4를 세제곱하여 33으로 나눈다(알려진 공개키 K_{pub} = {3, 33} 활용).

나눗셈 결과 나머지는 31이고 이는 16ETH 전송 리퀘스트와 다르다.

디지털 서명이 빛을 발하는 순간이다. 부정한 트랜잭션은 처리하지 않는다.

물론 이런 간단한 예시로 이더리움에서 사용하는 디지털 서명과 검증 절차를 완전히 전달하긴 어렵다. 그래도 개인키를 공개하지 않고 키 쌍과 디지털 서명으로 내가 계정의 정당한 소유자라는 것을 확실하게 입증하는 방법을 이해할 수 있다.

컨트랙트 계정

컨트랙트 계정Contract account은 줄여서 대개 컨트랙트Contract나 스마트 컨트랙트Smart Contract로 부른다. 컨트랙트 계정은 EVM에서 지정한 컨트랙트 주소에 데이터와 코드를 저장하도록 설계됐다. 소프트웨어 프로그램을 EVM에 배포할 때 기본적으로 이 프로그램을 보관하는 컨트랙트 계정을 만든다.

컨트랙트 계정은 외부 소유 계정과 다르다. 몇 가지 주요 차이점을 다음 살펴보자.

- **컨트랙트는 ETH가 필요하다.** 컨트랙트 계정을 생성하기 위한 트랜잭션은 반드시 외부 소유 계정에서 요청한다.
- **컨트랙트는 트랜잭션을 시작할 수 없다.** 일단 생성한 컨트랙트 계정은 트랜잭션에서 호출하기 전까지 휴면 상태이다. 컨트랙트 계정은 다른 컨트랙트 계정에서도 호출할 수 있지만 궁극적으로는 외부 소유 계정에서 처음 호출하여 전달한다.
- **컨트랙트는 개인키가 없다.** 컨트랙트 계정은 공개 주소만 가지고 있다. 외부 소유 계정에서 설명했던 공개 주소는 16진수 42자리로 표시한다. 당연히 컨트랙트 계정은 트랜잭션을 시작할 수 없기 때문에 컨트랙트 계정에 개인키가 필요하지 않다.

컨트랙트가 EVM에 배포된 후에는 공개되어 누구나 접근할 수 있다. 누구나 자유롭게 컨트랙트에 포함된 함수를 사용하거나 모든 소스 코드에 접근할 수 있다. 퍼블릭 블록체인에서 아래 단계로 찾아볼 수 있다.

1. https://etherscan.io로 이동한다.

2. 우측 상단 검색창에서 찾고 싶은 컨트랙트의 주소를 입력한다.

3. [그림 7-6]과 같이 화면 상단 메뉴에서 [Contract] 탭을 클릭하여 컨트랙트의 소스 코드를 확인한다.

컨트랙트 주소는 다음과 같다.

```
0x1A79E50064C012639fB6fB6761E332Acf5Ba15d1
```

컨트랙트 생성자는 컨트랙트 계정을 생성할 때 가스 비용을 지불한다. 하지만 컨트랙트 계정을 생성하고 난 뒤 계정을 계속 운영하려고 유지 관리 비용을 지불하지 않는다. 대신 컨트랙트에 포함된 함수를 사용하려는 사람이 외부 소유 계정에서 리퀘스트를 보낼 때 트랜잭션을 처리하기 충분한 가스 비용을 지불해야 한다.

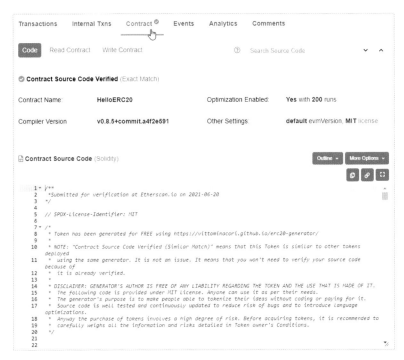

그림 7-6 컨트랙트 소스 코드 찾아보기

컨트랙트 계정을 만들 때 받을 주소를 지정하지 않고 코드가 포함된 트랜잭션을 보낸다. 외부 소유 계정은 아직 쓸 이유가 없더라도 단순히 생성해봤지만 컨트랙트 계정은 목적 없이 생성하지 않는다.

 TIP_ 아직 우리가 작업을 수행할 준비가 되지 않았지만 다음 목록은 컨트랙트 계정에서 중요 사항이다.

- 컨트랙트 계정을 생성하려면 스마트 컨트랙트 코드 개발을 모두 완료해야 한다.
- 외부 소유 계정으로 수신자를 지정하지 않고 네트워크에 컴파일 코드를 포함한 이더리움 트랜잭션을 보낸다.
- 일단 트랜잭션이 검증되고 채굴되면 내가 생성한 스마트 컨트랙트는 이더리움 블록체인에서 공개 주소를 가진다. 공개 주소로 네트워크에 참여하는 모든 사람은 스마트 컨트랙트를 사용할 수 있다.

컨트랙트 계정을 생성하기 전에 '메타마스크 계정 준비'절을 참고하자. 다양한 용도로 활용하려면 (외부 소유) 계정을 먼저 설정해야 한다. 그런 다음 개발 환경 설정(8장 참조)를 완료하고 처음으로 내가 만든 스마트 컨트랙트 배포(9장 참조)해 보자.

퍼블릭과 프라이빗 네트워크의 차이점

퍼블릭 네트워크는 참여하고 싶은 모든 사람에게 열려있고 중앙 기관의 허가가 필요 없는 네트워크다. 이더리움 생태계에는 두 가지 유형의 중요한 퍼블릭 네트워크가 있다.

- **메인넷**Mainnet: 메인 이더리움 네트워크는 실제 가치를 가진 거래가 발생하고 저장되는 블록체인이다. 누군가 이더리움을 이야기한다면 대개 메인넷을 의미한다. 메인넷에서 트랜잭션을 일으키려면 실제 ETH를 사용해야 한다.
- **테스트넷**Testnets: 테스트 네트워크는 개발자가 메인넷에서 거래하기 전에 다양한 기능을 테스트할 수 있다. 테스트넷에서는 실제 ETH가 아닌 테스트용 ETH를 사용하여 거래한다.

테스트넷에서 놀기 전에 개발자는 종종 로컬 개발 환경에서 코드를 테스트한다. 로컬 환경은 더 빠르고 간단하다는 장점이 있다.

로컬 개발 환경

로컬 개발 환경은 비공개로 쉽고 안전한 샌드박스를 제공한다. 스마트 컨트랙트를 배포한 후 어떻게 작동하는지 관찰할 수 있다. 샌드박스는 실습용으로 만들진 격리된 테스트 환경으로 안전하다. 샌드박스의 코드는 활성 상태가 아니므로 오류가 발생하더라도 실질적인 피해나 네트워크 정체로 이어지지 않는다.

가나슈Ganache(8장에서 소개)와 같은 로컬 환경은 사전 설정된 테스트 계정이 있는 프라이빗 블록체인을 제공하여 이더리움 블록체인을 시뮬레이션할 수 있다. 퍼블릭 네트워크와 다르게 번거로운 작업 증명(작업 증명에 관한 설명은 6장을 참고)

절차로 블록을 채굴할 때까지 기다릴 필요 없이 바로 트랜잭션이 실행되어 컨트랙트를 쉽게 디버그할 수 있다.

테스트 네트워크

퍼블릭 테스트넷은 이더리움 메인넷이 작동하는 방식에 더 가까운 또 다른 실습 환경을 제공한다. 로컬 개발 환경과 달리 테스트넷은 이더리움 메인넷 규칙을 따르는 퍼블릭 블록체인을 제공한다.

테스트넷은 실제 ETH를 낭비할 필요 없이 아직 완벽하게 검증되지 않은 테스트 컨트랙트를 배포할 수 있는 이더리움 게이트웨이를 제공한다. 테스트넷에서는 트랜잭션을 일으킬 때 실제 ETH를 사용하지 않는다. 테스트넷은 별도로 테스트 ETH를 사용한다.

테스트넷은 두 가지 유형이 있다.

- **작업 증명**: 롭스텐Ropsten 테스트넷은 유일하게 작업 증명 합의 프로토콜을 기반으로 한다. 이더리움 메인넷과 가장 비슷한 환경이다. 롭스텐 테스트넷은 작업 증명 네트워크로 앞으로 설명할 단계별 가이드에서 사용한다. 6장에서 설명했던 것처럼 작업 증명은 이더리움에서 활용된다.
- **권한 증명**: 다른 테스트넷(코반Kovan, 링키비Rinkeby, 고얼리Görli/Goerli)은 권한 증명 합의 프로토콜을 기반으로 한다. 권한 증명 프로토콜은 선택된 노드 그룹에서 트랜잭션을 검증하고 각 테스트넷 블록체인에 새 블록을 추가할 수 있는 권한을 갖는다.

메인 네트워크

메인 이더리움 네트워크인 메인넷Mainnet은 실제 가치가 존재하며 실제 경제 활동이 일어난다. 뉴스에서 봤거나 2장에서 살펴본 크립토키티처럼 구매하려 했던 모든 이더리움 NFT는 메인넷 위에 존재한다.

> 📱 **NOTE_** 보통 단순히 이더리움을 이야기할 경우 여러 테스트넷이나 로컬 개발 환경이 아니라 이더리움 메인넷을 의미한다.

메타마스크 계정 준비

먼저 메타마스크 지갑에 로그인한다(메타마스크 설정 정보는 2장과 4장을 참고). 메타마스크 지갑은 여러 계정을 보유할 수 있다. [그림 7-7]과 같이 원하는 만큼 계정을 생성할 수 있다. 실제 ETH를 가지고 있는 메인넷 계정과 별도로 테스트넷 이나 로컬 계정을 따로 가질 수 있다. 테스트넷 계정으로 테스트 ETH를 저장하고 메인넷에 적용하기 전에 트랜잭션을 흘려볼 수 있다.

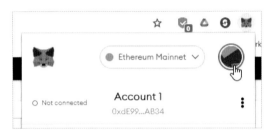

그림 7-7 메타마스크앱에서 다른 새 계정 만들기

 TIP_ 새 계정을 만들려면 메타마스크 앱 오른쪽 상단 모서리에 있는 알록달록한 원을 클릭한다(그림 7-7). 드롭다운 메뉴에서 계정 만들기를 선택한다. 생성한 각 계정에는 고 유한 개인키와 공개 주소가 있다. 다음 이름으로 계정을 최소 3개 별도로 생성하자.

- 메인넷 계정
- 테스트넷 계정
- 로컬 계정

다음 장에서는 개발 환경을 설정하는 방법(8장)과 내가 만든 스마트 컨트랙트를 배포하는 방법(9장)을 설명한다. 이 단계까지 도달하면 별도 계정을 만들어 둬서 다행이라 생각할 테니 믿고 따라오자.

 NOTE_ 이번 절에서 설정 가이드를 진행하면서 생성한 계정 이름을 계속 참조한다. 뿐 만 아니라 8장부터 11장까지 대체 불가 ERC-721 토큰을 생성 방법을 설명할 때도 계속 활용한다.

메타마스크 계정 변경

가지고 있는 계정에서 이름을 변경하고 싶다면 다음 단계를 통해 변경할 수 있다.

1. 이름을 변경하려는 계정을 선택한다.

2. [그림 7-8]과 같이 계정 이름 오른쪽에 있는 세부 정보 버튼을 클릭한다.

3. 드롭다운 메뉴에서 계정 세부 정보를 선택한다.

[그림 7-9]와 같이 QR 코드와 위에 계정 이름이 있는 팝업 창이 나타난다.

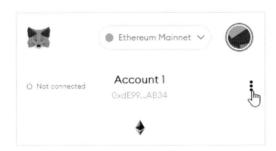

그림 7-8 메타마스크에서 계정 옵션 확인

그림 7-9 메타마스크에서 계정 세부 정보 확인

4. 계정 이름 옆에 있는 연필 아이콘을 클릭한다.

5. [그림 7-10]과 같이 계정 이름을 변경한다. 텍스트 입력 상자 오른쪽에 있는 체크 버튼을 선택하여 변경 사항을 저장한다.

그림 7-10 메타마스크에서 계정 이름 변경하기

이제 계정에서 새 이름을 확인할 수 있다.

 NOTE_ 메타마스크에서 계정 이름을 변경해도 트랜잭션을 보낼 때 필요한 개인키나 자금을 받는 데 사용하는 공개 계정 주소는 변경되지 않는다. 계정 이름을 변경하는 기능은 용도별로 계정을 구분하고 정리할 수 있도록 도와주는 순전히 표면적인 기능일뿐이다.

계정별 ETH 추가

계정 3개를 모두 설정하고 정리하는 데 도움이 되도록 이름을 변경했다면 각 계정에 ETH를 넣어야 한다. 아래 목록은 각 유형별 계정에 자금을 조달할 때 기억해야 할 중요한 차이점을 설명한다.

- **메인넷 계정**: 메인넷에서 이더리움 트랜잭션 비용을 지불하려면 계정에 실제 ETH가 필요하다 (실제 ETH로 메인넷 계정에 자금을 조달하는 자세한 방법은 2장 및 4장을 참고).
- **로컬 계정**: 로컬 계정은 자금을 조달하기가 훨씬 간단하고 저렴하다. 테스트 환경이 사용자의 개인 시스템으로 제한되고 로컬 ETH는 로컬 테스트 환경 밖에서는 실질 가치가 없기 때문이다(로컬 환경 외부에서 로컬 ETH를 사용할 수 없다).

  프라이빗, 실습 블록체인을 시작하면 로컬 개발 환경에서 로컬 테스트 ETH가 미리 충전된 로컬 계정이 존재한다. 이더리움 스택을 설정하는 방법을 설명하는 8장에서 로컬 계정을 테스트 이더와 함께 메타마스크로 가져오는 방법을 설명한다.
- **테스트넷 계정**: 퍼블릭 테스트넷에서 테스트 트랜잭션을 활성화하려면 네트워크에 맞는 테스트 ETH가 필요하다. 여기에서 포셋^{Fauset}이 등장한다. 테스트 ETH 포셋은 일정한 간격으로 테스트 ETH를 제공한다. 주어진 기간동안 제한된 양만 요청할 수 있다. 테스트 포셋에 대한 자세한 내용은 다음 절을 참고하자.

테스트넷 계정에 자금 조달

다양한 테스트 네트워크에서 테스트 ETH로 테스트넷 계정에 자금을 조달할 수 있다. 메타마스크에서 사용할 수 있는 목록을 제공한다. 원하는 항목을 선택한 다음 테스트 ETH를 받으러 가자. 우리는 나중에 롭스텐 테스트 네트워크를 사용하여 스마트 컨트랙트를 배포한다. 롭스텐 이더리움 포셋$^{Ropsten\ Ethereum\ Faucet}$을 사용하여 테스트넷 계정에 자금을 조달하자.

다음 단계에 따라 테스트넷 계정에 자금을 조달하자.

1. [그림 7-11]과 같이 롭스텐 이더리움 포셋 페이지(https://faucet.ropsten.be)로 이동한다.

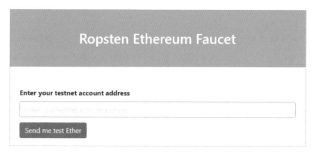

그림 7-11 롭스텐 이더리움 포셋

2. 메타마스크 지갑에 로그인한다.

3. [그림 7-12]와 같이 중앙 드롭다운 메뉴를 클릭하여 이더리움 메인넷에서 롭스텐 테스트 네트워크로 네트워크를 바꾼다.

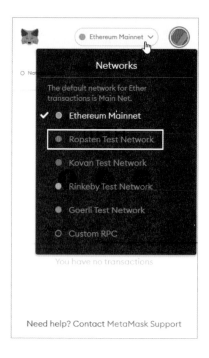

그림 7-12 메타마스크 지갑에서 네트워크 바꾸기

4. 테스트넷 계정을 선택하고 [그림 7-13]과 같이 공개 계정 주소를 클릭하여 복사한다.

여기서 테스트넷 계정 주소는 0x43371B75585785D62e3a50533aa15ee8D35027
3F이다.

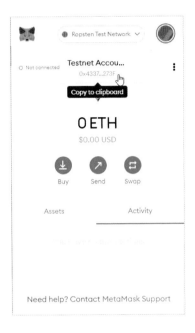

그림 7-13 메타마스크 지갑에서 공개 계정 주소 복사

5. 테스트넷 계정 주소를 롭스텐 이더리움 포셋에 붙여넣고 [그림 7-14]와 같이 [Send Me Test Ether] 버튼을 클릭한다.

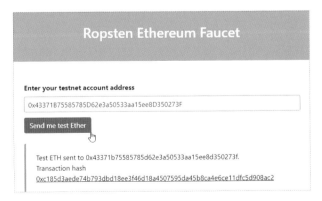

그림 7-14 롭스텐 이더리움 포셋에서 테스트 ETH를 요청

6. 약 1분 정도 기다린다.

인내심을 갖고 기다리자. 시간이 조금 더 걸릴 수 있다.

7. [그림 7-15]와 같이 메타마스크 테스트넷 계정에 잔액이 있는지 다시 확인한다.

그림 7-15 테스트 ETH를 요청한 후 테스트넷 계정 잔액 확인

축하한다! 이제 테스트넷 계정에 테스트 1ETH가 생겼다.

> **NOTE_** 10분 이상 기다렸는데도 테스트넷 계정에 테스트 ETH가 표시되지 않으면 직전에 설명한 3단계를 따라서 네트워크를 롭스텐 테스트 네트워크로 변경했는지 확인하자.

> **WARNING_** 테스트넷 포셋은 테스트 ETH를 무제한으로 제공하지 않는다. 드립Drip이라 부르는 일정 양의 테스트 ETH를 받고 너무 빨리 재차 요청하면 그레이리스트에 올라간다.

롭스텐 이더리움 포셋은 요청 후 24시간 동안 대기해야 한다. 대기 기간이 끝나기 전에 또 요청하면 그레이리스트에 올라가고 추가 테스트 ETH를 요청하려면 24시간을 추가로 더 기다려야 한다(그림 7-16에서 그레이리스트에 올라간 모습을 보여준다).

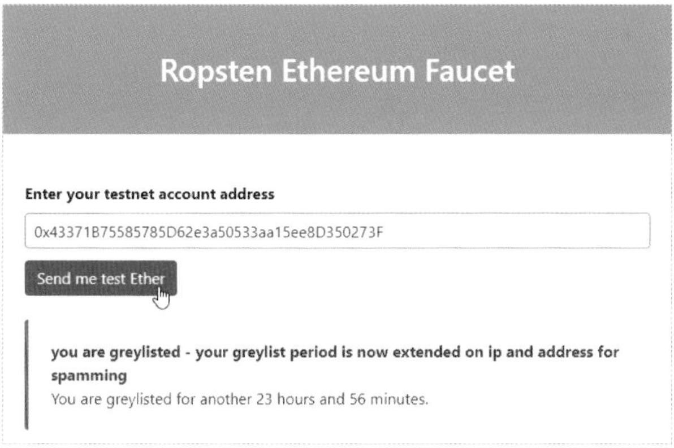

그림 7-16 대기기간에 테스트 ETH를 더 요청하면 보이는 그레이리스트 경고

롭스텐 테스트넷 블록체인

이더리움 메인넷 트랜잭션 목록과 마찬가지로 롭스텐 테스트넷 블록체인에서도 테스트넷에서 생성한 모든 블록과 포함된 트랜잭션을 볼 수 있다. 다음과 순서로 확인할 수 있다.

1. `https://ropsten.etherscan.io`로 이동한다.

2. [그림 7-17]과 같이 검색할 트랜잭션 해시, 블록 번호, 계정 주소를 입력한 다음 검색 버튼(돋보기 아이콘 버튼)을 클릭한다.

이전 예제에서 테스트넷 계정 주소를 붙여넣자.

```
0x43371B75585785D62e3a50533aa15ee8D350273F
```

[그림 7-18]과 같이 2단계에서 입력한 테스트넷 계정으로 테스트 1ETH를 전송하는 트랜잭션을 보낸 검색 결과를 확인한다.

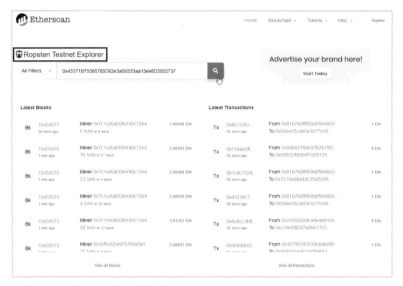

그림 7-17 롭스텐 테스트넷 트랜잭션 확인

그림 7-18 롭스텐 테스트넷에서 트랜잭션과 계정 잔액 확인

물론 [그림 7-19]에서와 같이 `https://etherscan.io`에서 확인할 수 있는 이더리움 메인넷으로 테스트넷 계정과 관련된 트랜잭션과 ETH는 전송되지 않는다.

'사라진' 잔액

갑자기 생각했던 것과 계정 잔액에서 많은 차이가 나면 어떻게 할까? 당황하지 말자. 먼저 어떤 네트워크를 선택했는지 확인하자. 메타마스크는 선택한 네트워크 계정 잔액을 보여준다.

메타마스크에서 네트워크를 롭스텐 테스트 네트워크에서 이더리움 메인넷으로 바꾸면 [그림 7-20]과 같이 테스트넷 계정 잔액이 0ETH로 보인다(이더리움 메인넷에서 같은 계정 주소에 실제 ETH가 없는 경우).

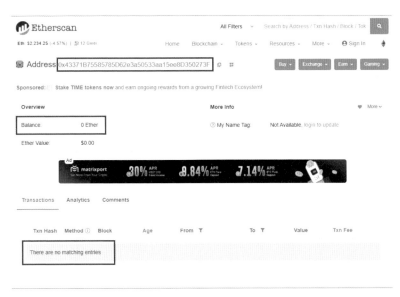

그림 7-19 이더리움 메인넷에서는 테스트 ETH 잔액이 나타나지 않음

그림 7-20 테스트넷 계정은 이더리움 메인넷에서 보면 0ETH로 표시

반대로 메인넷 계정에 실제 ETH가 있고 이더리움 메인넷에서 롭스텐 테스트 네
트워크로 바꾸면 갑자기 잔액이 0ETH로 바뀐다(롭스텐 테스트넷에서 같은 계정
주소에 테스트 ETH가 없는 경우).

개발 환경 설정

이 장에서는 이더리움 솔루션 스택 요소를 소개하고 가나슈^{Ganache}에서 로컬 개발 환경을 설정하는 방법을 소개한다. 또한 메타마스크와 로컬 테스트 환경을 연결하고 로컬 계정 중 하나 이상을 불러온다. 마지막으로 리믹스^{Remix} IDE와 메타마스크 지갑을 동기화한다.

 TIP_ 7장에서는 나만의 대체 불가 ERC-721 토큰을 발행하기 위한 여정에서 중요한 첫 단추로 계정을 설정했다. 이 장에서는 두 번째로 중요한 단계로 개발 환경을 설정한다. 기본 기능을 이해하고 앞으로 활용하려면 전체 장을 읽기 권장한다. 귀찮다면 마지막 절인 '개발 환경 구성하기'로 바로 건너뛸 수 있다.

각 계정에는 자금이 필요하다. 메인넷 계정에는 실제 ETH가(2장 및 4장 참고) 테스트넷 계정(7장 참고)에는 테스트 ETH가 필요하다.

이더리움 솔루션 스택

솔루션 스택^{Solution Stack}이란 소프트웨어 구성 요소 세트다. 솔루션 스택은 추가로 하위 시스템이 필요하지 않은 완전한 형태로 애플리케이션 개발, 배포, 실행을 지원한다. 나만의 스택을 구성하거나 기존에 구성된 스택을 선택할 수 있다. 여기서는 필수 요소로 구성된 전체 스택을 소개하고 나만의 스택을 구성하는 방법을 소개한다.

이더리움 스택 구성

전체적인 관점에서 이더리움 기반 솔루션 스택의 일반적인 구성 요소를 설명한다.

- **최종 사용자 애플리케이션**: 물론 스택 최상단은 최종 사용자 애플리케이션 자체다! 2장에서 소개된 크립토키티(https://cryptokitties.co)가 이더리움 기반 최종 사용자 애플리케이션 예이다.

- **이더리움 클라이언트** API: 응용 프로그래밍 인터페이스(API)는 응용 프로그램끼리 다리 역할을 하여 서로 통신할 수 있도록 한다. 이더리움 클라이언트 API를 사용하면 최종 사용자 애플리케이션을 이더리움 노드에 연결할 수 있다. 앱에서 이더리움 블록체인 정보(예: 계정 잔액, 과거 거래 데이터, 스마트 컨트랙트)에 접근할 수 있다. 또 이더리움 클라이언트 API를 사용하면

애플리케이션에서 이더리움 네트워크에 트랜잭션을 보내 자금 이체, 신규 스마트 컨트랙트 배포, 기존 스마트 컨트랙트를 실행할 수 있다. 메타마스크 브라우저 확장기능에 포함된 API가 이더리움 클라이언트 API다.

- **노드 및 클라이언트**: 이더리움 노드^Node^는 이더리움에서 클라이언트^Client^ 역할을 하는 컴퓨터다. 즉, 이더리움에서 트랜잭션을 검증, 실행, 기록 규칙을 준수하는 특수 클라이언트 소프트웨어를 실행한다.

- **스마트 컨트랙트**: 스마트 컨트랙트는 실행 코드를 포함한다. 최종 사용자 애플리케이션에서 스마트 컨트랙트로 다양한 작업을 수행한다. 9장에서 스마트 컨트랙트 배포 방법을 포함하여 자세한 스마트 컨트랙트 내용을 배운다.

- **이더리움 가상 머신**: 모든 이더리움 스택 하단에는 이더리움 가상 머신(EVM)이 있다. 6장에서 소개한 EVM은 이더리움 블록체인 최신 상태를 복사하고 유지 관리하는 노드로 구성된 분산 컴퓨팅 시스템을 구현한다.

이더리움 스택의 여러 계층에서 대체 불가 ERC-721 토큰을 발행과 직접적으로 관련된 항목은 아래와 같다.

- 이더리움 클라이언트 API
- 스마트 컨트랙트를 개발, 테스트, 배포하는 데 필요한 요소, 즉 소스 코드 컴파일러와 테스트 환경

기성 스택

`https://ethereum.org/en/developers/local-environment`의 옵션 메뉴에서 볼 수 있듯이 선택할 수 있는 개발 스택은 아주 다양하다. 각 개발 스택은 복잡성과 지향하는 바가 다르다(그림 8-1).

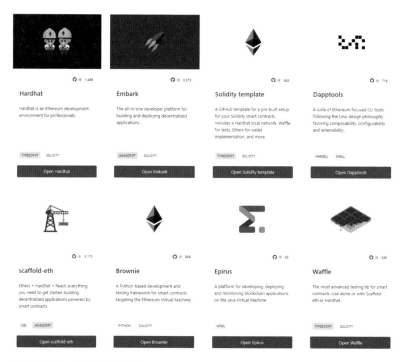

그림 8-1 프레임워크와 기성 스택

불행히도 모든 요소를 포함한 개발 스택이나 기성 스택을 포함하는 단일 설치 패키지는 없다. 하지만 고맙게도 필요한 개발 환경을 구성할 때 각 요소를 설치 방법을 안내하는 다양한 가이드가 존재한다.

책에서는 NFT 기능을 충분히 변경하고 유연하게 개발할 수 있는 가장 간단한 조합으로 설명한다. 이더리움 핵심 개발자가 즐겨 쓰는 명령줄 인터페이스^Command-Line Interfaces^(CLI) 작업이 필요하지 않다.

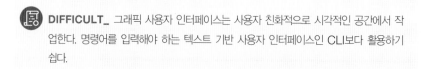

DIFFICULT_ 그래픽 사용자 인터페이스는 사용자 친화적으로 시각적인 공간에서 작업한다. 명령어를 입력해야 하는 텍스트 기반 사용자 인터페이스인 CLI보다 활용하기 쉽다.

단계별 가이드는 다음 요소를 활용한다.

- 메타마스크, 이더리움 클라이언트 API
- 가나슈 GUI, 로컬 테스트 블록체인
- 리믹스 IDE, 소스 코드 컴파일러

개발 환경 구성하기

이번 절에서는 개인용 컴퓨터에서 로컬 블록체인을 구현하는 방법을 설명한다. 그런 다음 메타마스크 지갑을 설정하여 로컬 개발 환경과 리믹스 IDE에 연결한다.

로컬 블록체인 테스트 환경 설정

 NOTE_ 7장에서 설명했듯이 로컬 개발 환경은 스마트 컨트랙트 배포와 테스트할 수 있는 안전하고 개인적인 환경이다.

로컬 개발 환경을 설정하고 싶다면 스마트 컨트랙트 개발자를 위한 트러플 스위트^{Truffle Suite} 툴킷의 하나인 가나슈 데스크탑 애플리케이션 GUI를 다음 단계를 따라 설치한다.

1. www.trufflesuite.com/ganache로 이동하여 [그림 8-2]와 같이 다운로드 버튼을 클릭하여 가나슈 데스크탑 애플리케이션을 다운로드한다.

다운로드 버튼

그림 8-2 가나슈 데스크톱 응용 프로그램을 다운로드

2. 다운로드를 완료하면 [그림 8-3]과 같이 설치 패키지를 더블 클릭하고 마법사에 따라 가나슈를 설치한다.

그림 8-3 가나슈 설치 프로그램

3. 설치를 완료하면 가나슈를 실행한다. [그림 8-4]와 같이 시작 페이지에서 퀵스타트 이더리움 옵션을 클릭한다.

가나슈는 로컬 블록체인을 구동한다. [그림 8-5]와 같이 이더리움의 외부 소유 계정을 모방한 테스트 계정이 있다. 가나슈를 시작하면 테스트 계정 10개가 기본 설정이다. 각 계정에는 이 작업 환경에서만 사용할 수 있는 테스트 ETH가 100개씩 들어있다.

그림 8-4 가나슈 초기 화면

[Blocks] 탭

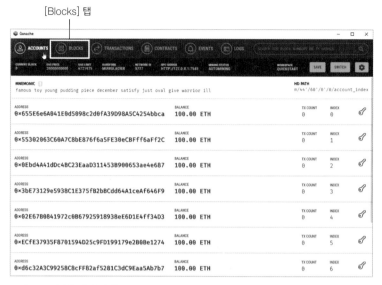

그림 8-5 가나슈 계정 화면

4. [Blocks] 탭을 클릭한다. 화면 상단 메뉴의 [Accounts] 탭 오른쪽에 있다. 현재 워크스페이스의 전체 블록체인 원장을 확인할 수 있다.

처음 시작하면 [그림 8-6]과 같이 블록 0(제네시스 블록) 하나만 있다.

그림 8-6 가나슈 제네시스 블록

5. 가나슈 응용 프로그램 오른쪽 상단 모서리에 있는 [Save] 버튼을 클릭하여 워크스페이스를 저장한다(그림 8-6 참조).

가나슈는 자동으로 워크스페이스 이름을 무작위로 지정한다. 여기서는 Handsomely-Vessel란 이름을 할당했다(그림 8-7).

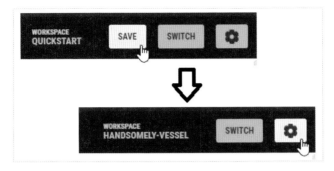

그림 8-7 가나슈 워크스페이스 저장

6. 가나슈를 닫았다가 다시 시작해보자. [그림 8-8]과 같이 시작 페이지에서 저장한 워크스페이스를 확인하고 종료된 시점에서 다시 쉽게 시작할 수 있다.

축하한다! 작업을 위한 개인 개발 환경이 모두 준비되었다!

워크스페이스 이름을 변경하려면 워크스페이스 이름 오른쪽에 있는 설정(톱니바퀴) 아이콘을 클릭한다(그림 8-7). [그림 8-9]와 같이 워크스페이스 이름을 편집할 수 있는 새 화면이 나타난다.

저자는 가나슈가 무작위로 생성해준 멋진 Handsomely-Vessel이란 이름을 그대로 사용하겠다!

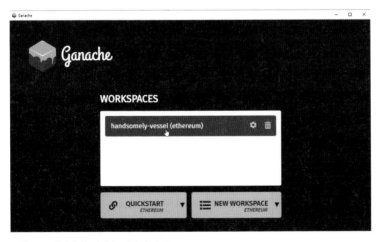

그림 8-8 재시작 후 가나슈 시작 페이지

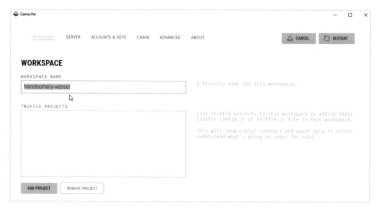

그림 8-9 가나슈에서 워크스페이스 편집

메타마스크 지갑에 사용자 설정 네트워크(가나슈) 연결

로컬 블록체인을 실행했다면 사용자 설정 '네트워크'와 관련 계정을 메타마스크 지갑에 추가할 수 있다. 다음 단계에 따라 추가해보자.

1. 가나슈를 열고 이전 절에서 만든 워크스페이스를 불러온다.

2. [그림 8-10]과 같이 RPC URL을 찾는다. 기본값은 http://127.0.0.1:7545이다.

3. 메타마스크 지갑에 로그인한다.

4. 메타마스크에서 네트워크를 변경하려면 [그림 8-11]과 같이 드롭다운 메뉴에서 [Custom RPC] 옵션을 선택한다.

RPC URL

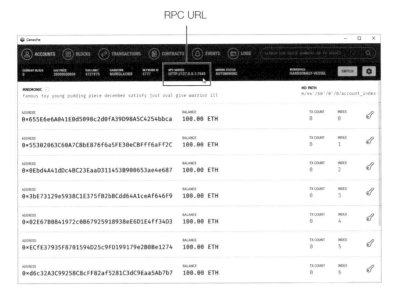

그림 8-10 가나슈 인터페이스에서 RPC URL 찾기

사용자 설정 RPC

그림 8-11 메타마스크 지갑 네트워크 변경 드롭다운 메뉴

5. 새 페이지가 나타나면 [그림 8-12]와 같이 네트워크 이름, 새 RPC URL, 체인 ID를 다음과 같이 입력한다.

- 네트워크 이름: HANDSOMELY-VESSEL
  원하는 네트워크 이름을 선택할 수 있다. 일관성을 유지하고 혼동을 줄이기 위해 가나슈 워크스페이스에서 선택한 네트워크 이름을 그대로 사용하면 좋다.
- 새 RPC URL: http://127.0.0.1:7545(RPC URL 기본값)
- 체인 ID: 1337(체인 ID 기본값)

6. [저장] 버튼을 클릭한다.

축하한다! [그림 8-13]과 같이 메타마스크 네트워크 옵션에 새 네트워크를 성공적으로 추가했다.

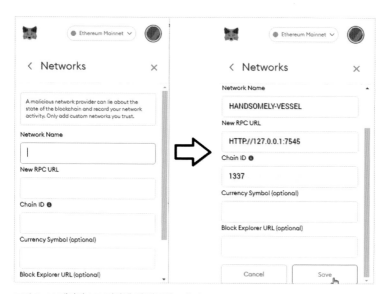

그림 8-12 메타마스크 지갑에 새 네트워크 추가

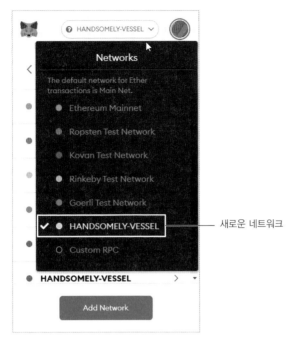

그림 8-13 HANDSOMELY-VESSEL이 이제 메타마스크 네트워크 옵션에 나타남

메타마스크 지갑에 로컬(가나슈) 계정 추가

가나슈를 설치하고 메타마스크에 해당 사용자 설정 네트워크를 추가했다면 가나슈 워크스페이스에서 메타마스크로 계정 몇 개를 가져오고 싶을 것이다.

로컬 계정을 가져오려면 계정 개인키가 필요하다. 다음 단계에 따라 키를 찾아보자.

1. 가나슈를 열고 '로컬 블록체인 테스트 환경 설정' 절에서 만든 워크플레이스를 불러온다.

2. 계정 페이지에서 계정을 선택한다. [그림 8-14]와 같이 맨 오른쪽에 있는 키 아이콘을 클릭한다.

다음 팝업 화면은 [그림 8-15]와 같이 선택한 계정의 개인키를 보여준다.

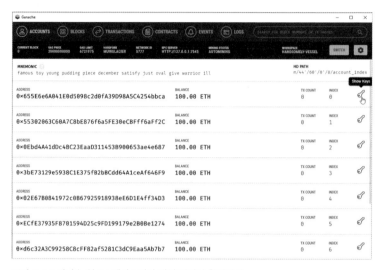

그림 8-14 가나슈 워크스페이스에서 계정 개인키 확인하기

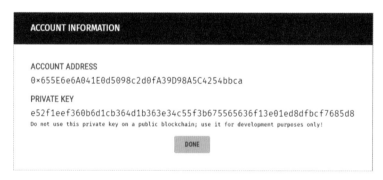

그림 8-15 가나슈 샘플 계정 주소와 개인키

개인키를 사용하여 선택한 계정을 메타마스크 지갑으로 가져오는 방법은 다음과 같다.

1. 메타마스크 지갑에 로그인하고 Handsomely-Vessel 네트워크로 변경한다.

2. [그림 8-16]과 같이 메타마스크 앱에서 오른쪽 상단 모서리에 있는 알록달록한 원을 클릭한다. 드롭다운 메뉴에서 [계정 가져오기] 옵션을 선택한다.

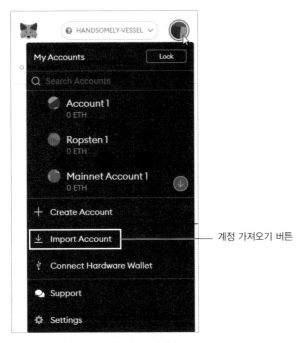

그림 8-16 메타마스크 계정 가져오기 옵션

3. 새 창이 나타나면 가나슈 워크스페이스에 있는 계정 개인키를 붙여넣는다. [그림 8-17]과 같이 가져오기 버튼을 클릭한다.

[그림 8-18]은 메타마스크에서 가져온 계정을 보여준다. 우리는 계정 이름을 변경했던 적이 있다.

가져온 계정 이름을 변경하여 로컬 가나슈 계정이란 걸 쉽게 기억할 수 있다. 가져온 계정 이름을 원래 네트워크 이름을 활용하여 'Ganache HV 1'로 변경했다. 메타마스크에서 계정 이름을 바꾸려면 계정 이름 오른쪽에 있는 상세 버튼을 클릭하고 계정 세부 정보를 선택한다. 그런 다음 계정 이름 옆에 있는 연필 아이콘을 클릭한다. 계정 이름을 바꾸고 확인을 클릭하여 변경을 완료한다(자세한 내용은 7장 참고).

좋다! 로컬 가나슈 계정을 메타마스크 지갑으로 성공적으로 가져왔다.

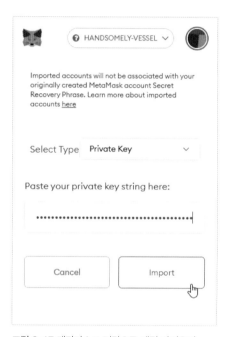

그림 8-17 메타마스크 지갑으로 계정 가져오기

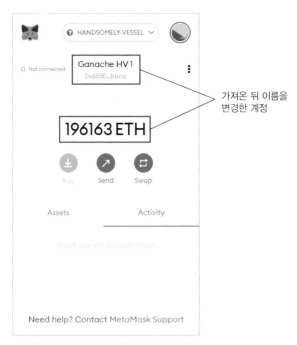

가져온 뒤 이름을
변경한 계정

그림 8-18 성공적으로 메타마스크에 불러온 뒤 이름을 변경한 계정

새로 가져온 가나슈 계정 잔액이 이상하다고 당황하지 말자. [그림 8-18]은 연결
네트워크를 적절하게 설정했더라도 19,6163ETH(!)가 보인다. 가나슈 워크스페
이스에 있던 테스트 ETH 100개보다 훨씬 많은 양이다(그림 8-14).

7장에서 설명했듯이 각 계정에서 적절한 테스트 ETH나 실제 ETH를 확인하려면
메타마스크에서 올바른 네트워크로 선택해야 한다. 예를 들어, [그림 8-19]는 네
트워크를 이더리움 메인넷으로 바꾸면 Ganache HV 1 계정 잔액이 0ETH로 바
뀌는 것을 보여준다.

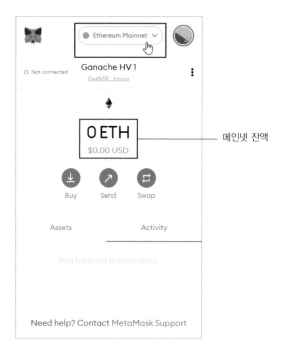

메인넷 잔액

그림 8-19 메인넷에서 Ganache HV 1 계정은 0ETH로 표시

메타마스크 지갑으로 불러온 다른 계정과 같은 방식으로 메타마스크로 로컬 가나슈 계정에서 트랜잭션을 보낼 수 있다. 아직 새 스마트 컨트랙트 계정을 생성하는 트랜잭션을 제출할 준비는 되지 않았지만 다음 단계에 따라 로컬 가나슈 워크스페이스 계정 간에 자금을 이체할 수 있다.

1. 계정 탭에서 가나슈 워크스페이스의 다른 계정 주소를 선택하고 [그림 8-20]과 같이 공개 계정 주소를 마우스 오른쪽 버튼으로 복사한다.

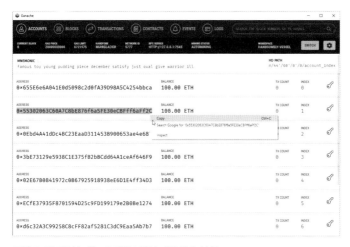

그림 8-20 가나슈 워크스페이스에서 계정 주소 복사

2. 다음 단계에 따라 [그림 8-21]과 같이 메타마스크로 트랜잭션을 보낸다.

   a 적절한 계정 선택: 여기서는 Ganache HV 1 계정이다.

   b 올바른 네트워크를 선택했는지 확인: Handsomely-Vessel 사용자 설정 네트워크 확인

   c [보내기] 버튼 클릭

3. [그림 8-22]와 같이 위의 1단계에서 가나슈 워크스페이스에서 복사한 주소를 붙여넣고 전송할 금액을 입력한다. 그림에서는 5ETH를 입력했다.

4. [다음] 버튼을 클릭하고 다음 페이지에서 [확인] 버튼을 클릭한다.

> 📓 NOTE_ 이 단계에서 보이는 숫자는 이전 주의에서 설명한 것처럼 메타마스크와 로컬 가나슈 환경 간의 조정되지 않은 문제로 이상하게 보일 수 있다.

트랜잭션과 블록은 로컬 가나슈 블록체인에서 자동으로 채굴되기 때문에 제출한 트랜잭션 상태는 [그림 8-23]과 같이 보류에서 완료로 빠르게 바뀐다.

그림 8-21 로컬 가나슈 계정에서 자금 이체 준비

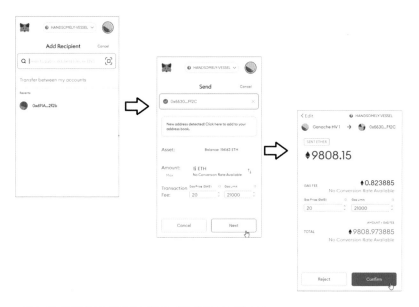

그림 8-22 로컬 가나슈 계정 한 곳에서 다른 계정으로 자금 이체

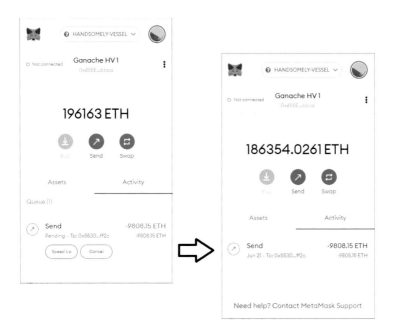

그림 8-23 메타마스크 트랜잭션 확정

5. 가나슈 워크스페이스에서 계정 잔액을 확인한다.

[그림 8-24]와 같이 테스트 ETH 5개가 첫 번째 계정에서 두 번째 계정으로 이체됐다.

새로 바뀐 잔액

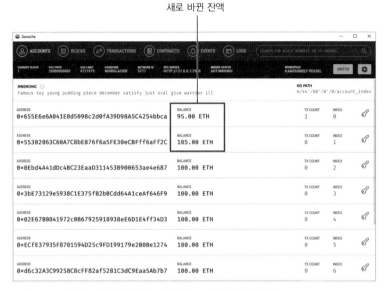

그림 8-24 업데이트된 계정 잔액을 가나슈 워크스페이스에서 확인

리믹스 IDE와 메타마스크 지갑 동기화

이번 절에서는 리믹스를 살펴본다. 리믹스는 최종적으로 스마트 컨트랙트를 컴파일하고 로컬 환경, 테스트넷, 메인넷으로 배포할 수 있다.

다음 단계로 리믹스를 사용 방법을 살펴보자.

1. http://remix.ethereum.org에 **접속한다.**

WARNING_ https://가 아닌 http://(s 제외)를 입력해야 한다. 그렇지 않으면 리믹스가 메타마스크에 접근할 수 없다.

2. [그림 8-25]와 같이 왼쪽 도구 모음에서 이더리움 아이콘을 클릭한다.

이더리움 아이콘

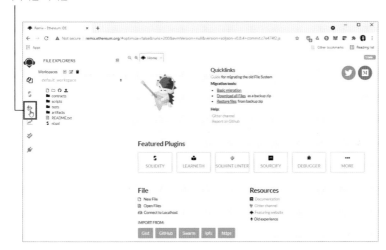

그림 8-25 리믹스 메인 페이지

3. [그림 8-26]과 같이 [Deploy & Run Transactions] 설정에서 [Environment] 드롭 다운 메뉴를 클릭하고 [Injected Web3]를 선택한다.

Injected Web3 옵션을 선택

그림 8-26 트랜잭션 배포, 실행 설정 화면

4. 메타마스크 지갑에 로그인한다.

 WARNING_ 대퍼와 같은 다른 지갑 브라우저 확장 프로그램을 설치했다면 문제가 발생할 수 있다. 이런 다른 확장 프로그램은 비활성화하고 메타마스크만 유지하여 단계별 가이드를 수행하자.

5. (선택 사항) 다음 단계에 따라 잠재적으로 문제가 될 수 있는 브라우저 확장 프로그램을 비활성화 한다.

a 브라우저 도구 모음에서 비활성화하려는 확장 프로그램 아이콘을 마우스 오른쪽 버튼으로 클릭한다.

b 확장 프로그램 관리를 선택한다.

c 다음 페이지에서 토글(그림 8-27) 버튼을 사용하여 브라우저 확장 기능을 끈다.

그림 8-27 브라우저 확장 프로그램 끄기

6. 메타마스크에서 작업하려는 네트워크와 계정을 선택한다.

[그림 8-28]에서는 롭스텐 테스트 네트워크로 선택한 리믹스 환경과 테스트넷 계정을 보여준다. 테스트넷 계정은 7장에서 어떻게 계정을 생성하고 및 자금 조달하는지 설명했다.

[그림 8-29]는 사용자 설정 네트워크인 Handsomely-Vessel로 선택한 리믹스 환경과 가나슈에서 불러와 이름을 변경한 Ganache HV 1계정을 보여준다.

축하한다! 스마트 컨트랙트를 개발하고 배포할 수 있는 솔루션 스택이 생겼다. 완전하게 작동하고 자체로 모든 작업을 수행할 수 있는 솔루션 스택이다.

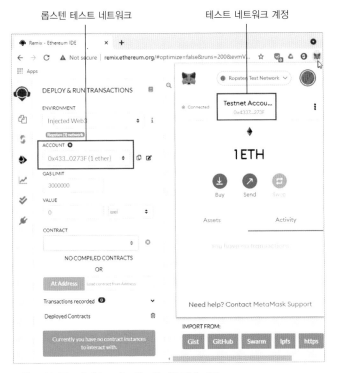

그림 8-28 롭스텐 테스트 네트워크의 테스트넷 계정

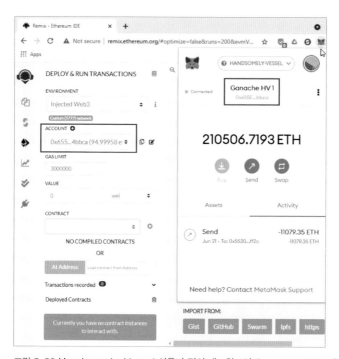

그림 8-29 Handsomely–Vessel 사용자 정의 네트워크의 Ganache HV 1 계정

CHAPTER 9

첫 스마트 컨트랙트 배포

이 장의 주요 내용

◆ 스마트 컨트랙트 언어 소개

◆ 스마트 컨트랙트 템플릿 기본 요소 설명

◆ 사전 구축된 스마트 컨트랙트 라이브러리

◆ 이더리움 스마트 컨트랙트 개발, 컴파일, 배포

이 장에서는 첫 번째 스마트 컨트랙트를 개발, 컴파일, 배포하는 방법을 설명한다. 그러나 시작하기 전에 스마트 컨트랙트의 개발 언어를 간략하게 소개하고 스마트 컨트랙트의 구성 요소를 설명한다. 또 10장, 11장에서 사용하게 될 스마트 컨트랙트 라이브러리도 설명한다.

TIP_ 이 장은 대체 불가 ERC-721 토큰을 발행에 필요한 마지막 실습 준비 과정이다(자세한 ERC-721 토큰 내용은 11장을 참고). 스마트 컨트랙트 기본 기능을 이해하고 앞으로 활용하려면 전체 장을 모두 읽는 것이 좋다. 귀찮다면 마지막 절로 건너뛰어도 좋다.

NOTE_ 진행하기 전에 먼저 메타마스크 지갑을 설치하고 설정해야 한다(2장 및 4장 참고). 메인넷, 테스트넷, 로컬 계정을 준비해야 한다. 로컬 가나슈 환경을 설정하고 메타마스크와 사용자 설정 네트워크를 연결해야 한다(7장과 8장 참고). 마지막으로 메타마스크 지갑과 연결하려면 리믹스 IDE 브라우저(http://remix.ethereum.org)를 설정해야 한다(8장 참고).

스마트 컨트랙트 프로그래밍 언어

스마트 컨트랙트 기능을 구현하려면 컨트랙트 계정을 필수적으로 만들어야 한다. 바이트코드를 목적지가 없는 트랜잭션 형태로 이더리움 네트워크에 보낸다. 바이트코드Bytecode는 16진수 형식으로 작성한 기계 수준 코드로 배우고 해석하기 어렵다. 따라서 스마트 컨트랙트 소스 코드를 작성하려면 인간 언어와 가까운 프로그래밍 언어(컴파일러가 바이트코드로 변환)가 필요하다.

고맙게도 유지 관리가 잘되고 있는 프로그래밍 언어 중에서 하나 선택하면 된다. 책에서는 리믹스 IDE로 개발 방법을 설명한다. 리믹스 IDE에서는 토글 버튼으로 솔리디티Solidity와 율Yul을 쉽게 전환할 수 있도록 설계한 내장 컴파일러를 가지고 있다.

- **솔리디티**Solidity: 솔리디티Solidity는 이더리움 가상 머신 EVM에서 스마트 컨트랙트을 구현하도록 특별히 설계한 프로그래밍 언어다. 이더리움 스마트 컨트랙트 개발자가 주로 사용하는 기본 언어이며 다른 경쟁 플랫폼으로도 확산되어 사용된다. 솔리디티는 프로그래밍 언어에서 고수준 언어High level language로 분류한다. 사람이 이해하기 쉽고 디버그하기 쉽다. 하지만 메모리 효율성이 낮고 기계가 이해할 수 있는 명령어로 변환하기 위해 컴파일 해야 한다.

- **율**Yul: 율은 새로운 프로그래밍 언어다. 율을 효과적으로 사용하려면 오피코드opcode(로우 레벨low-level 언어, 기계 명령어)를 숙달하고 이해해야 한다. 율은 중간 또는 미드 레벨Mid-Level 언어로 분류한다. 프로그래밍 언어를 선택하고 컨트랙트 소스 코드를 작성하면 코드를 컴파일하여 다음 요소를 생성한다.

- **바이트코드**Bytecode: 바이트코드는 16진수로 EVM에서 완전하게 실행할 수 있도록 지시하는 명령어 집합으로 구성된다. 바이트코드는 프로그래밍 언어의 분류에서 가장 로우 레벨 언어이다. 사람이 직접적으로 해석하기 가장 어려운 기계어 코드다.

- **오피코드**Opcode: 스마트 컨트랙트 개발 세계와 더 익숙해지면 많은 프로그래머가 어셈블리 언어인 오피코드opcode 명령을 참조하는 것이 보일 거다. 오피코드 명령어는 바이트코드로 명령하는 것과 같지만 프로세서가 어떤 작업을 수행하는지 연산 코드로 해석할 수 있다. 프로그래밍 언어 분류에서 어셈블리 언어는 기계어보다 한 단계 높은 로우 레벨 언어이다.

- **ABI**: 컴파일러는 최종 사용자 앱에서 컨트랙트 데이터와 함수를 활용할 수 있도록 애플리케이션 바이너리 인터페이스 Application Binary Interface(ABI)도 생성한다.

책에서는 솔리디티로 설명한다. 일반적으로 다른 언어보다 솔리디티가 더 자주 사용되고 개발하기 용이 하기 때문이다. 또 솔리디티는 기존 라이브러리를 많이 활용할 수 있다. 라이브러리는 신중하게 개발되어 검증된 코드를 제공한다. 이 장 뒷부분에 '스마트 컨트랙트 라이브러리'에서 기존 라이브러리에 관한 내용에 대해 더 자세히 설명한다.

솔리디티 버전 정의

솔리디티 소스 코드가 호환되지 않는 컴파일러 버전에서 컴파일되지 않도록 하려면 항상 솔리디티 버전 프래그마version pragma를 코드 첫 번째 줄에 포함한다. 다음과 같이 솔리디티 컴파일러 허용 버전을 지정한다.

```
pragma solidity 0.8.6;
```

예시는 소스 코드를 버전 0.8.6에서만 컴파일할 수 있도록 한다. 작성한 코드가 새 버전에서 컴파일되지 않도록 한다. 새 버전은 업데이트되어 기존 코드와 호환되지 않을 수 있다.

유연성을 높이기 위해 버전 구문을 수정할 수 있다. 아래 몇 가지 예제를 보자.

- <=0.8.6은 0.8.6 버전과 그 이전 버전 컴파일러를 허용한다.
- >=0.8.6은 0.8.6 버전과 그 이후 버전 컴파일러를 허용한다.
- ^0.8.6은 0.8.6 버전 전, 후 버전 컴파일러를 허용한다. 단, 0.9.0 버전 직전까지 허용한다(^는 0.8.X 이상 컴파일러 버전을 허용하지 않는다).

버전 구문에 <=, >= 수식을 사용하면 ^ 수식보다 더 넓은 범위를 지정할 수 있다. < ,> 역시 사용할 수 있다.

소스 코드와 바이트 코드

솔리디티로 작성한 간단한 스마트 컨트랙트 코드 예를 사용하겠다.

```
pragma solidity 0.8.6;
contract LittleBear {
    string public msg = "Hello Little Bear (a.k.a.Maddie)!";
}
```

이 솔리디티 소스 코드를 컴파일하면 다음과 같이 기계어 수준 바이트 코드 블록을 생성한다.

```
60806040523480156100105760008000fd5b50600436106100
2b5760003560e01c80636b473fca14610030575b600080
fd5b61003861004e565b6040516100459190610115565b6
0405180910390f35b6000805461005b90610186565b8060
1f0160208091040260200160405190810160405280929190
0818152602001828054610087906101865b80156100d4
5780601f106100a957610100808354040283529160200
1916100d4565b8201919060005260206000209060026020600
02080319060200180831161006757829003601f168
201915b5050505050081565b60006100e782610137565b
6100f18185610142565b93506101010181856020860161015
3565b61010a816101e7565b840191505092915050565b
600060208201905081810360008301526101af81846100
c565b905092915050565b60008151905091905560560
82825260208201905092915050565b60005b838110156
1017157808201518184015260208101905061015656
5b83811115610180576000848401525b50505050565b
6000600282049050600182168061019e57607f821
691505b602082108114156101b2576101b16101b8
565b5b50919050565b7f4e487b71000000000000000000
0000000000000000000000000000000060
00526022600452602460000fd5b6000601f19601f8301
16905091905056fea264697066735822122067b6da
38f6dde0621c9c49d1785ec9d01d5d423d6d5f4aca
74e7b3f8ffa4c18f64736f6c63430008060033
```

해당 코드에서 오피코드opcode 부분은 다음과 같다.

```
PUSH1 0x80 PUSH1 0x40 MSTORE CALLVALUE DUP1 ISZERO
PUSH2 0x10 JUMPI PUSH1 0x0 DUP1 REVERT JUMPDEST
```

```
POP PUSH1 0x4 CALLDATASIZE LT PUSH2 0x2B JUMPI
PUSH1 0x0 CALLDATALOAD PUSH1 0xE0 SHR DUP1 PUSH4
0x6B473FCA EQ PUSH2 0x30 JUMPI JUMPDEST PUSH1
0x0 DUP1 REVERT JUMPDEST PUSH2 0x38 PUSH2 0x4E
JUMP JUMPDEST PUSH1 0x40 MLOAD PUSH2 0x45 SWAP2
SWAP1 PUSH2 0x115 JUMP JUMPDEST PUSH1 0x40 MLOAD
DUP1 SWAP2 SUB SWAP1 RETURN JUMPDEST PUSH1 0x0
DUP1 SLOAD PUSH2 0x5B SWAP1 PUSH2 0x186 JUMP
JUMPDEST DUP1 PUSH1 0x1F ADD PUSH1 [...]
```

마지막으로 다음은 코드는 ABI이다. 최종 사용자 응용 프로그램에서 스마트 컨트랙트과 상호 작용할 수 있도록 로드맵을 제공한다.

```
{
  "inputs": [],
  "name": "msg",
  "outputs": [
    {
      "internalType": "string",
      "name": "",
      "type": "string"
    }
  ],
  "stateMutability": "view",
  "type": "function"
}
```

이제 왜 스마트 컨트랙트 코드를 인간이 쓰는 언어와 유사한 고수준 언어로 작성하려는지 감을 잡았을 것이다.

스마트 컨트랙트의 핵심 요소

이더리움 블록체인의 컨트랙트 계정 주소에 있는 함수와 데이터가 스마트 컨트랙트의 핵심이다. 스마트 컨트랙트 함수를 호출하는 트랜잭션이 실행되면 변경한 상태는 스마트 컨트랙트이 아니라 블록체인에 저장하므로 비용이 발생한다. 이번 절에서는 데이터, 함수, 이벤트 로그와 같은 스마트 컨트랙트의 핵심 요소를 설명한다.

데이터

솔리디티는 정적 타입 프로그래밍 언어다. 즉, 컴파일하기 전에 일반적으로 변수 타입과 크기를 소스 코드에서 지정한다.

변수는 컨트랙트 데이터 일부로 저장할 수 있다. 이런 변수를 **상태 변수**State Variables라고 한다. 반면에 일시적인 변수가 있을 수도 있다. 중간 계산에만 사용하여 계속해서 유지할 필요가 없는 이러한 변수를 **메모리 변수**Memory Variables라고 한다.

상태 변수로 저장한 정보에서 퍼블릭Public 상태 변수로 선언한 경우 다른 스마트 컨트랙트에서도 접근할 수 있다. 그렇지 않은 정보는 프라이빗Private으로 정보를 저장한 스마트 컨트랙트 내에서만 접근할 수 있다(하지만 프라이빗 상태 변수는 퍼블릭 블록체인에 저장되기 때문에 여전히 누구나 확인할 수 있다).

 NOTE_ 저장한 데이터가 퍼블릭, 프라이빗인지 여부와 관계없이 데이터를 저장한 컨트랙트만 상태 변수 값을 변경할 수 있다.

함수

스마트 컨트랙트 함수는 기능을 수행한다. 예를 들어, 함수는 계산, 상태 변수에 새 값을 설정, 블록체인 다른 곳에서 데이터 조회, ETH를 다른 주소로 전송, 다른 함수 호출 등을 할 수 있다. 함수는 다음 세 가지 유형으로 분류한다.

- **내장 함수**: 솔리디티에는 일반적인 작업을 수행하는 내장 함수가 있다. ETH를 수신하는 receive(), 지정한 주소로 ETH를 보내는 address.send() 등이 있다. 또 자주 쓰는 내장 함수는 selfdestruct(address)로 컨트랙트 계정에 남은 ETH를 지정한 주소로 보내고 컨트랙트를 삭제한다.

- **생성자 함수**: 스마트 컨트랙트를 EVM에 처음 배포할 때 한 번만 실행하는 생성자 함수를 사용할 수 있다.
- **커스텀 함수**: 그리고 당연히 내가 직접 함수를 작성할 수도 있다! 직접 함수를 작성할 때 다음 키워드를 활용하여 다른 함수, 컨트랙트, 트랜잭션에서 함수 접근을 제어해야 한다.
- **퍼블릭/외부**: 퍼블릭Public 함수는 기본값으로 가장 유연하다. 컨트랙트 내의 다른 함수, 다른 컨트랙트 외부 소유 계정에서 보낸 트랜잭션으로 호출할 수 있다. 외부External 함수는 퍼블릭 함수와 같은 수준으로 접근성을 제공한다. 하지만 컨트랙트 내의 함수 호출이 외부에서 호출한 것처럼 처리된다. this 키워드와 항상 같이 써야 한다.
- **프라이빗/내부**: 프라이빗Private 함수는 해당 함수가 포함된 컨트랙트 내에서만 호출할 수 있다. 솔리디티는 다음과 같은 기능도 있다. 컨트랙트를 조합하여 새로운 파생 컨트랙트Derived Contract를 만들 수 있다. 파생 컨트랙트는 다른 컨트랙트 코드를 상속받는다. 파생 컨트랙트에 코드를 상속하는 컨트랙트를 기본 컨트랙트라고 한다. 내부Internal 함수는 파생 컨트랙트에서도 호출할 수 있다는 점을 제외하고는 프라이빗 함수와 비슷하다.

이벤트 로그

이벤트 로그로 컨트랙트 계정에 따로 저장 공간을 선언하지 않고 블록체인에 로그 정보를 저장할 수 있다. 다른 사람이나 스마트 컨트랙트에서 계정 변경 내역을 확인할 수 있다. 이벤트는 event 키워드로 컨트랙트에서 선언할 수 있다. 이벤트를 호출할 때는 emit 키워드를 사용한다. 함수에 전달된 인수는 로그 형태로 블록체인에 저장된다.

이 장의 '배포' 절에서 예제로 배포할 스마트 컨트랙트에서 이벤트를 선언하고 호출하는 방법을 설명한다.

스마트 컨트랙트 라이브러리

다양한 스마트 컨트랙트 라이브러리를 활용할 수 있다. 라이브러리는 함수와 이더리움 개발 표준 구현체를 제공한다(더 자세한 내용은 10장 참고). 라이브러리는 기초 작업에 들어가는 노력을 아껴준다. 뿐만 아니라 아직 세밀한 부분까지 고려하기 어려운 비숙련 스마트 컨트랙트 개발자와 운영자에게 사전에 개발되고 검증된 오픈 소스 라이브러리는 보안 측면에서도 좋다.

 NOTE_ 다음 절에서 배포할 스마트 컨트랙트는 아직 스마트 컨트랙트 라이브러리까지 사용할 걱정이 없을 정도로 간단하다. 나만의 ERC-721 토큰을 발행해보는 11장에서 라이브러리를 가져오고 원하는 기초 컨트랙트를 불러오는 방법을 설명한다.

스마트 컨트랙트 시작

다음 단계를 따라 첫 번째 스마트 컨트랙트을 EVM에 배포해보자. 실제 ETH를 사용하지 않으려면 롭스텐 테스트넷에 배포한다.

1. http://remix.ethereum.org**에 접속한다.**

https://(s 포함)가 아닌 http://(s 제외)를 입력한다. 그렇지 않으면 리믹스가 메타마스크에 접근할 수 없다.

2. **[그림 9-1]처럼 메인 페이지에서 [File] 아래 [New File] 링크를 클릭한다.**

페이지 왼쪽에 있는 파일 탐색기 창에서 새 파일이 열린다.

왼쪽 사이드바에 있는 겹친 문서 모양 아이콘을 클릭하면 [그림 9-2]처럼 파일 탐색기 창으로 돌아간다.

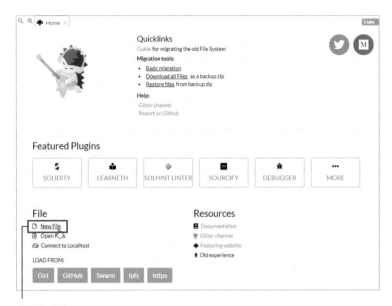

새 파일 생성

그림 9-1 리믹스 이더리움 메인 페이지

이 버튼을 누르면 파일 목록으로 돌아온다.

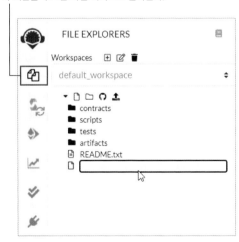

그림 9-2 리믹스 파일 탐색기

3. 커서로 빈 텍스트 상자를 클릭하고 `LittleBear.sol`을 입력한 다음 Enter 키를 누른다.

[그림 9-3]처럼 지정한 파일 이름으로 새 탭이 나타난다.

수고했다. 이제 솔리디티 코드를 입력할 준비가 끝났다!

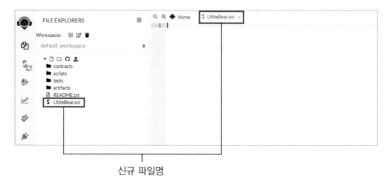

신규 파일명

그림 9-3 리믹스에서 열린 `LittleBear.sol` 탭

간단한 템플릿 사용법

`LittleBear.sol` 파일에 다음 코드를 입력한다.

 TIP_ 오타를 방지하기 위해 다음 페이지에서 샘플 코드를 복사해 붙여넣는 것이 좋다.

- https://github.com/hanbit/easy-nft-guide/tree/main/sample-
  code

 WARNING_ 솔리디티는 대소문자를 구분한다. LogMsg와 logmsg는 컴파일 시 다르게 인식한다.

이번 절의 나머지 부분에서 코드를 나눠 설명한다.

첫 번째 줄은 컴파일 시 사용할 솔리디티 컴파일러의 버전을 지정하는 프래그마다. 솔리디티 컴파일러가 컴파일을 허용하는 버전을 설정한다. 여기서는 0.8.6 버전 이하로만 소스 코드를 컴파일할 수 있다.

```
pragma solidity 0.8.6;
```

다음 단계는 LittleBear란 이름의 컨트랙트를 정의한다. 솔리디티는 중괄호 프로그래밍 언어다. 즉, 중괄호를 사용하여 코드 블록을 열고 닫는다.

```
contract LittleBear {
```

다음 줄은 LogMsg를 이벤트를 선언한다. String 타입값을 인자로 받는다.

```
event LogMsg(string message);
```

다음은 storedMsg를 string 타입 퍼블릭 상태 변수로 선언한다. 최신 storedMsg 값은 컨트랙트 저장소에 남는다. 컨트랙트나 함수가 휴면 상태인 경우에도 값을 유지한다.

```
string public storedMsg;
```

다음 코드 블록은 constructor() 함수를 선언한다. 컨트랙트를 시작하면 최초한 번만 실행하는 특수 함수다. 첫 번째 줄은 storedMsg 상태 변수에 저장하는 텍스트를 초기화한다. 두 번째 줄은 LogMsg 이벤트를 호출하여 컨트랙트 이벤트 로그에 기록할 storedMsg 값을 전달한다.

```
constructor() {
  storedMsg = "Hello Little Bear (a.k.a. Maddie)!";
  emit LogMsg(storedMsg);
}
```

다음 코드 블록은 퍼블릭 함수 updateMsg()를 선언한다. String 타입 값을 인수로 받는다. 이 파라메터는 메모리 변수로 선언한 newMsg로 정의한다. 메모리 변수는 함수를 종료되면 값이 사라진다. 명시적으로 memory 키워드를 사용하지 않더라도 함수 파라메터는 상태 변수가 아닌 메모리 변수가 기본값이다.

```
function updateMsg(string memory newMsg) public {
  storedMsg = newMsg;
  emit LogMsg(storedMsg);
}
```

updateMsg() 함수 첫 번째 줄은 storedMsg 상태 변수에 저장한 값을 호출할 때 함수에 전달한 텍스트로 바꾼다. 두 번째 줄은 바뀐 storedMsg 값이 컨트랙트 이벤트 로그에 기록하도록 LogMsg 이벤트를 호출한다.

마지막으로 닫는 중괄호로 컨트랙트 코드 블록을 완성한다.

```
}
```

컴파일

LittleBear.sol 파일을 준비하고 필요한 코드를 추가한 후 다음 단계로 해당 코드를 컴파일할 수 있다.

1. [그림 9-4]처럼 왼쪽 탐색 창에 있는 컴파일러 아이콘을 클릭한다.

2. 나타나는 [Solidity Compiler] 창에서 [그림 9-5]처럼 [Compile LittleBear. sol] 버튼을 클릭한다. 컨트랙트를 컴파일하는 세부 정보는 [그림 9-6]처럼 컴파일 버튼 아래에 나타난다.

잘했다! 이제 스마트 컨트랙트를 배포할 준비가 됐다.

NOTE_ 스마트 컨트랙트를 배포하면 다시 코드를 변경하거나 되돌릴 수 없다. 수정하려면 업데이트된 코드로 개발한 새로운 스마트 컨트랙트를 배포해야 한다.

컴파일 버튼

그림 9-4 리믹스에서 컴파일할 `LittleBear.sol` 소스 코드

그림 9-5 리믹스 솔리디티 컴파일러

배포

실제 네트워크에 배포하기 전에 로컬 가나슈 환경(8장 참고)에 컨트랙트를 배포하는 연습한다.

1. 왼쪽 탐색 창에서 이더리움 아이콘(컴파일러 아이콘 아래에 있는 아이콘)을 클릭한다.

이 단계는 [그림 9-7]처럼 [Deploy & Run Transactions] 창을 연다.

이더리움 버튼

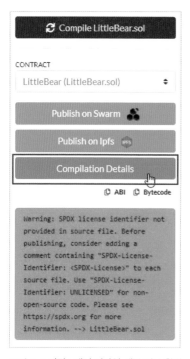

그림 9-6 리믹스에서 컴파일 세부 정보 확인

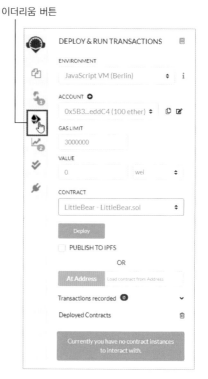

그림 9-7 리믹스에서 트랜잭션 배포 및 실행하기

2. 환경 드롭다운 메뉴에서 [Injected Web3] 옵션을 선택한다.

다음 사항을 확인한다.

   a 브라우저 툴바에서 여우 아이콘을 클릭하여 메타마스크 브라우저 확장 프로그램에 로그인 한다(그림 9-8 참고).

b Handsomely-Vessel 사용자 지정 네트워크로 연결한다.

c 가져온 로컬 가나슈 계정 중 하나를 선택한다.

책에선 Ganache HV1을 선택한다. 또한 가나슈 데스크톱 응용 프로그램을 열고 적절한 워크스페이스(이 경우 Handsomely-Vessel 작업 영역)를 실행한다.

3. 컨트랙트 드롭다운 메뉴에서 [LittleBear-LittleBear.sol] 컨트랙트를 선택하고 배포 버튼을 클릭한다(그림 9-8 참고).

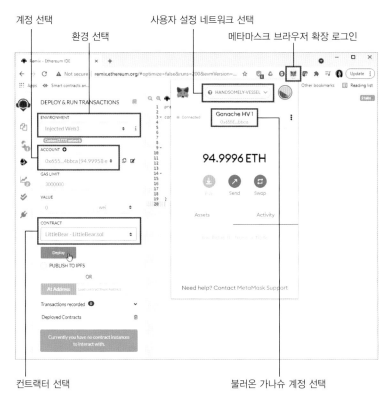

계정 선택   사용자 설정 네트워크 선택

환경 선택   메타마스크 브라우저 확장 로그인

컨트랙터 선택   불러온 가나슈 계정 선택

그림 9-8 가나슈 Handsomely-Vessel 워크플레이스에 LittleBear 컨트랙트 배포

[그림 9-9]처럼 메타마스크 알림 팝업에서 트랜잭션 내역을 확인 후 확정 버튼을 클릭한다.

확정을 클릭하면 컴파일한 바이트코드(대상 주소를 지정하지 않음)를 포함한 트랜잭션을 제출한다. 트랜잭션은 자체 주소가 있는 컨트랙트 계정을 생성한다. 나중에 주소로 컨트랙트 계정에 접근할 수 있다. 컨트랙트를 배포할 준비가 되지 않았다면 거부 버튼을 클릭하면 된다.

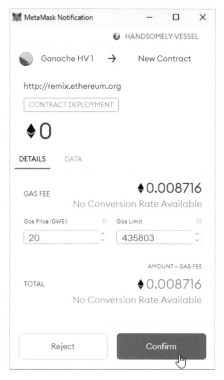

그림 9-9 Handsomely-Vessel 워크스페이스에서 컨트랙트 계정 생성 확인

이제 [그림 9-10]처럼 배포한 컨트랙트 메뉴 아래에서 컨트랙트를 확인하고 상호작용할 수 있다.

- storedMsg 버튼을 클릭하면 상태 변수에 현재 저장된 내용을 볼 수 있다.
- updateMsg 버튼을 클릭하면 [그림 9-11]처럼 함수를 호출하고 storedMsg에 저장한 값을 수정할 수 있다.

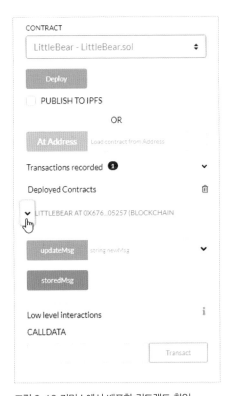

그림 9-10 리믹스에서 배포한 컨트랙트 확인

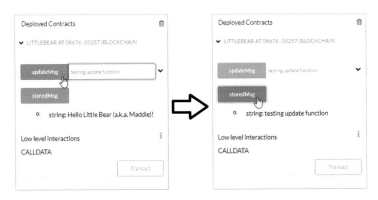

그림 9-11 리믹스에서 배포한 컨트랙트와 상호 작용

NOTE_ updateMsg 함수를 실행하면 EVM 트랜잭션으로 가스가 필요하다. 반면에 단순히 storedMsg 변수 값을 확인할 때는 가스가 필요하지 않다. updateMsg 함수를 실행할 때마다 메타마스크 알림 팝업 창이 나타나 확정을 요청한다.

이제 로컬 가나슈 환경에 적응했으니 LittleBear 컨트랙트를 롭스텐 테스트넷에 배포할 차례다. 다음 단계를 따르자.

1. 브라우저 도구 모음에서 여우모양 아이콘을 클릭하여 메타마스크를 실행한다.

2. 네트워크를 롭스텐 테스트 네트워크로 전환하고 테스트넷 계정을 선택한다(7장에서 롭스텐 테스트 ETH를 생성하고 자금을 조달하는 방법을 참고). [그림 9-12]처럼 리믹스의 [Deploy & Run Transactions] 창에 있는 트랜잭션 정보가 바뀐다.

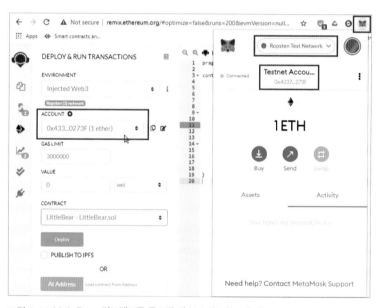

그림 9-12 LittleBear 컨트랙트를 롭스텐 테스트 네트워크에 배포

3. 배포 버튼을 클릭하고 [그림 9-13]처럼 메타마스크 팝업 알림에서 트랜잭션을 확정한다.

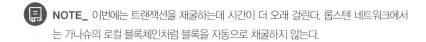

NOTE_ 이번에는 트랜잭션을 채굴하는데 시간이 더 오래 걸린다. 롭스텐 네트워크에서는 가나슈의 로컬 블록체인처럼 블록을 자동으로 채굴하지 않는다.

그림 9-13 롭스텐 테스트 네트워크에서 컨트랙트 계정 생성 확인

4. updateMsg 함수를 실행하고 저장된 값을 수정한다.

값을 두 번 수정해보자. 먼저 "Hello Mama Kim!"를 입력하고 두번째는 "Hello Papa Kim!"을 입력한다. 모든 변경 사항은 [그림 9-17]처럼 이벤트 로그에 나타난다.

5. 롭스텐 블록체인에서 새로 배포한 LittleBear 컨트랙트를 보려면 [그림 9-14]처럼 페이지 아이콘(LittleBear 제목 오른쪽)을 클릭한다. 먼저 컨트랙트 계정 주소를 복사한다. 책에서 주소는 0x1F922670Ce8bC699e780b9b12960Fb80F998573e이다.

6. 브라우저에서 `https://ropsten.etherscan.io`로 이동한다. [그림 9-15]처럼 컨트랙트 계정 주소를 검색 창에 붙여넣고 검색 버튼을 클릭한다.

[그림 9-16]은 컨트랙트와 관련된 트랜잭션 세 개를 보여준다. 컨트랙트를 생성한 트랜잭션과 `updateMsg` 함수를 호출한 트랜잭션 두 개가 보인다. 최신 트랜잭션이 맨 위에 나타난다.

7. 이벤트 탭을 클릭하여 컨트랙트에서 생성한 이벤트 로그를 확인한다. 힌트: [그림 9-17]처럼 드롭다운 탭을 사용하면 로그를 읽기 좋게 16진수에서 텍스트로 출력할 수 있다.

그림 9-14 리믹스로 배포한 컨트랙트 주소 복사

그림 9-15 이더스캔 롭스텐 테스트넷 익스플로러

그림 9-16 이더스캔 롭스텐 테스트 네트워크 LittleBear 스마트 컨트랙트

그림 9-17 LittleBear 이벤트 로그

좋다! 첫 번째 스마트 컨트랙트를 퍼블릭 블록체인에 성공적으로 배포했다. 이전 단계를 반복하면 컨트랙트를 이더리움 메인넷에도 배포할 수 있다. 책에서는 귀중한 실제 ETH를 아끼고 EVM에 불필요한 부담을 주지 않기로 결정했다. 스마트 컨트랙트를 배포하는 방법을 보여주는 것 외에는 LittleBear 컨트랙트를 사용할 일이 없기 때문이다.

CHAPTER 10

토큰 표준

이 장의 주요 내용

◆ 이더리움 개발 표준 알아보기

◆ 토큰 인터페이스 살펴보기

◆ ERC-20 대체 가능 토큰 알아보기

◆ ERC-721 대체 불가 토큰 알아보기

이 장에서는 실습을 잠시 멈추고 이더리움 개발 표준과 토큰 표준을 살펴본다. 가장 널리 쓰이는 토큰 표준은 ERC-20, ERC-721이다. 항상 그렇듯 장의 전체 내용을 모두 읽기를 권장한다. 토큰 용어를 이해하고 실습 가이드를 이해하는 데 도움이 된다.

이 장에서는 NFT를 발행하는 내용을 다루지 않는다. 귀찮다면 11장으로 바로 건너 뛰어도 좋다.

이더리움 개발 표준

이더리움 생태계는 컨트랙트, 클라이언트, 지갑 서비스가 복잡하게 서로 연결되어 있다. 이더리움 커뮤니티는 개발 표준을 제안하고 수립하는 절차가 있다. 일반적인 개발 환경에서는 개발 표준에 따라 스마트 컨트랙트를 작성한다. 나만 사용할 토큰이나 디앱을 개발한다면 이런 표준을 따를 필요가 없다. 하지만 표준을 따르면 훨씬 더 개발하기 쉽다.

상호 운용과 재구성

개발 표준은 실제 개발에 어떤 영향을 미칠까?

첫째, 표준화는 상호 운용성을 보장한다. 컨트랙트를 호출하거나 토큰을 받도록 이더리움 클라이언트와 지갑을 개발한다. 공인된 개발 표준으로 탈중앙화 참여자끼리 서로 연결되어 호환이 가능하다. 다양한 카드사에서 발급하는 신용 카드 모양과 크기를 표준화한 것과 비슷하다. 서로 다른 신용 카드 리더기에서 신용카드를 읽을 수 있다. 또 어떤 지갑을 사더라도 카드 꽂이에 카드를 넣어둘 수 있다. 둘째, 표준화는 재구성을 촉진한다. 개발자가 기존 컨트랙트를 조합하고 섞어 맞춤 솔루션으로 재구성할 수 있다. 예를 들어 레고 블럭을 생각해보자. 블록 크기를 표준화하면 블록으로 다양하고 창의적인 제품을 만들 수 있다. 레고는 사용자가 재구성할 수 있도록 잘 설계된 시스템이다.

EIP 및 ERC 기초

자주 사용하는 ERC-20와 ERC-721라는 용어를 살펴보겠다. ERC^{Ethereum Request for Comment}는 EIP의 특별한 유형으로 이더리움 개선 제안^{Ethereum Improvement Proposal}(EIP)에 대해 먼저 정의하고 설명하겠다.

새로운 개발 표준을 제안하려는 개발자는 우선 EIP 초안을 제출해야 한다. 이더리움 커뮤니티 내 핵심 개발자는 제출한 EIP를 검토한다. 첫 번째 EIP인 EIP-1은 EIP의 목적, EIP에 포함해야 하는 내용을 담고 있다. 제안 구상에서부터 최종 적용 또는 철회에 이르는 작업 절차를 설명한다(그림 10-1). EIP는 파이썬과 비트코인 커뮤니티에서 사용하는 파이썬 개선 제안(PEP)^{Python Enhancement Proposals}과 비트코인 개선 제안(BIP)^{Bitcoin Improvement Proposals}의 영향을 받았다.

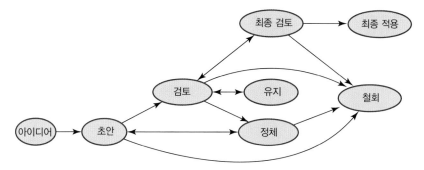

그림 10-1 EIP-1의 EIP 작업 절차 순서도

새로운 EIP는 시스템을 개선하고 개발 커뮤니티가 이더리움 가상 머신^{Ethereum Virtual}
^{Machine}(EVM)의 강점과 약점을 더 잘 이해할 수 있도록 한다. EIP는 이더리움 플랫
폼을 새롭게 활용할 수 있는 창의적인 아이디어를 불러일으키기도 한다.

다음 목록에서 EIP 유형 세 가지를 소개하고 예시를 설명한다.

- 표준 트랙 EIP: 이더리움 네트워크 전체가 아니더라도 많은 부분에 영향을 미치는 표준 변경
  제안이다. 표준 트랙에는 중요한 하위 분류가 네 가지 존재한다. 이 분류에는 시스템 전체에서
  부터 상호 운용성까지 영향을 미치는 범위가 다양하다.
  - 코어 EIP: 합의 알고리즘을 개선한다. 트랜잭션을 처리하는 규칙을 바꾼다. 궁극적으로 네트
    워크가 EVM 상태와 기록을 어떻게 합의할지 결정한다. 예를 들면 EIP-2929는 특정 연산
    코드 실행시 필요한 가스를 늘렸다. 최근 도입한 코어 EIP-3554는 블록 난이도를 급격하게
    증가시키는 난이도 폭탄 기능 적용을 늦췄다. 연산 코드는 9장에서 소개했다. 기계어 명령어
    으로 어떻게 처리할지 사람이 읽을 수 있다.
  - 네트워크 EIP: 네트워크를 개선한다. 이더리움 네트워크에서 노드 사이에 정보를 교환하고 전
    파하는 방식을 결정한다. 예를 들면 EIP-2124는 '체인 호환성을 확인하는 포크 식별자'가
    가장 최근 적용한 네트워크 EIP다. 호환되는 피어 노드를 효율적으로 확인할 수 있는 검증 메
    커니즘과 로그를 제공한다.
  - 인터페이스 EIP: 응용 프로그램 사이를 연결하는 응용 프로그래밍 인터페이스^{application}
    ^{programming interface} (API)와 분산 네트워크에서 응용 프로그램을 실행하는 원격 프로시저 호
    출^{remote procedure call}(RPC)을 개선한다. 인터페이스 EIP는 프로그래밍 언어 표준에도 영
    향을 주며, 언어 표준은 코드에서 사용하는 메서드 이름, 운영 체제 명령 연산자명에 영향
    을 준다. 예를 들면, EIP-6에서는 사회적인 문제를 고려하여 SUICIDE 연산코드명을
    SELFDESTRUCT로 바꿨다. EIP-1193은 웹 어플리케이션과 이더리움 지갑 서비스가
    호환되도록 자바스크립트 API 표준을 제안했다.

– ERC EIP: 응용 프로그램 계층에 영향을 준다. 이더리움 생태계에 존재하는 프로그램 사이끼리 원활하게 정보를 공유하고 상호 작용할 수 있도록 표준을 정한다. 예를 들면 ERC로 토큰과 지갑 서비스가 서로 호환할 수 있다. 또 스마트 컨트랙트 라이브러리나 패키지에 기준을 제공하여 재사용할 수 있도록 돕는다.대표적인 예로 대체 가능 토큰 표준인 EIP-20(ERC-20)와 대체 불가 토큰 표준인 EIP-721(ERC-721)이 있다.

- 메타 EIP: 이더리움 주요 변경 사항을 요약한다. 이더리움 커뮤니티에서 기존 프로세스 변경을 제안하는 절차를 설명한다. EIP-1이 대표적인 예이다. EIP-4는 표준 트랙 EIP를 더 자세하게 하위 범주로 나눠 설명한다. 메타 EIP의 다른 예는 하드포크 메타로 합의 알고리즘 주요 업데이트를 요약한다.

- 정보 EIP: 이더리움 커뮤니티에 일반적인 정보나 암묵적인 가이드라인을 제공한다. 예를 들어, EIP-2228은 '네트워크 ID 1과 체인 ID 1의 이름을 표준화하자'는 제목으로 이더리움 메인 네트워크 명칭을 이더리움 메인넷 또는 줄여서 메인넷으로 부르자 제안한다.

EIP의 의의를 기억하며 이더리움 토큰 발행 표준인 ERC를 더 깊이 알아보자.

표준 토큰 인터페이스

토큰 인터페이스는 토큰 컨트랙트에서 개발할 함수와 이벤트를 선언하는 방법을 가이드한다. 표준 인터페이스를 사용하면 지갑 서비스나 거래소에서 토큰을 바로 적용할 수 있다. 인터페이스는 솔리디티(9장에서 소개한 프로그래밍 언어)를 사용해 다음과 같이 선언할 수 있다.

```
interface InterfaceName{ }
```

인터페이스는 함수와 이벤트를 선언했지만 아직 완성하지 않은 컨트랙트와 비슷하다. 2015년 11월 19일, EIP-20 제안에서 이더리움 토큰 표준으로 ERC-20 토큰을 처음으로 제안했다.

EIP-20에서는 이더리움에서 대체 가능 토큰을 위한 표준 인터페이스를 제공하고 토큰 기능을 개선하는 표준이 뒤이어 제안됐다. 테더[Tether](USDT), 체인링크[Chainlink](LINK)처럼 많은 암호화폐가 ERC-20으로 발행되어 이더리움 블록체인에서 ERC-20(또는 개선된) 토큰으로 계속 거래된다. EOS나 바이낸스 코인^{Binance} ^{Coin}(BNB)도 자체 블록체인 플랫폼을 구축하고 자체 토큰으로 교환하기 전까지 ERC-20 토큰을 사용했다. 2021년 8월 현재 이더리움에 ERC-20 토큰 컨트랙트는 445,000개 이상 존재한다.

ERC-20 토큰 표준에서 영감을 받은 EIP-721은 이더리움에서 대체 불가 토큰 표준 인터페이스를 제공한다. 바로 NFT를 말한다! ERC-20 토큰 표준에서 각각의 토큰은 서로 같아 대체 가능하다. ERC-721 대체 불가 토큰 표준에서 개별 토큰은 고유한 자산이다. 각 토큰에는 구별 가능한 고유한 토큰 ID가 있다. 따라서 크립토키티, 아트 블록과 같은 디지털 수집품이 탄생했다! 2021년 8월 현재, 이더리움에는 ERC-721 토큰 컨트랙트가 약 15,000개 이상 존재한다.

각 토큰 표준 인터페이스를 더 자세히 살펴보자.

ERC-20 토큰 표준

ERC-20을 준수하려면 토큰 컨트랙트에서 ERC-20 표준 인터페이스에 포함된 여러 요소를 구현해야 한다. 모든 함수와 이벤트는 인터페이스에서 지정한 이름으로 선언해야 한다.

필수 함수부터 살펴보자.

- `totalSupply()`, `name()`, `symbol()`, `decimals()`: 각각의 이름을 딴 상태 변수에 저장한 값을 반환한다(현재 인터페이스에서 `name()`, `symbol()`, `decimals()` 함수는 선택 사항이다).
- `balanceOf(address _owner)`: 계정 `_owner`의 잔액을 반환한다.
- `transfer(address _to, uint256 _value)`: 호출 계정에서 계정 `_to`로 `_value` 만큼 토큰을 전송한다.
- `transferFrom(address _from, address _to, uint256 _value)`: 계정 `_from`에서 `_value` 만큼 토큰을 계정 `_to`로 전송한다.
- `approve(address _spender, uint256 _value)`: 호출한 계정에서 계정 `_spender`가 최대 `_value`만큼 토큰을 인출할 수 있도록 한다.
- `allowance(address _owner, address _spender)`: 계정 `_owner`가 계정 `_spender`에게 허용한 인출 금액을 반환한다.

이제 ERC-20 인터페이스에 선언한 이벤트를 살펴보자.

- Transfer(address indexed _from, address indexed _to, uint256 _value): 계정 _from에서 계정 _to으로 토큰을 전송할 때마다 발생한다.
- Approval(address indexed _owner, address indexed _spender, uint256 _value): 계정 _spender에서 요청한 금액을 계정 _owner가 승인할 때마다 발생한다.

ERC-20 인터페이스를 구현할 때 일부 상태 변수도 토큰 컨트랙트에 저장해야 한다. 필수 함수와 이벤트 이름은 인터페이스를 따라야 한다. 다음 상태 변수는 새로 선언하거나 정의할 수 있다. 하지만 직접 인터페이스를 개발할 때도 바로 활용할 수 있다.

- balances[]: 각 계정의 토큰 잔액을 저장한다(이 변수 타입은 배열이다).
- allowances[][]: 계정에서 다른 계정으로 인출할 수 있는 금액을 저장한다 (이 변수는 2차 배열이다.)
- totalSupply: 전체 토큰 공급량을 저장한다.
- name(선택): 토큰 이름(예: Tether)을 저장한다.
- symbol(선택): 토큰 기호를 저장한다(예: 테더의 경우 USDT).
- decimals(선택): 토큰 소수 자릿수를 저장한다. 얼마나 쪼갤 수 있는지 설정한다.

 DIFFICULT_ 직접 구현할 때 함수나 변수를 추가로 개발할 필요가 있다. 이 때 최소한 함수와 이벤트는 ERC-20 인터페이스에 선언한 명명 규칙과 구현을 반드시 따라야 한다. 내가 직접 개발한 ERC-20 인터페이스에서 선언한 변수명은 개발한 토큰 컨트랙트가 다른 ERC-20 토큰과 상호 작용하는 데 영향을 미치지 않는다.

ERC-721 대체 불가 토큰 표준

ERC-721을 준수하려면 토큰 컨트랙트는 반드시 ERC-721과 ERC-165 인터페이스 요소를 구현해야 한다. 모든 함수와 이벤트는 인터페이스에서 가이드하는 명명 규칙으로 선언해야 한다.

먼저 필수 함수부터 살펴보자.

- `name()`, `symbol()`(선택): 각각의 이름을 딴 상태 변수에 저장한 값을 반환한다.
- `balanceOf(address _owner)`: 주소가 _owner인 계정이 소유한 NFT의 수를 반환한다.
- `ownerOf(uint256 _tokenId)`: 토큰 ID가 _tokenId인 NFT를 소유한 계정 주소를 반환한다.
- `safeTransferFrom(address _from, address _to, uint256 _tokenId, bytes data)`: 토큰 ID가 _tokenId인 NFT와 데이터 data를 계정 _from에서 계정 _to로 전송한다.
- `safeTransferFrom(address _from, address _to, uint256 _tokenId)`: 토큰 ID가 _tokenId인 NFT를 계정 _from에서 계정 _to로 전송한다.
- `transferFrom(address _from, address _to, uint256 _tokenId)`: safeTransferFrom과 비슷하지만 받는 계정(_to)이 NFT를 받을 수 있는지 확인하지 않는다.
- `approve(address _approved, uint256 _tokenId)`: 토큰 ID가 _tokenId인 NFT를 전송할 수 있는 권한을 계정 _approved에 부여한다.
- `setApprovalForAll(address _operator, bool _approved)`: 가지고 있는 모든 NFT를 전송할 수 있는 권한을 계정 _operator에 부여한다.
- `getApproved(uint256 _tokenId)`: 토큰 ID가 _tokenId인 NFT의 전송 권한을 가지고 있는 계정 주소를 반환한다.
- `isApprovedForAll(address _owner, address _operator)`: 소유자 계정(_owner)의 모든 NFT를 전송할 권한이 계정 _operator에 있는지 확인한다.
- `supportInterface(bytes4 interfaceID)`: ERC-165 인터페이스에 내장된 함수로 표준 인터페이스를 확인한다.

ERC-721 인터페이스에 선언된 이벤트를 살펴보자.

- `Transfer(address indexed _from, address indexed _to, uint256 indexed _tokenId)`: 계정 _from에서 계정 _to로 NFT를 전송할 때 발생한다.
- `Approval(address indexed _owner, address indexed _approved, uint256 indexed _tokenId)`: 계정 _owner가 계정 _approved에 NFT 전송 권한을 승인할 때마다 발생한다.
- `ApprovalForAll(address indexed _owner, address indexed _operator, bool _approved)`: 계정 _operator에게 계정 _owner의 모든 NFT를 전송할 수 있는 권한을 주거나 뺏을 때 발생한다.

ERC-721 인터페이스를 구현할 때 일부 상태 변수는 토큰 컨트랙트에 저장해야 한다. 이전과 마찬가지로 다음 상태 변수를 직접 선언하고 정의할 수 있지만 내가 구현하는 언터페이스에 바로 사용할 수 있다.

- `owner[]`: 각 개별 NFT를 소유하는 계정 주소를 저장한다(변수는 배열이다).
- `balances[]`: 각 계정에서 가지고 있는 NFT 수를 저장한다(변수는 배열이다).
- `tokenApprovals[]`: 현재 각 개별 NFT를 전송할 수 있는 계정 주소를 저장한다(변수는 배열이다).
- `operatorApprovals[][]`: 어떤 계정이 소유자 계정에서 NFT를 전송할 수 있는지 기록한다(변수는 2차 배열이다).
- `name`(선택): NFT 통합 그룹 명칭(예: CryptoKitties)을 저장한다.
- `symbol`(선택): NFT 기호(예: CryptoKitties의 경우 CK)를 저장한다.

다시 말하지만 구현 방식에 따라 함수와 변수를 추가할 수 있다. 필요한 함수와 변수는 적절하게 선언하고 정의하자. 하지만 ERC-721을 따르려면 반드시 ERC-721, ERC-165 인터페이스에서 지정한 방식으로 모든 함수와 이벤트를 정의하고 구현해야 한다.

기타 이더리움 토큰 표준

대체 가능 및 대체 불가 토큰 표준이 널리 사용되면서 계속해서 추가 기능과 개선 사항이 나타나고 있다. 이러한 기능 중 일부는 새로운 토큰 표준으로 발전했다. 멀티 토큰 표준처럼 여러 표준을 모아 새로운 표준으로 만들거나 기존 대체 가능 표준이나 대체 불가 토큰 표준을 개선한 표준이 있다. 다음은 또 다른 표준 목록이다.

- ERC-777 토큰 표준: ERC-20 이전 버전과 호환되는 개선된 대체 가능 토큰 표준이다. 개선된 기능 중 일부가 ERC-721 대체 불가 토큰 표준으로 발전하여 널리 사용되고 있다. 예를 들어 ERC-777은 다른 계정을 대신하여 토큰을 전송할 수 있도록 특정 계정에 권한을 부여한다.
- ERC-1363 지불 가능 토큰 표준: ERC-20 토큰에서 `transfer`나 `transferFrom`, `approve` 함수를 성공적으로 호출하면 코드를 자동으로 실행할 수 있다.
- ERC-2981 NFT 로열티 표준: ERC-2981 표준은 ERC-721 및 ERC-1155 대체 불가 토큰 인터페이스로 NFT를 판매할 때마다 로열티를 지정한 수령인에게 지불한다.

- ERC-1155 다중 토큰 표준: 대체 가능, 대체 불가, 준 대체 가능 토큰(한정판 출시와 비슷)을 관리하는 통합 인터페이스를 제공한다.

토큰 표준이 널리 사용되면서 새로운 활용 사례가 나타나고 있다. 앞으로 흥미로운 토큰 표준들이 더 나타날 것이다!

ERC-721 기반 NFT 구축

이 장에서는 내 생에 첫번째 대체 불가 토큰 컨트랙트를 개발하고, 컴파일, 배포하는 방법을 소개한다.

이 장에서 소개하는 단계별 가이드를 성공적으로 따라오려면 주요 단계를 몇 가지 미리 완료해야 한다. 7, 8, 9장의 필수 실습 내용을 숙지했다고 가정하고 설명한다.

NFT 작성 및 컴파일

토큰 컨트랙트는 특별한 스마트 컨트랙트다. 그래서 9장에서 설명한 것처럼 내 생에 첫번째 스마트 컨트랙트를 발행하는 것을 시작으로 NFT 여정을 시작한다. 기억이 잘 안난다면 9장에서 파일을 생성하고 컴파일하는 그림 설명을 참고하자.

코드

토큰 컨트랙트를 개발할 때는 때 항상 리믹스 환경으로 시작하자. 다음 단계를 수행하자.

1. http://remix.ethereum.org에 접속한다.

 NOTE_ https://(s 포함)가 아닌 http://(s 제외)를 입력해야 한다. 그렇지 않으면 리믹스가 메타마스크에게 접근할 수 없다.

2. 메인 페이지의에서 [File] 아래에 있는 [New File]을 클릭한다. 또는 페이지 왼쪽에 파일 탐색기 창에서 새 파일 아이콘을 찾을 수 있다.

파일 탐색기 창에 새 파일이 나타난다. 새 파일명을 입력할 때까지 기다린다.

3. 커서를 사용하여 빈 텍스트 상자를 클릭하고 NFTFD.sol을 입력한 뒤 Enter 키를 누른다.

파일 이름이 표시된 새 탭이 나타난다.

 NOTE_ .sol 확장자는 솔리디티 소스 파일을 나타낸다. 자세한 솔리디티 내용은 9장을 참고하자.

 TIP_ 언제든지 창 왼쪽 아래에 있는 도구 모음에 있는 페이지 아이콘을 클릭하여 파일 탐색기 브라우저 창으로 돌아갈 수 있다.

4. 새로 생성한 NFTFD.sol 파일에 다음 코드를 입력한다.

```
pragma solidity ^0.8.0;

import "https://github.com/OpenZeppelin/openzeppelin-contracts/blob/
master/contracts/token/ERC721/extensions/ERC721URIStorage.sol";

contract NFTFD is ERC721URIStorage {
  address public founder;
```

```
  constructor() ERC721("NFTs For Dummies", "NFTFD") {
    founder = msg.sender;
    for (uint tokenID=1; tokenID<=5; tokenID++) {
      _mint(founder, tokenID);
      _setTokenURI(tokenID, "NFTFD Limited Edition Initial Release");
    }
  }
  function mintNFT(
    address to,
    uint256 tokenID,
    string memory tokenURI
  )
    public
  {
    require(msg.sender == founder, "not an authorized minter");
    _mint(to, tokenID);
    _setTokenURI(tokenID, tokenURI);
  }

}
```

 WARNING_ import "[...]/ERC721URIStorage.sol"; 코드는 줄 바꿈 없이 한 줄로 써야 한다.

 TIP_ 오타를 방지하기 위해 다음 페이지에서 샘플 코드를 복사해 붙여넣는 것이 좋다.

- https://github.com/hanbit/easy-nft-guide/tree/main/sample-code

솔리디티는 대소문자를 구분한다. ERC721URIStorage와 erc721uristorage는 컴파일하면 다르게 처리된다.

5. 방금 입력한 소스 코드를 컴파일하자. 맨 왼쪽 탐색 창에 있는 솔리디티 컴파일러 아이콘을 클릭한다.

파일 탐색기 페이지 아이콘 바로 아래에 솔리디티 컴파일러 아이콘이 있다.

6. 솔리디티 컴파일러 브라우저 창에서 컴파일 NFTFD.sol 버튼을 클릭한다.

컨트랙트 컴파일 세부 정보는 NFTFD.sol 컴파일 버튼 아래에 나타난다. 컨트랙트 드롭다운 메뉴를 클릭하면(그림 11-1) NFTFD와 함께 다음과 같은 컨트랙트 이름이 보인다.

- ERC721URIStorage
- ERC721
- IERC721
- IERC721Receiver
- IERC721Metadata
- Address
- Context
- String
- ERC165
- IERC165

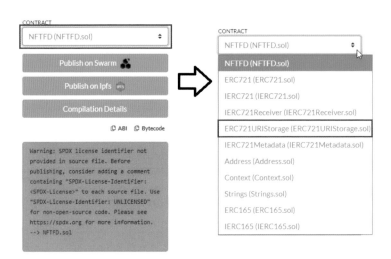

그림 11-1 리믹스에서 NFTFD와 기본 컨트랙트 컴파일 세부 정보 확인

DIFFICULT_ 4단계에서 입력한 소스 코드를 자세히 살펴보자. contract NFTFD is ERC721URI Storage { 부분을 주목하자. 이 코드는 사전에 개발된 기본 컨트랙트 ERC721URIStorage를 NFTFD 컨트랙트가 직접적으로 상속받는다 (ERC721URIStorage는 https://github.com/OpenZeppelin/openzeppelin-contracts/blob/master/contracts/token/ERC721/extensions/ERC721URIStorage.sol에서 불러온다). ERC721URIStorage 역시 ERC721 기본 컨트랙트를 상속받는다. ERC721 역시 이전 목록에 있는 다른 인터페이스와 컨트랙트를 상속받는다.

한 줄씩 살펴보기

다음은 나만의 토큰 컨트랙트로 개발한 NFTFD.sol을 코드 블록별로 설명한다. 또 어떻게 실수하지 않고 코드를 쉽게 재구성하는지 팁을 제공한다.

```
pragma solidity ^0.8.0;
```

1. 솔리디티 버전 프래그마를 사용하면 소스 코드를 버전 0.8.x(버전 0.8.0 포함 및 이후 버전, 엄격하게는 버전 0.9.0 이전)에서만 컴파일할 수 있다.

```
import "https://github.com/OpenZeppelin/openzeppelin-contracts/blob/master/contracts/token/ERC721/extensions/ERC721URIStorage.sol";
```

2. 다음 코드는 컴파일러가 오픈제플린OpenZeppelin의 스마트 컨트랙트 라이브러리에서 **ERC721URIStorage** 컨트랙트를 불러오도록 한다. 우리가 개발한 토큰 컨트랙트에서 상속받는 기본 컨트랙트 역할을 한다.

해당 URL을 들어가서 ERC721URIStorage.sol 파일 코드를 살펴보자. ERC721U-RIStorage 자체가 https://github.com/OpenZeppelin/openzeppelin-contracts/blob/master/contracts/token/ERC721/ERC721.sol에서 불러온 오픈제플린의 ERC721 구현체에서 상속받은 것을 알 수 있다. ERC721URIStorage

컨트랙트는 ERC721보다 추가 기능을 제공한다. 각 토큰에 추가 토큰 정보(to-kenURI)를 설정하고 저장할 수 있다.

```
contract NFTFD is ERC721URIStorage {
```

3. 다음으로 NFTFD 컨트랙트를 정의한다. is 키워드로 새로 개발하는 컨트랙트는 ERC721U-RIStorage를 기본 컨트랙트로 상속받는다.

ERC721URIStorage는 이전 코드에서 불러온 .sol 파일에 포함되어 있다. 이 기능을 상속이라고 한다. 솔리디티는 다중 상속을 허용한다. 컨트랙트는 직간접적으로 수많은 컨트랙트를 상속할 수 있다.

- **간접 상속**: NFTFD 컨트랙트에서 ERC721URIStorage를 직접 상속하면 ERC721URIStorage의 '부모'인 ERC721도 간접적으로 상속받게 된다.
- **직접 상속**: 컨트랙트에서 상속받기 원하는 모든 기본 컨트랙트를 쉼표로 구분하여 직접 상속할 수 있다.

 TIP_ NFTFD와 다른 이름으로 토큰 컨트랙트를 만들 수 있다. 상속을 활용하면 다른 이름에 맞게 코드를 바꾸지 않아도 된다.

```
address public founder;
```

4. address 타입으로 퍼블릭 상태 변수인 founder를 선언한다.

다음 코드에서 이 상태 변수에 토큰 설립자 계정 주소를 할당한다. 설립자 계정에서만 새 토큰을 발행할 수 있도록 한다.

```
constructor() ERC721("NFTs For Dummies", "NFTFD")
{
```

5. 이 코드 블록은 컨트랙트를 시작할 때 한 번만 실행하는 특별한 constructor() 함수를 선언한다.

선언부에 추가한 ERC721("NFTs For Dummies", "NFTFD")를 주목하자. ERC721의 생성자 함수에서 사용할 이름과 티커를 각각 지정한다.

 TIP_ 코드의 다른 부분과 호환성을 걱정할 필요 없이 원하는 대로 토큰 이름과 티커를 바꿀 수 있다. 앞의 constructor() 선언에서 "NFTs For Dummies", "NFTFD"를 원하는 문자로 바꾸자.

```
founder = msg.sender;
```

6. constructor() 함수 내용으로 돌아가자.

코드 첫 번째 줄(함수를 정의하는 중괄호 내부)은 founder 상태 변수에 저장하는 주소를 msg.sender 값으로 초기화한다. msg.sender는 트랜잭션을 시작한 계정 주소를 포함하고 있다. msg는 전역 변수로 현재 트랜잭션 정보를 가지고 있다. sender는 msg 객체(솔리디티에서는 struct라고 한다)의 멤버 변수다. 이 코드는 constructor() 함수의 일부로 기본적으로 토큰 컨트랙트를 배포한 계정 주소를 founder 상태 변수에 저장한다.

```
for (uint tokenID=1; tokenID<=5; tokenID++) {
  _mint(founder, tokenID);
  _setTokenURI(tokenID, "NFTFD Limited Edition Initial Release");
}
```

7. 이 코드는 1, 2, 3, 4, 5로 번호를 매긴 새 토큰을 생성하는 for 반복문이다.

 TIP_ for 구문 tokenID<=5에서 숫자 "5"를 변경하면 생성할 토큰 수를 바꿀 수 있다. 주의하자! 너무 많은 수를 선택하면 토큰 컨트랙트를 배포하는 시간과 가스 비용이 크게 늘어난다.

for 반복문에서 _mint(founder, tokenID) 함수는 숫자 tokenID로 새로운 토큰을 생성하고 새 토큰을 소유하는 계정으로 founder 주소를 지정한다. _setTokenURI(tokenID, "NFTFD Limited Edition Initial Release") 함수를 호출하여 "NFTFD Limited Edition Initial Release" 문자열을 저장한다. 토큰 관련 정보 일부로 나중에 숫자 tokenID가 있는 토큰에 접근할 수 있다. _mint와 _setTokenURI 함수는 기본 컨트랙트 ERC721, ERC721URIStorage에 각각 정의되어 있다.

 TIP_ "NFTFD Limited Edition Initial Release" 대신 원하는 문자열로 바꿔 저장할 수 있다.

```
}
```

8. 다음 함수를 정의하기 전에 중괄호를 닫아 constructor() 함수를 완성한다.

```
function mintNFT(
    address to,
    uint256 tokenID,
    string memory tokenURI
)
    public
```

9. 이 코드 블록은 퍼블릭 함수 mintNFT()를 선언한다.

mintNFT()는 세 가지 인수(to, tokenID, tokenURI)를 허용한다. 각 인수 타입은 address, uint256, string이다.

```
{
    require(msg.sender == founder, "not an authorized minter");
    _mint(to, tokenID);
    _setTokenURI(tokenID, tokenURI);
}
```

10. `mintNFT()` **함수 기능을 구현한다.**

첫 번째 줄은 나머지 코드를 실행하기 전 만족시켜야 하는 사항을 정의한다. 여기에서 솔리디티 내장 함수 `require`를 사용한다. `mintNFT(to, tokenID, tokenURI)` 함수를 호출한 계정이 승인받은 `founder`인지 확인한다. 조건을 만족하지 못하면 권한이 없는 함수 호출자에게 '인증된 발행자가 아닙니다'라는 메시지를 보낸다. 함수 호출이 더이상 진행되지 않고 종료된다.

조건을 만족하면 `_mint(to, tokenID)` 함수는 숫자 `tokenID`로 새 토큰을 만들고 소유자 계정으로 `to`를 지정한다. 그런 다음 `_setTokenURI(tokenID, tokenURI)` 함수는 나중에 `tokenID` 토큰을 접근할 수 있도록 토큰 정보에 `tokenURI` 문자열을 저장한다.

```
    }
```

---

11. 그리고 중괄호를 닫아 컨트랙트 코드 블록을 완성한다.

프로그래밍한 NFT 배포

소스 코드를 입력하고 컴파일까지 마쳤다면 바이트코드로 실행할 수 있다.

 TIP_ 진행하기 전에 다음 내용이 도움될 수 있다. 7장과 8장에서 메타마스크에서 네트워크와 계정을 바꾸는 방법을 참고하자. 스마트 컨트랙트 배포하는 방법을 보려면 9장을 참고하면 좋다.

가나슈에 배포

로컬 가나슈 환경에 토큰 컨트랙트를 배포하는 것으로 시작한다.

NOTE_ 가나슈 데스크톱 응용 프로그램을 열고 적절한 워크스페이스를 실행한다. 책에
서는 단계별 가이드에서 사용했던 Handsomely-Vessel 워크스페이스(8장 참고)로
설명한다.

1. 메타마스크 브라우저 확장 프로그램에 로그인한다.

2. Handsomely-Vessel 사용자 설정 네트워크와 연결한다. 메타마스크 오른쪽 상단 모서
리에 있는 알록달록한 원을 클릭하여 불러온 로컬 가나슈 계정 중 하나를 선택한다.

여기서는 [그림 11-2]처럼 0x655E로 시작하는 Ganache HV1을 계정 주소를 계
속 사용하겠다.

3. 리믹스 브라우저 맨 왼쪽에 있는 탐색 창에서 이더리움 아이콘을 클릭하여 [Deploy &
Run Transactions] 창으로 이동한다.

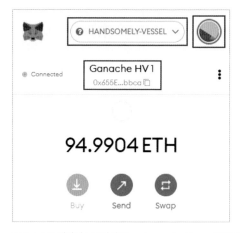

그림 **11-2** 메타마스크에서 Handsomely-Vessel 네트워크에 있는 Ganache HV1 계정 확인

4. 환경설정 드롭다운 메뉴에서 [Injected Web3] 옵션을 선택한다.

[그림 11-3]처럼 선택한 계정이 계정 드롭다운 메뉴에 보인다(여기서는 0x655E
로 시작하는 계정 주소).

5. 컨트랙트 드롭다운 메뉴에서 컴파일한 NFTFD 컨트랙트를 선택하고 배포 버튼을 클릭한다.

6. 메타마스크 팝업 알림창에서 확인 버튼을 클릭한다.

그림 11-3 선택한 가나슈 환경과 계정을 리믹스에서 확인

좋다! NFTFD를 로컬 Handsomely-Vessel 블록체인에 성공적으로 배포했다. 비교적 빠르게 배포된다. 가나슈는 자동으로 블록을 채굴하여 신속하게 테스트하고 탐색할 수 있다.

배포 버튼 아래에 있는 [Deploy & Run Transactions] 창에서 [그림 11-4]처럼 배포한 NFTFD 컨트랙트와 퍼블릭 함수, 데이터를 확인할 수 있다.

그림 11-4 NFTFD 컨트랙트의 퍼블릭 함수와 데이터

DIFFICULT_ mintNFT 함수와 founder 상태 변수(이 장의 앞부분에 '한 줄씩 살펴보기'에서 설명)를 제외하고 나머지 컨트랙트 기능은 표준 ERC-721 인터페이스 기능의 일부다(10장 참고).

위 메뉴를 사용하면 새로 배포한 토큰 컨트랙트와 상호 작용할 수 있다. 상호 작용 중 일부는 무료지만 가스가 필요한 기능도 있다. 한 번씩 함수를 사용해보고 느껴 보자. 롭스텐 테스트넷에 배포하는 것까지 마치면 더 자세한 설명과 자료를 소개 한다.

롭스텐에 배포

롭스텐 테스트 네트워크로 이동하려면 네트워크를 바꿔야 한다.

먼저 메타마스크 지갑에서 롭스텐 테스트 네트워크와 연결한다. 롭스텐 테스트 ETH가 있는 계정을 선택한다(7장에서 계정 생성과 자금 조달 방법 설명했다). 여기서는 [그림 11-5]처럼 계정 주소가 0x43371B75585785D62e3a50533aa15ee8 D350273F인 테스트넷 계정을 계속 사용한다.

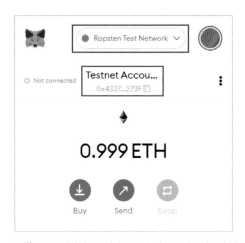

그림 11-5 메타마스크에서 롭스텐 테스트 네트워크의 테스트넷 계정 확인

리믹스 브라우저 페이지에서 [Deploy & Run Transactions] 창으로 다시 전환하고 다음 단계를 수행한다.

1. 환경 드롭 다운 메뉴에서 [Injected Web3] 옵션을 선택한다.

메타마스크에서 선택한 계정은 [그림 11-6]처럼 컨트랙트 드롭다운 메뉴(이 경우 0x43371B75585785 D62e3a50533aa15ee8D350273F)에 나타난다.

2. 컨트랙트 드롭다운 메뉴에서 컴파일한 NFTFD 컨트랙트를 선택하고 배포 버튼을 클릭한다.

3. [그림 11-7]처럼 메타마스크 팝업 알림창에서 확인 버튼을 클릭한다.

그림 11-6 선택한 롭스텐 환경과 계정을 리믹스에서 확인

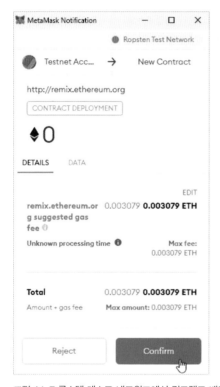

그림 11-7 롭스텐 테스트 네트워크에서 컨트랙트 배포 확정

잘했다! 롭스텐에서 트랜잭션을 실행되면 트랜잭션 배포 및 실행 페이지에 있는 배포한 컨트랙트 목록에 다른 컨트랙트가 나타난다. [그림 11-8]처럼 컨트랙트 이름 오른쪽에 있는 페이지 아이콘을 클릭하여 컨트랙트 주소를 저장한다.

책에서 컨트랙트 주소는 0xd4139A846b5561c31df03FbbCE3583f1A7d8A814이다. 나중에 이 주소로 컨트랙트를 계속 추적하고 컨트랙트와 상호 작용하는 방법을 설명한다.

그림 11-8 새로 배포한 컨트랙트 주소 복사

> ⚠ **WARNING_** 일반적으로 실행을 완료하기까지 1분이 걸리지 않는다. 그러나 처리 시간이 많이 느려질 수 있다. 인내심을 가지자! 네트워크가 10분 이상 응답하지 않으면 잠시 쉬었다가 다시 시도해보자.

이 장의 앞부분에서 로컬 가나슈 블록체인에 NFTFD 컨트랙트를 배포했을 때처럼 방금 롭스텐에 배포한 NFTFD 컨트랙트에서도 같은 퍼블릭 함수와 데이터를 확인한다.

예를 들어, founder 버튼을 클릭하면 토큰 컨트랙트를 배포한 계정 주소가 나타난다. balanceOf 입력 상자에 계정을 복사해 붙여넣으면 [그림 11-9]처럼 계정 잔액이 5개로 나타난다(우리가 개발한 코드에서 5개 토큰을 생성했던 것을 기억하자). 데이터 호출은 가스가 필요하지 않다.

그림 11-9 롭스텐에 배포한 NFTFD와 상호 작용

founder 계정으로 생성한 컨트랙트와 계속 상호 작용해보자. mintNFT 버튼을 클릭하면 NFTFD 토큰을 발행할 수 있다(새로운 토큰을 발행하려면 가스가 필요하다). 방법은 다음과 같다.

1. [그림 11-10]처럼 [mintNFT] 버튼 오른쪽에 있는 화살표를 클릭한다.

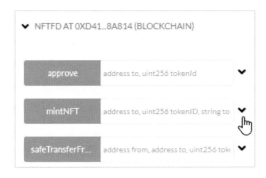

그림 11-10 NFTFD 컨트랙트에 있는 함수의 매개변수 확인

2. [그림 11-11]처럼 함수 매개변수를 다음과 같이 입력한다.

   a to: 0x885b0F6065B2cD6655eDcc2F7A12062b1ca79d97

메타마스크로 생성한 다른 테스트 계정 주소이다. 원하는 다른 계정 주소를 입력해도 된다. 그러나 서로 다른 네트워크에 존재하는 같은 계정 주소에 디지털 자산이 혼재하지 않도록 하자. 7장에서 설명한 것처럼 혼란스러울 수 있다.

b tokenID: 17760704

c tokenURI: https://en.wikipedia.org/wiki/Independence_Day_(United_
States)

3. 트랜잭션 버튼을 클릭한다. 메타마스크 팝업 알림창에서 확정 버튼을 클릭한다.

그림 11-11 앞서 개발한 `mintNFT` 함수의 매개변수

잘했다! 새로운 NFTFD 토큰을 발행하고 선물로 전송까지 해봤다.

[그림 11-12]처럼 `ownerOf` 와 `tokenURI` 버튼 옆에 있는 입력 상자에
17760704(2단계에서 입력한 `tokenID`)를 입력하면 토큰 소유자와 URI를 확인할
수 있다. 17760704 대신 1 또는 5를 입력하면 정보가 바뀐다. 토큰이 `founder` 계
정에 포함되어 있기 때문이다. 존재하지 않는 토큰 번호를 입력하여 소유자를 확
인하려고 하면 [그림 11-13]처럼 리믹스 콘솔에 오류 메시지가 나타난다.

그림 11-12 토큰 17760704 정보 확인

call to NFTFD.ownerOf

call to NFTFD.ownerOf errored: Error: execution reverted: ERC721: owner query for nonexistent token
{
    "originalError": {
        "code": 3,
        "data": "0x08c379a0000000000000000000000000000000000000000000000000000000002000000000000000000000000000",
        "message": "execution reverted: ERC721: owner query for nonexistent token"
    }
}

그림 11-13 존재하지 않는 토큰 소유자를 확인할 때 나타나는 오류 메시지

메타마스크 지갑으로 새로운 NFTFD 토큰 보유량을 추적할 수 있다. 메타마스크 지갑 내에서 올바른 계정을 선택하고 롭스텐 테스트 네트워크와 연결했는지 확인한다. NFTFD 컨트랙트를 배포할 때 사용한 테스트넷 계정(0x43371B75585785D62e3a50533aa15ee8D350273F)으로 다음 작업을 메타마스크에서 수행하자.

1. [그림 11-14]처럼 자산 탭(계정 화면 하단)을 클릭하여 토큰 추가 버튼을 클릭한다.

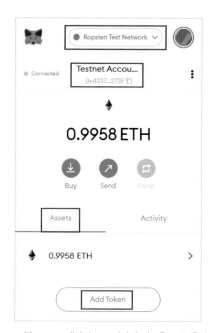

그림 11-14 메타마스크 지갑에 새로운 토큰 추가

2. 표시된 토큰 추가 페이지(그림 11-15)에서 적절한 토큰 컨트랙트 주소를 입력한다.

책에서는 0xd4139A846b5561c31df03FbbCE-3583f1A7d8A814이다. 컨트랙트 주소를 입력하면 토큰 기호 필드에는 자동으로 NFTFD가 나타난다.

3. [Token Decimal] 입력창에 0을 입력하고 다음 버튼을 클릭한다.

다음 페이지에서 추가한 토큰(NFTFD)과 토큰 잔액을 보여준다.

 NOTE_ 대체 가능 토큰과 달리 각 NFT는 고유하며 더 이상 나눌 수 없다(1장 참고). 따라서 NFT는 토큰 자릿수 필드가 "0"으로 설정된다.

4. [그림 11-16]처럼 토큰 추가 버튼을 클릭한다.

이제 계정 자산을 확인할 때마다 [그림 11-17]처럼 테스트 ETH와 함께 NFTFD 5개가 표시된다.

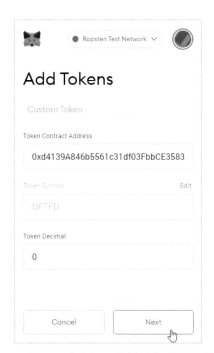

그림 11-15 메타마스크 지갑에서 새로운 토큰 세부 정보를 지정

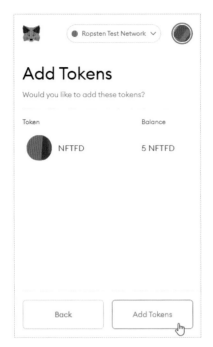

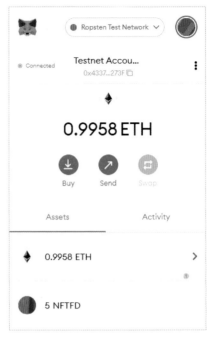

그림 11-16 메타마스크 지갑에서 새로운 토큰과 계정 잔액을 확인하고 추가

그림 11-17 롭스텐 테스트 네트워크에서 바뀐 테스트넷 계정 잔액 확인

NOTE_ 7장에서 잔액이 '사라지는' 현상을 설명했다. 여기서는 롭스텐 네트워크에 NFTFD 토큰 컨트랙트를 배포했다. 다른 네트워크에는 NFTFD가 존재하지 않기 때문에 롭스텐 테스트 네트워크에 연결되어 있을 때만 테스트넷 계정에 NFTFD 잔액이 나타난다.

예를 들어, [그림 11-18]처럼 이더리움 메인넷에 연결된 상태에서 테스트넷 계정을 확인하면 테스트 ETH와 NFTFD 잔액이 완전히 사라진다.

완벽하게 이해하기 위해 이전 단계를 다시 실행한다. 두 번째 테스트 계정인 0x885b0F6065B2cD6655eDcc2F7A12062b1ca79d97에 NFTFD 토큰 잔액을 추가한다. 예상대로 메타마스크는 [그림 11-19]처럼 계정의 NFTFD 잔액을 1로 표시한다.

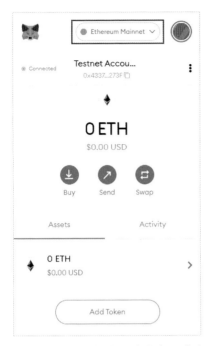

그림 11-18 이더리움 메인넷일 때 테스트넷 계정 잔액

그림 11-19 롭스텐 테스트넷 계정 잔액(0x885b0F 6065B2cD6655eDcc2F7A12062b1ca79d97)

자, 이제 모든 작업을 정리해보자. 지금까지 다양하게 생성한 토큰과 계정 주소를 요약하겠다.

- **롭스텐에서 NFTFD 컨트랙트를 배포한 계정**: 0x43371B75585785D62e3a50533aa15ee8 D350273F

- **두 번째 계정**: 0x885b0F6065B2cD6655eDcc2F7A12062b1ca79d97, tokenID 17760704 로 발행한 토큰을 선물로 받았다.

- **롭스텐 네트워크 NFTFD 컨트랙트 계정**: 0xd4139A846b5561c31df03FbbCE3583f1A7d 8A814

- **총 NFTFD 6개** : 1과 2, 3, 4, 5, 17760704 토큰 1, 2, 3, 4, 5는 URI가 NFTFD Limited Edition Initial Release다. 컨트랙트 시작 시 생성된 토큰으로 founder가 소유하고 있다. 여섯 번째 토큰인 17760704는 founder 계정에서 발행했고 컨트랙트를 실행 후 다른 계정 (0x885b0F6065B2cD6655eDcc2F7A12062b1ca79d97)으로 전송했다.

주목해야 할 가장 중요한 정보는 컨트랙트 계정 주소다. 나중에 컨트랙트를 추적하거나 상호 작용하려면 필요하다.

메인넷에 배포

소모할 ETH가 있다면 개발한 토큰 컨트랙트를 이더리움 메인넷에 배포할 수 있다.

메인넷에 배포하는 방법은 이전에 롭스텐에 배포하는 방법과 거의 동일하다. 실제 ETH가 있는 계정으로 이더리움 메인넷과 연결해야 한다는 차이가 있다. 또 메인넷에 컨트랙트를 배포할 때 리믹스가 [그림 11-20]처럼 팝업 경고창을 보여준다. 메인넷에서 트랜잭션을 생성하고 있는 것을 다시 확인시켜 준다.

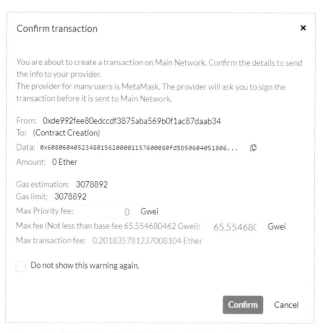

그림 11-20 메인넷에서 트랜잭션을 생성할 때 나타는 리믹스 경고창

확정 버튼을 클릭하면 [그림 11-21]처럼 컨트랙트를 배포할 때 필요한 가스 비

용을 보여주는 메타마스크 알림창이 나타난다 롭스텐에서 컨트랙트를 배포할 때 나타나는 알림과 비슷하다(그림 11-7). 단, 필요한 ETH를 예상 USD로 변환하여 제공한다. 여기에서 메인넷에 NFTFD 컨트랙트를 배포할 때 필요한 가스비는 0.202058ETH($642.44USD)이다(아쉽게도, 우리에겐 메인넷에 배포할 만큼의 이더리움이 없다).

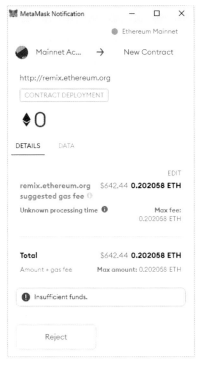

그림 11-21 NFTFD 컨트랙트를 메인넷에 배포할 때 필요한 예상 가스와 USD로 변환된 금액

배포한 NFT 확장

개발한 첫 번째 NFT를 배포한 후 계속해서 컨트랙트를 추적하고 상호 작용할 수 있다.

롭스텐 테스트 네트워크에 배포한 NFTFD 컨트랙트를 추적하는 방법을 간략하게 설명한다(0xd4139A846b5561c31df03FbbCE3583f1A7d8A814 컨트랙트 사용).

 NOTE_ 메인넷에 배포한 컨트랙트를 추적하고 상호 작용하는 단계는 거의 동일하다. 단계별로 진행하면서 몇 가지 차이점을 살펴보겠다.

블록체인 내 NFT 추적

다음 단계로 배포한 NFT의 모든 정보와 활동 내역을 확인하자.

1. `https://ropsten.etherscan.io`로 **이동한다.**

참고: 메인넷 배포한 컨트랙트를 보려면 `https://etherscan.io`로 이동한다.

2. **[그림 11-22]처럼 검색 창에 컨트랙트 주소를 붙여넣고 엔터키를 누른다.**

또는 `https://ropsten.etherscan.io/address`에 컨트랙트 주소를 추가할 수 있다. 책에서는 `https://ropsten.etherscan.io/address/0xd4139A846b5561c31df03FbbCE3583f1A7d8A814`로 접속할 수 있다.

그림 11-22 롭스텐에서 컨트랙트 찾기

컨트랙트 생성자, 관련 트랜잭션, 기록된 컨트랙트 이벤트 정보를 보여주는 페이지가 나타난다.

3. [그림 11-23]처럼 오른쪽 상단의 [More Info] 상자에 있는 [Token Tracker] 링크를 클릭한다.

또는 `https://ropsten.etherscan.io/address`에 컨트랙트 주소를 추가할 수 있다. 책에서는 `https://ropsten.etherscan.io/address/0xd4139A846b556 1c31df03FbbCE3583f1A7d8A814`로 접속할 수 있다.

토큰 전송 기록과 소유자 정보 페이지가 나타난다.

그림 11-23 이더스캔에서 제공하는 기본적인 컨트랙트 정보

예를 들어, [그림 11-24]처럼 '전송' 정보 탭에서 트랜잭션 총 6개를 볼 수 있다. 여기에서 `founder` 계정(`0x43371B75585785D62e3a50533aa15ee8D350273F`)에 할당된 토큰 1, 2, 3, 4, 5를 확인하자. 이후 발행된 토큰 17760704은 계정 (`0x885b0F6065B2cD6655eDcc2F7A12062b1ca79d97`)에 할당되었다.

[그림 11-25]처럼 [Holders] 탭에서 해당 토큰 잔액과 함께 특정 토큰 이코노미의 모든 토큰 소유자를 볼 수 있다.

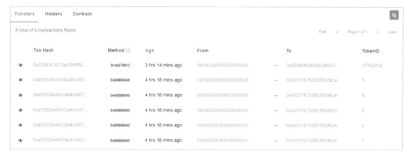

그림 11-24 이더스캔에서 제공하는 NFTFD 토큰 전송 정보

즉, 토큰 이코노미가 성장함에 따라 모든 거래 내역과 변경 사항을 추적할 수 있다.

그림 11-25 이더스캔에서 제공하는 NFTFD 토큰 소유자 정보

NFT와 상호 작용

나중에 배포한 NFT와 다시 상호 작용하려면(아마도 토큰을 추가로 발행하기 위해) 컨트랙트 코드를 다시 컴파일해야 한다. 리믹스의 [Deploy & Run Transactions] 페이지로 돌아가자.

1. 적절한 계정과 네트워크로 메타마스크 지갑에 로그인한다.

2. http://remix.ethereum.org로 이동한다.

3. NFTFD.sol 파일을 더블 클릭하여 이전에 생성한 컨트랙트 코드를 연다. [Solidity Compiler 컴파일러] 창에서 소스 코드를 컴파일한다.

4. 맨 왼쪽 네비게이션 창에 있는 이더리움 아이콘을 클릭하여 [Deploy & Run] 페이지로 들어간다.

5. 환경 설정을 [Injected Web3]를 선택하여 바꾸고 적절한 네트워크와 계정에 연결되어 있는지 확인한다. [그림 11-26]처럼 책에서는 NFTFD 컨트랙트를 배포했던 롭스텐 테스트 네트워크와 연결되어있다.

 TIP_ 메인넷에 배포한 컨트랙트와 상호 작용하려면 메타마스크 네트워크 설정을 적절하게 변경하자.

6. 다른 NFTFD 컨트랙트를 배포하는 대신 [그림 11-26]처럼 [Deploy & Run] 페이지 하단에 있는 [At Address] 입력창에 컨트랙트 주소를 붙여넣고 엔터키를 누른다.

여기서는 0xd4139A846b5561c31df03FbbCE3583f1A7d8A814 컨트랙트를 조회한다. 이 컨트랙트는 [그림 11-27]처럼 배포한 컨트랙트 목록에 나타난다.

잘했다! 토큰을 추가로 발행하거나, 기존 토큰을 이전하거나, NFTFD 컨트랙트에 저장된 기본 데이터에 접근할 수 있다.

그림 11-26 이전에 배포한 NFTFD 컨트랙트 찾기

그림 11-27 NFTFD와 다시 상호 작용하기

4

NFT 관련 키워드
Top 10

4부에서는 NFT 관련 키워드를 Top 10을 살펴본다. 우선 12장에서는 현재 가장 인기가 많은 마켓플레이스들을 살펴보며 그 특징들을 알아본다. 또, 13장에서는 지금까지 거래됐던 NFT 중 가장 비싸게 거래된 NFT 작품 Top 10을 살펴보며, 해당 거래의 특징을 알아본다.

Part 4

NFT 관련 키워드
Top 10

CHAPTER 12

NFT 마켓플레이스 Top 10

이 장의 주요 내용

◆ NFT 마켓플레이스 10곳

◆ 각 마켓플레이스별 NFT 구매, 생성, 판매법

◆ 각 마켓플레이스 장단점 비교

NFT는 전 세계를 강타했고 관련 산업은 빠르게 진화하고 있다. 이 장에서는 NFT를 만들고 수집할 수 있는 흥미로운 NFT 플랫폼 10곳을 소개한다. 책에서 소개하는 각 플랫폼의 기능과 한계를 고려하여 NFT 생성, 거래, 수집을 더 탄탄하게 준비할 수 있다.

NFT는 거대한 경제적 발명품이다. NFT로 창작자들은 전 세계 어디에서나 자신의 창작물을 공유할 수 있다. 동시에 열심히 일한 대가를 받을 수 있다. 이러한 경제적인 기회는 2020년 코로나 바이러스가 만든 경제 상황이 한몫 했다. 하지만 지금은 NFT 기술이 아티스트와 수집가에게 큰 힘이 되고 있어 쉽게 사라지지 않을 것이다.

오픈씨

오픈씨^{OpenSea}(https://opensea.io)는 최초, 최대 규모의 암호 수집품 P2P 플랫폼이다. 2018년부터 서비스를 제공했으며 세계에서 가장 인기 있는 NFT 마켓플레이스다(P2P 플랫폼은 협동 조합처럼 플랫폼 참가자가 직접 관리한다). 오픈씨는 다양한 기능을 제공한다.

- 소비자가 자기 자산을 자유롭게 거래할 수 있다.
- 창작자는 새로운 디지털 작품을 출시할 수 있다.
- 개발자는 풍부하고 통합된 디지털 자산 시장을 개발할 수 있다.

오픈씨의 플랫폼은 사용자 친화적이다. 카테고리를 지정하고 작품을 업로드하기만 하면 자신만의 NFT를 만들 수 있다. NFT를 생성하면 토큰 소유권이 생기고 마켓플레이스에서 바로 판매하거나 양도할 수 있다. 오픈씨는 퍼블릭 블록체인 표준을 따른다. 따라서 다른 플랫폼에서 작품을 생성하고 오픈씨에 올려 판매할 수 있다. 작품 등록 수수료를 지불하지 않고 힘든 등록 절차를 거치지 않아도 모든 작업이 가능하다. 물론 오픈씨는 작품을 판매할 때 일부 수수료를 가져간다.

그럼 얼마나 가져갈까? 누군가가 NFT를 구매할 때마다 오픈씨는 NFT 판매 가격의 2.5%를 수수료로 가져간다. NFT 창작자는 한 작품이 재차 판매될 때마다 수수료를 받을 수 있다. 사실상 창작자 로열티 스트림 구조를 만들 수 있다.

오픈씨의 단점은 신용카드나 페이팔^{PayPal}로 작품을 구매할 수 없다는 점이다. 마켓플레이스를 이용하려면 암호화폐를 이미 소유하고 있거나 필요한 만큼 구매해야 한다.

오픈씨에는 추천 제휴 프로그램이 있다. 친구에게 오픈씨를 추천하고 추천받은 친구가 작품을 구매했다고 하자. 그 중에서 오픈씨가 받는 수수료의 40%에서 100% 사이의 금액을 내가 받을 수 있다.

엑시 인피니티 마켓플레이스

엑시 인피니티Axie Infinity 마켓플레이스(https://axieinfinity.com)는 베트남 스튜디오 스카이 마비스Sky Mavis에서 개발한 엑시 인피니티 온라인 비디오 게임을 지원한다. 마켓플레이스는 엑시 인피니티 생태계의 캐릭터와 아이템만을 판매하지만 여전히 세계에서 가장 인기 있는 NFT 마켓플레이스이다.

포켓몬Pokémon에서 영감을 얻은 엑시 인피니티에서는 게임 플레이와 생태계 기여로 토큰을 얻는다. 여기서 얻을 수 있는 암호화폐는 액시 인피니티 샤드Axie Infinity Shards(AXS)와 스몰 러브 포션Small Love Potion(SLP) 두 가지가 있다. 게임 화폐는 게임에서 엑시 애완 동물 전투, 수집, 육성과 지상 왕국 건설에 사용한다.

기존 게임과 크게 다른점은 엑시 인피니티는 플레이어 중심 경제를 가지고 있다. 시스템적으로 게임 생태계에 기여하는 사용자에게 보상을 준다. 소설 『레디 플레이어 원』(에이콘, 2015)의 팬이라면 무슨 말인지 이해할 것이다. Play-to-Earn(P2E)이라 부르는 새로운 게임 모델은 탈희소성 사회에서 실현 가능한 경제 체제로 인정받고 있다. 엑시는 코로나 시대에 새로운 수입원을 찾고 있던 개발 도상국의 게임 플레이어 수천 명을 끌어들였다.

엑시 인피니티 마켓플레이스에서 거래할 때 판매자는 수수료로 4.25%를 지불한다. 스카이 마비스 팀은 수수료를 추가 개발 자금으로 사용했다. 그러나 앞으로 마켓플레이스 수수료는 AXS 토큰 소유자에게 보상하는 스테이킹 자금으로 사용한다. 스테이킹이란 스마트 컨트랙트에 토큰을 모아 일정 기간 잠궈두면 보상으로 암호화폐를 배당하는 방식으로 양도성 예금증서나 저축 계좌와 비슷한 원리다.

오픈씨와 마찬가지로 엑시 인피니티 마켓플레이스 또한 페이팔이나 신용카드 결제를 지원하지 않는다. 소액 거래는 메타마스크 지갑을 사용할 수 있다(2장 참고). 고액 거래는 코인베이스(https://coinbase.com)와 같은 거래소를 활용할 수 있다. 소액과 고액의 기준은 사람마다 다르다. 편리와 안전 중에 어떤 것을 중요하게 여기는지에 따라 다르다. 필자에게 소액 거래란 항상 현금으로 가지고 다닐 수 있는 금액이다. 고액 거래는 드물게 일어나므로 내 자금을 보호할 수 있다면 몇 가지 보안 단계를 더 거쳐도 상관없다.

크립토펑크 마켓플레이스

2017년 6월에 출시한 크립토펑크^{CryptoPunks}(https://larvalabs.com/cryptopunks)는 초창기 대체 불가 토큰 마켓플레이스다. 뉴욕에 기반을 둔 라바 랩스^{Larva Labs}는 크립토펑크를 이더리움 블록체인 네트워크를 기반으로 개발했다.

초기 비디오 게임 아트를 연상시키는 24x24 픽셀 아트 이미지로 고유한 NFT 10,000개를 알고리즘으로 제작했다. 모든 작품은 속성과 소유자를 보여주는 고유한 프로필 페이지가 있다. 초기에 크립토펑크는 이더리움 지갑이 있는 사람이라면 누구나 받을 수 있었다. 그러나 지금은 수백만 달러에 판매되고 있다. 예를 들어, '크립토펑크 #7523'은 소더비^{Sotheby}의 온라인 경매 '디지털 네이티브: NFT^{Natively Digital: A Curated NFT Sale}'에서 11,754,000달러에 판매되었다.

크립토펑크 이미지 파일은 이더리움에 저장하기에 너무 커서 경제적이지 않다. NFT는 표시하는 이미지를 해시한 후 블록체인에는 해시값만 기록한다.

> **NOTE_** 암호화 해시 함수(6장에서 소개)는 일정 데이터(예: 크립토펑크 그림)를 작고 고정된 크기의 고유한 문자열로 만드는 알고리즘이다. 데이터 과학 오래 전부터 해시 함수를 사용해 고유한 크립토펑크 10,000개처럼 대량 디지털 정보를 관리했다.

> **DIFFICULT_** 이더리움 스마트 컨트랙트를 확인하면 내가 가진 크립토펑크를 검증할 수 있다. s 이미지를 SHA-256 방식으로 해시하고 컨트랙트에 저장된 해시값과 비교한다. 이더리움 스마트 컨트랙트를 확인하고 s 이미지에서 SHA-256 해시를 계산하고 이를 컨트랙트 내에 저장된 해시와 비교하여 크립토펑크를 확인할 수 있다. 다음 단계를 따라 나만의 크립토펑크를 구매할 수 있다.

1. 아직 설치하지 않았다면 크롬 브라우저용 플러그인 메타마스크를 다운로드하여 설치한다.

메타마스크에 대한 자세한 내용은 2장을 참고하자.

2. 이더를 일부 구매하거나 다른 계정에서 일부를 이체한다.

3. 크롬 브라우저에서 https://larvalabs.com/cryptopunks/forsale로 **이동한다.**

4. **메타마스크 플러그인으로 로그인한다.**

내 지갑이 인식되면 라바 랩스 웹사이트에 브라우저에서 직접 크립토펑크를 입찰, 구매, 판매할 수 있는 버튼이 생긴다.

NBA 탑샷

2019년 NBA는 크립토키티의 제작회사인 대퍼랩스와 협력하여 탑샷(https://nbatopshot.com)을 출시했다. NBA 및 NBA 선수 노조와 라이선스 계약을 맺고 첫 해에만 수억 달러 매출을 올리며 인기를 얻었다.

 NOTE_ 디지털 시대의 중요한 특징은 정보를 끝없이 복제하고 공유할 수 있다는 점이다. 인터넷에서 희소성을 유지하기 어려웠다. 불법 복제판을 공짜로 쉽게 구할 수 있다. 혁신적인 블록체인 기술을 활용하면 적은 비용으로 디지털 희소성과 디지털 진품을 만들 수 있다. 이제 기존 스포츠 기념품과 같은 산업은 디지털 세계로 옮겨가 재탄생하게 되었다. NFT가 표시하는 미디어 파일은 복제할 수 있지만 NFT 소유 기록을 바꾸긴 어렵다.

블록체인 분산 네트워크에 안전하게 저장하고 있으므로 블록체인이 지속적으로 유지되는 한 소장품은 안전하다. 투자자들은 새로운 형태의 스포츠 기념품을 구매하고 있다. 과거 농구, 야구, 축구 카드가 그랬듯 계속해서 수집가들이 찾으리라 믿는다.

탑샷은 일반 에디션(1/10,000)에서 얼티밋 에디션(1/1)까지 네 가지 계층으로 수집품을 판매한다. 탑샷에서는 5.00%의 판매 수수료를 대퍼랩스와 NBA가 나눠가진다. NBA 탑샷에서 NFT를 간단하고 쉽게 구매할 수 있다. 사용자 친화적인 웹사이트에서 암호화폐나 신용카드로 구매할 수 있다.

라리블

라리블Rarible(https://rarible.com)은 2020년에 출시된 후 빠르게 인기를 얻었다. 18개월 만에 약 1억 5천만 달러 매출을 올리면서 가장 큰 NFT 마켓플레이스가 되었다. 라리블에서 누구나 디지털 아트를 사고 경매에 올릴 수 있다. 상상할 수 있는 모든 유형의 NFT를 라리블에서 구매할 수 있다. 또 라리블은 거버넌스 토큰을 가지고 있다(자세한 거버넌스 내용은 4장 참고). 거버넌스 토큰으로 사용자는 플랫폼 기능이나 수수료를 제안하고 투표할 수 있다.

자체 작품 등록 절차로 수많은 다양한 NFT가 판매되고 있다. 처음 접속하면 수많은 NFT에 당황할 수 있다. 라리블에서는 콘텐츠 제작자가 즉시 판매 또는 경매, 두 가지 방법 중 하나로 NFT를 판매할 수 있다.

구매자는 다양한 카테고리에서 NFT를 정렬하고 필터링하여 마음에 드는 작품을 찾을 수 있다. 라리블에서는 구매시 마켓플레이스에 2.50%를 수수료로 지불하지만 아티스트나 투자자에게는 작품 등록 수수료가 없다. NFT 창작자는 향후 작품이 재차 판매될 때 추가 수수료를 받을 수도 있다. 라리블에서는 페이팔이나 신용카드를 지원하지 않는다. 작품을 구매하려면 2장에서 설치 방법을 소개했던 메타마스크 지갑을 사용해야 한다.

 NOTE_ 대부분 암호화 웹사이트처럼 웹 브라우저에서 이더리움 지갑 플러그인으로 웹사이트를 사용할 수 있다.

이 글을 쓰는 시점에서 메타마스크(크롬 브라우저 플러그인)가 최고의 사용자 경험을 제공한다. 이더리움 지갑에 접속한 뒤 라리블과 연결하고 다음 단계에 따라 프로필을 작성하자.

1. https://rarible.com/으로 이동한다.

2. 로그인 버튼을 클릭한다.

3. 새 페이지가 나타나면 메타마스크 로그인 버튼을 클릭한다.

4. 메뉴에서 내 프로필 버튼을 클릭한다.

5. 프로필 편집 버튼을 클릭한다.

6. 프로필 사진과 커버 이미지를 추가한다.

7. 계정 정보를 입력한다.

8. (선택 사항) 소셜 미디어 계정을 연결하여 컬렉션을 공유한다.

9. (선택 사항) 사용자 지정 URL을 설정한다.

모든 작업을 마치면 새로운 NFT를 만들거나 좋아하는 NFT를 수집할 수 있다.

슈퍼레어

슈퍼레어^{SuperRare}(https://superrare.com/market)에서는 싱글 에디션 디지털 수집품을 수집하고 거래할 수 있다. 디지털 수집품은 ERC-721 토큰으로 이더리움 블록체인으로 안전하게 보호된다. 슈퍼레어에서는 아름다운 컬렉션을 판매한다. 종종 당황스러운 작품도 판매된다. 2018년에 미국에서 출시한 서비스로 이더리움 네트워크를 기반으로 NFT 작품은 일반적인 ERC-721 토큰이다.

슈퍼레어는 판매자를 선별하여 플랫폼에서 판매할 수 있도록 해 NFT 세계의 크리스티로 자리 매김했다. 슈퍼레어는 네트워크의 아티스트가 만든 공식적인 디지털 작품을 기반으로 NFT를 발행한다. 슈퍼레어에서 작품을 구매하려면 이더리움이 필요하다.

다음은 슈퍼레어의 거래 방식이다.

- **전체 구매**: 구매자는 거래 수수료 3%를 지불한다.
- **1차 판매**: 구매자는 수수료 15%를 지불한다. 2차 판매에는 로열티 10%가 부과된다.
- **베타 출시 작품**: 베타 기간에 출시한 토큰 ID가 4,000 미만인 NFT는 고정 수수료율이 다르다. 초기 작품은 1차 판매시 거래 수수료나 수수료가 없으며 2차 판매 수수료는 3%이다.

슈퍼레어는 2차 판매 수수료를 아티스트를 지원하는 가장 좋은 방법으로 생각한다. 아티스트 커뮤니티에서 최고 혁신 사례로 보고 있다.

알코르

알코르Alcor(https://alcor.exchange/)는 또 다른 NFT 마켓플레이스 그 이상이다. 2020년에 출시한 탈중앙화 거래소(DEX)는 NFT 구매자와 판매자를 P2PPeer-to-Peer로 연결하는 거래소다. 알코르의 탈중앙 플랫폼은 논커스터디얼noncustodial이다. 즉 사용자가 개인키를 직접 제어한다. 숙련된 사용자에게는 더 좋지만 초보자에게는 관리하기 약간 더 어려울 수 있다. 그럼에도 알코르는 유연한 플랫폼으로 셀프 리스팅self-listing을 허용한다. 아티스트가 무료로 작품을 등록하고 직접 판매할 수 있다. 수수료가 없는 NFT 거래도 제공한다.

알코르는 인터넷에서 빠르게 성장하는 DEX 중 하나다. 다른 대부분의 NFT 마켓플레이스와 다르게 알코르는 EOSIO 블록체인을 기반으로 개발됐으며 보스BOS, 이오스EOS, 프로톤Proton, 텔로스TELOS, 왁스WAX 블록체인과 통합됐다. 알코르에서는 NFT 생성과 등록뿐만 아니라 더 다양한 작업을 할 수 있다.

- **토큰 유동성 풀**: 스마트 컨트랙트에 토큰을 묶어두고 탈중앙화 거래소에 유동성을 제공한다.
- **암호화폐 지정가/시장가 매매**: 시장 변동성에 대응하기 위한 매매 전략이다.
- **토큰**: 토큰으로 지분을 발행하거나 다른 자산을 나타내는 데 사용할 수 있다.
- **페어 트레이드**: 거의 모든 시장 상황에서 이익을 얻을 수 있는 시장 중립적 거래 전략이다.

 TIP_ 알코르는 신용 카드나 페이팔을 사용하여 입출금을 허용하지 않는다. 메타마스크 역시 알코르 웹사이트에서 작동하지 않는다. 알코르를 사용하려면 알코르 지갑(https://greymass.com/en/anchor/download)이 필요하다. 알코르 지갑으로 로그인, 서명, 스마트 컨트랙트 실행할 수 있다. 알코르 지갑은 모바일 및 데스크톱에서 모두 사용할 수 있다.

모바일 알코르 지갑을 사용하면 군용 암호화 기술을 사용한 시큐어 인클레이브에 저장된 스마트폰 생체 정보와 같이 개인키를 저장할 수 있다.

 DIFFICULT_ 인클레이브Enclave는 메인 프로세서에서 격리된 영역으로 추가적인 보안을 제공한다. 민감한 사용자 데이터를 안전하게 보호하도록 설계되었다.

바이낸스 NFT 마켓플레이스

중국 암호화폐 거래소 바이낸스Binance(https://binance.com)는 2021년 NFT 거래소를 시작하면서 전설적인 예술가 앤디 워홀Andy Warhol과 살바도르 달리Salvador Dali의 작품을 출시했다. 바이낸스는 스포츠, e-스포츠 아이템, 수집품, 엔터테인먼트 아이템, 디지털 아트를 포함한 모든 유형의 NFT를 판매한다. 마켓플레이스는 바이낸스 토큰 표준인 BEP-721 토큰을 사용하고 바이낸스 스마트 체인Binance Smart Chain에서 작동한다. 바이낸스 NFT 마켓플레이스는 이더리움 네트워크 NFT도 지원한다.

바이낸스 스마트체인이나 이더리움에서 생성한 NFT는 블록체인 네트워크에 수수료를 지불한다. 이러한 수수료 외에도 바이낸스 NFT 마켓플레이스에서 생성한 NFT는 1%의 등록 수수료가 필요하다. 수수료는 바이낸스 코인(BNB)으로 지불한다. 아티스트는 경매나 지정가 방식으로 판매할 수 있다. 다양한 암호화폐로 결제할 수 있다. 아티스트는 생성한 NFT가 거래될 때마다 판매금액의 1프로를 수수료 받는다. 보유하고 있는 작품을 NFT 전환하면 판매 시 로열티 1%를 받을 수 있다. 현재는 발행한 플랫폼 밖에서도 로열티를 보장해주는 토큰 표준은 없다. 그러나 머지않아 나타날 가능성이 있다.

바이낸스에서 NFT를 만드는 것은 간단하다. NFT 판매 유형, 기간과 같은 기본적인 세부 정보를 입력하면 바이낸스 팀이 내용을 검토한 후 등록한다.

바이낸스 NFT 마켓플레이스는 거래소와 연결되어 있어 NFT를 조금 더 쉽게 접

할 수 있다. 은행 송금이나 직불 카드로 거래소 계좌에 돈을 입금하여 NFT를 구매
할 수 있다.

WARNING_ 거래소에 많은 돈을 넣어놓지 말자. 거래소는 해킹 공격에 취약하다.

파운데이션

파운데이션Foundation(https://foundation.app)은 아티스트, 크리에이터, 수집가
를 위한 새로운 창조 경제를 구축한다. 다른 NFT 마켓플레이스와 마찬가지로 파
운데이션 플랫폼을 사용하는 창작자는 작업에 대한 보상을 받고 지지자와 더 끈끈
한 관계를 만들 수 있다. 파운데이션은 2021년에 출시했으며 몇 달 만에 수억 달
러 매출을 올렸다.

NFT를 수집하려면 파운데이션 홈페이지로 이동한다. 지갑 연결을 클릭하고 나타
나는 메뉴에서 메타마스크를 선택한다. 메타마스크를 연결하고 파운데이션 홈페
이지 마켓플레이스에 접속하면 된다.

파운데이션에서 NFT는 경매방식으로 판매하며 최저 매매가격이 제시된다. NFT
가 첫 번째 입찰을 받으면 다른 수집가가 입찰할 수 있도록 24시간 카운트다운을
시작한다. 경매가 종료되기 15분 전에 입찰이 들어오면 15분 더 연장된다.

파운데이션에서는 다른 커뮤니티 회원이 초대해야 새로운 아티스트로 시작할 수
있다. 초대를 받으면 메타마스크 지갑을 사용하여 아티스트 프로필을 만들 수 있
다. 작품을 등록하려면 작품의 JPG, PNG 파일과 함께 ETH가 필요하다. 등록할 때
필요한 이더리움 블록체인 수수료를 지불한다. 네트워크 상황에 따라 수수료는 매
번 바뀐다.

파운데이션은 IPFSInterPlanetary File System에 파일을 업로드한다. IPFS는 분산 시스템
에 대량 데이터를 저장하고 공유하는 P2P 네트워크 프로토콜이다. 그런 다음 작

품 가격을 ETH로 설정하고 파운데이션 마켓플레이스 경매에 올린다. 최종 판매 가격의 85%를 받고 파운데이션, 오픈씨, 라리블에서 작품이 재차 판매될 때마다 로열티 10%를 받는다.

크립토닷컴 NFT 플랫폼

크립토닷컴^{Crypto.com} NFT 플랫폼(https://crypto.com/nft)은 새로운 마켓플레이스다. 크립토닷컴은 홍콩에 기반을 두고 있다. 거래소 기능 일부로 NFT 마켓플레이스를 운영하고 지갑으로 NFT 구매 자금을 쉽게 이동할 수 있도록 한다.

크립토닷컴은 2021년, crypto.org 체인을 활용하여 마켓플레이스를 출시했다. crypto.org 체인은 퍼블릭, 오픈 소스, 무허가 블록체인이다. 크립토닷컴은 지불, 탈중화 금융(DeFi), NFT를 활용할 수 있도록 체인을 설계했다.

크립토닷컴 NFT 플랫폼은 애스턴 마틴 카그너전트 포뮬러 원^{Aston Martin Cognizant Formula 1} 레이싱 팀이 발행한 F1 수집품을 독점 출시했다. 첫 번째 NFT에는 레이스 드라이버 제바스티안 베텔^{Sebastian Vettel}과 애스턴 마틴^{Aston Martin}의 랜스 스트롤^{Lance Stroll}도 있다. 스눕 독^{Snoop Dogg} 역시 크립토닷컴에서 여러 NFT를 출시했다.

집필시점에서 크립토닷컴은 아티스트나 구매자에게 수수료를 부과하지 않는다. 계정을 쉽게 설정하고 지갑에 자금을 추가할 수 있다. 아티스트는 재판매 가격의 최대 10%까지 로열티를 설정할 수 있다. 신용카드를 지원해 플랫폼에서 NFT를 구매하는 데 암호화폐가 필요하지 않다.

CHAPTER 13

가장 비싼 NFT Top 10

> **이 장의 주요 내용**
>
> ◆ 가장 비싼 NFT 10개 살펴보기
>
> ◆ 가장 인기 있는 NFT 아티스트 살펴보기
>
> ◆ 인기있는 NFT에 숨겨진 인사이트

이 장에서는 집필 당시에 현재까지 가장 비싼 NFT와 이를 만든 아티스트를 살펴본다. 기술이 빠르게 발전하는 오늘날, 아티스트가 작품을 만들고 공유하는 방식도 빠르게 변화하고 있다.

NFT는 새로운 권력 이동을 보여준다. 이러한 변화는 아티스트와 수집가에 유리하게 작용하고 있다. 가장 인기있는 NFT와 그 NFT를 만들기 위해 들인 노력과 생각을 배우는 것은 유용하다. 이 장은 NFT 현상과 이러한 새로운 트렌드로 가장 많은 혜택을 받고 있는 아티스트를 보다 더 잘 이해할 수 있도록 한다. 또 새로운 유형의 예술품을 구매할 준비가 있고 구매할 의사가 있는 소비자를 보다 더 잘 이해할 수 있다.

EVERYDAYS – THE FIRST 5000 DAYS

https://onlineonly.christies.com/s/beeple-first-5000-days/bee-ple-b-1981-1/112924

현재까지 거래된 NFT 중 가장 비싼 작품은 비플Beeple로 알려진 디지털 아티스트 마이크 윈켈만Mike Winkelmann의 「EVERYDAYS – THE FIRST 5000 DAYS」다. 그 래픽 디자이너이자 모션 아티스트로 180만 명이 넘는 인스타그램 팔로어를 보유하고 있다. 루이비통Louis Vuitton, 나이키Nike와 같은 유명 브랜드와 케이티 페리Katy Perry, 차일디쉬 감비노Childish Gambino 같은 가수와도 작업했다.

비플은 2007년 5월부터 매일 새로운 작품을 만들어 온라인에 올렸다. 「EVERYDAYS – THE FIRST 5000 DAYS」는 비플이 5,000일 동안 꾸준히 게시한 디지털 사진 5,000장으로 구성되어 있다. 이 작품은 세계적인 경매 회사 크리스티Christie's에서 판매한 첫번째 순수 NFT 작품으로 유명하다.

비플은 단순히 관련 없는 사진 5,000장으로 'EVERYDAYS'를 구성하지 않았다. 비슷한 주제와 색상을 반복하여 콜라주를 만들었다. 개별 작품을 시간순으로 느슨하게 배치하여 하나의 미학적인 작품으로 보이도록 했다. 작품을 구성한 개별 이미지를 확대해 보면 기초적인 드로잉 작품에서 3D 디지털 작품으로 진화하는 과정을 볼 수 있다. 「EVERYDAYS – THE FIRST 5000 DAYS」에는 기술, 부, 격동하는 정치판과 미국 사회의 관계를 주제로 많은 작품이 반복적으로 들어가있다.

콜라주의 첫 번째 디지털 그림은 비플이 자신의 삼촌을 그린 그림이었다. 마지막은 백악관 뒤로 마이크 펜스 머리 위에 파리가 앉아 있는 3D 작품으로 발전했다. 2020년 부통령 토론회 직후 완성한 작품으로 트럼프 행정부에 던지는 정치적인 메시지가 담겨있다. 작품을 전체적으로 보면 각 개별 작품의 구체적인 모습을 파악하기 어렵다. 하지만 JPEG 파일은 대용량으로 각 조각을 확대하여 개별 작품을 연구할 수 있다.

비플은 점점 더 시사적인 사건에 반응하는 데 더 집중하면서 자신이 예술가로서 진화하고 있다고 설명한다. 사건이 발생하면 3D 도구를 활용한 작품으로 이야기하고 싶은 열망이 생긴다고 이야기했다.

2021년 3월 11일, 「EVERYDAYS – THE FIRST 5000 DAYS」가 6930만 달러에 판매됐다. 최초 입찰가는 원래 100달러였지만 경매 종료 몇 초를 앞두고 거의 3천만 달러까지 입찰가가 올라갔다. 막바지 입찰로 경매가 2분 연장되었고 최종적으로 6930만 달러에 입찰되었다. NFT를 판매한 경매 회사에 따르면 예술가 제프 쿤스Jeff Koons와 데이비드 호크니David Hockney에 이어 생전 작가 작품 중 세 번째로 높은 가격이다.

암호화폐 커뮤니티에서 메타코반MetaKovan이라고도 알려진 비네쉬 순다레산Vignesh Sundaresan이 비플의 NFT를 구매했다. 순다레산은 세계 최대 NFT 펀드인 메타펄스Metapurse 프로젝트를 설립했다. 'EVERYDAYS'는 이더리움 블록체인에서 생성되었으므로, 순다레산은 대용량 JPEG 파일뿐만 아니라 이더리움 블록체인에 존재하는 고유한 코드도 소유하게 되었다.

크립토펑크 #7523

https://www.larvalabs.com/cryptopunks/details/7523

두 번째로 비싼 NFT는 크립토펑크 #7523 이다. 매트 홀Matt Hall과 존 왓킨슨John Watkinson(스튜디오 라바 랩스Larva Labs의 설립자)이 발행한 여러 외계인 펑크Alien Punk 중 하나다. 크립토펑크CryptoPunks는 픽셀 아트 캐릭터 10,000개로 구성된다. 2017년 라바 랩스가 처음 발행해 이더리움 블록체인에서 무료로 나눠줬다. 크립토펑크는 이더리움에서 만들어진 초기 NFT 중 하나로 거의 모든 디지털 아트와 작품에서 활용하는 ERC-721 표준이 만들어지는데 영향을 줬다.

알다시피 각자 뚜렷한 개성을 가져 완전히 같은 펑크는 없으며 블록체인에는 총 10,000개의 펑크가 존재한다. 유인원 24개, 좀비 88개, 여성 3,840개, 남성 6,039개와 비교하면 외계인 크립토펑크는 9개로 가장 희귀하다. 많은 크립토펑크가 파이프, 선글라스, 모자, 안대 등 비슷한 액세서리를 가지고 있다. 하지만 액세서리, 피부색, 종류 등을 섞어 각각 독특한 이미지를 연출한다.

모든 크립토펑크 NFT는 24x24픽셀 크기에 8비트 이미지로 미니멀리즘한 아름다움을 뽐낸다. 크립토펑크 #7523은 청록색 피부에 오른쪽 귀에는 작은 금 귀걸이를 차고 머리에는 갈색 비니 모자를 쓰고 있다. 여기에 코로나19 판데믹의 상징이 된 마스크를 착용하고 있다. 펑크가 만들어졌을 당시에는 의도한 디자인이 아니었다. 하지만 우연적인 마스크의 존재가 역사상 가장 비싼 크립토펑크의 탄생에 기여했다.

크립토펑크 #7523을 만든 홀^{Hall}과 왓킨슨^{Watkinson} 은 창의적인 엔지니어다. 대규모 웹 인프라에서부터 유전체 분석 소프트웨어에 이르기까지 거의 모든 종류의 소프트웨어 작업을 경험했다. 크립토펑크^{CryptoPunks} 외에도 오토글리프스^{Autoglyphs}를 발행했다. 오토글리프스는 이더리움 블록체인에서 발행한 첫 번째 온체인 작품이다. 온체인이란 작품 자체도 블록체인에 저장한다는 뜻이다. 라바랩스는 구글과 마이크로소프트처럼 유명한 회사와 협업하기도 했다. 심지어 휴대폰에 설치한 모든 앱에 대해서 채팅할 수 있는 안드로이드 앱도 만들었다.

2021년 6월 10일 소더비 온라인 경매인 '디지털 네이티브: NFT'에서 크립토펑크 #7523은 1175만 달러에 판매되었다. NFT가 이렇게 높은 가격에 팔린 데에는 NFT와 암호화 생태계 중심에 펑크가 있다는 점이 부분적으로 영향을 미쳤다. 크립토펑크는 온라인 아이덴티티의 독특한 상징성을 가졌다. 소유자가 누구든 현존하는 가장 인기 있는 NFT에 접근할 수 있다.

이스라엘 기업가 샬롬 맥킨지^{Shalom Meckenzie}가 크립토펑크 #7523을 구매했다. 맥킨지는 디지털 스포츠 베팅 회사 드래프트킹스^{DraftKings}의 최대 주주다. 2007년에는 도박 기술 제공업체인 SBTech를 설립하여 2014년 5월까지 이사로 재직했다.

크립토펑크 #3100

https://www.larvalabs.com/cryptopunks/details/3100

다음 순서는 또 다른 크립토펑크인 크립토펑크 #3100이다. 가장 비싸게 팔린 NFT 중 상당수가 크립토펑크다. 상위 탑 10 중 절반이 크립토펑크다. 크립토펑크 #3100은 또 다른 외계인 크립토펑크다. 청록색 피부로 머리카락이 없는 외계인으로 파란색과 흰색 줄무늬 머리띠를 하고 있다. 크립토펑크 중 406개 펑크가 머리띠를 하고 있지만 크립토펑크 #3100와 똑같은 머리띠는 없다.

모든 크립토펑크가 상대적으로 높은 가격을 유지한다. 현재 가장 저렴한 크립토펑크가 약 38,000달러다. 2021년은 7월 기준으로 크립토펑크 평균 판매가격은 200,000달러에 약간 못 미친다. 크립토펑크 전체 매출은 5500만 달러 이상이다.

크립토펑크 #3100은 2021년 3월 11일 758만 달러(4,200ETH)에 판매되었다. 이더리움 블록체인에서 팔렸으며 이더스캔에서 이름이 알려지지 않은 계정 소유자가 구매했다. 크립토펑크 #3100 소유자는 최근 9050만 달러에 해당하는 35,000ETH에 NFT를 판매하려고 올렸다. 이 가격에 판매된다면 크립토펑크 #3100은 역사상 가장 비싼 NFT가 될 것이다.

크립토펑크 #7804

https://www.larvalabs.com/cryptopunks/details/7804

역대 네 번째로 비싼 NFT인 크립토펑크 #7804는 외계인 크립토펑크 9개 중 하나다. 이 외계인 펑크는 짙은 회색 모자와 검정 선글라스를 착용하고 셜록 홈즈Sherlock Holmes의 파이프와 유사한 갈색 파이프를 피우고 있다. 펑크 378개가 파이프를 가지고 있고 펑크 317개가 선글라스를 쓰고 있지만 크립토펑크 #7084는 두 가지를 모두 가지고 있는 유일한 외계인 크립토펑크다.

피그마Figma CEO 딜란 필드Dylan Field는 크립토펑크 #7804를 소유하다 2021년 3월

10일에 매각했다. 필드는 해당 NFT를 소유했을 때 '디지털 모나리자Mona Lisa'를 가지고 있다고 말했다. 모자와 파이프가 있는 파란색 외계인 저해상도 사진은 원래 큰 가치가 없었다. 하지만 크립토펑크가 NFT분야에서 점점 더 가치를 인정받으면서 크립토펑크 #7804의 가치도 치솟았다. 필드는 크립토펑크 #7804를 757만 달러에 판매할 수 있었다.

흥미롭게도 필드는 NFT를 4,200ETH에 판매했는데 크립토펑크 #3100와 같은 가격이다. 그러나 두 NFT 판시점 사이에 ETH 가격이 변동하여 판매 당시 미국 달러로 환산하면 크립토펑크 #7804가 약간 더 낮은 가격으로 평가되었다.

크립토펑크 #7804의 새 소유자는 이더스캔Etherscan에서 계정 외에는 알려진 바가 없지만 다른 크립토펑크 5개를 더 소유하고 있다. 크립토펑크 #7804는 집필 시점에 3억 8386만 달러에 판매하고 있다. 다른 어떤 NFT보다 훨씬 호가가 높다.

크로스로드

https://niftygateway.com/itemdetail/secondary/0x12f28e2106ce8fd-8464885b80ea865e98b465149/100010001

지금까지 판매된 다섯번째로 가장 비싼 NFT는 비플의 또다른 작품이다. 「크로스로드CROSSROAD」라는 제목을 가진 이 NFT는 2020년 대선 전에 처음 판매했다. 대부분 NFT와 다르게 선거 결과에 따라 작품이 변경되도록 설계했다. NFT는 10초짜리 영상으로 현재는 도널드 트럼프 전 대통령이 공원 바닥에 알몸으로 누워있는 모습을 보여준다. 트럼프의 알몸은 선거 운동 구호와 언론의 평가들로 뒤덮여있다. 영상에서 트위터 마스코트를 닮은 파랑새가 트럼프 위에 착지해 광대 이모티콘 지저귀고 그 앞으로 사람들이 거리를 지나간다.

만약 도널드 트럼프가 선거에서 승리했다면 근육질 몸매로 머리에 왕관을 쓴 모습으로 불길 속을 활보하는 NFT로 바뀌었을 것이다. NFT를 처음 구매한 사람은 최종 작품이 어떤 모습일지 몰랐다. 시대의 불확실성을 담으려는 작가의 의도가 담겨있다. 최초 구매자는 NFT 최종 형태를 모르고 구매했지만 선거가 끝나고 몇 달이 지난 2021년 2월에 이를 구매한 구매자는 NFT의 결과를 알고 구매했다.

크로스로드는 니프티 게이트웨이가 판매한 비플의 NFT 중 하나이다. 니프트 게이트웨이는 디지털 아트 플랫폼이자 마켓플레이스로 암호화폐 거래소 제미니가 소유하고 있다. 이 NFT를 처음 구입한 파블로 로드리게즈프레일^{Pablo Rodriguez-fraile}은 2021년 2월 22일 델피나 루카스^{Delphina Leucas}라는 익명의 구매자에게 구매 가격의 100배가 넘는 660만 달러에 다시 판매했다. 두 번째로 비싼 비플 작품이자 다섯 번째로 비싼 NFT이다.

'EVERYDAYS'를 구성하는 디지털 작품처럼 크로스로드는 비플 작가의 시그니처인 정치적 논평을 도발적으로 나타낸다. 크로스로드의 작품 또한 이더리움 블록체인에 존재한다. 크로스로드는 판매 당시 가장 비싼 NFT였지만 몇 주 후 「EVERYDAYS – THE FIRST 5000 DAYS」가 가장 높은 가격에 판매되어 기록이 바뀌었다.

오션 프론트

https://niftygateway.com/itemdetail/primary/0x0151834a6997f89eb-8372ac54ac077d79bb4d1e0/7

세계에서 가장 비싼 NFT 목록에는 비플의 작품이 하나 더 있다. 여섯 번째로 비싼 작품 「오션 프론트^{OCEAN FRONT}」는 기후 변화 위기를 담고 있는 작품이다. 디지털 작품에는 바다 위에 세워진 플랫폼에 층층이 쌓인 컨테이너가 있고 그 위에 나무 한 그루가 자란다. 밝은 녹색 나뭇잎과 푸른 하늘은 그 아래 낡고 부식된 탱크와 대조적이다. 하늘 역시 검은 구름과 스모그로 오염되어 있다. 전깃줄이 가로질러 작품에 걸려있고 뒤로는 새들이 날아가고 있다.

비플은 기후 변화를 막기 위해 우리가 아무것도 하지 않는다면 어떤 일이 일어날지를 작품으로 표현했다고 설명한다. 「오션 프론트」는 'EVERYDAYS' 시리즈의 일부로 '우리가 함께하면 해결할 수 있다'는 주석과 함께 게시되었다. 니프티 게이트웨이가 경매를 진행했고 3명이 연속 입찰했다. 277만 달러에서 시작한 경매는 600만 달러에 입찰한 저스틴 선$^{Justin Sun}$(트론 TRON 재단 설립자 겸 CEO)이 낙찰받았다.

저스틴 선은 암호화폐 분야에서 유명인사로 과거에도 많은 NFT 작품 입찰에 참여했다. 크리스티에서 진행한 「EVERYDAYS - THE FIRST 5000 DAYS」의 경매에도 참여해 6000만 달러를 불렀지만 해당 작품이 6900만 달러에 최종 낙찰되면서 낙찰에 실패했다. 저스틴 선은 트론 재단이 NFT 업계에 진입하기 위해 오션 프론트를 구매했다고 밝혔다. 곧 NFT 재단을 설립하고 NFT 작가와 고문들을 고용하여 더 많은 NFT를 발행할 계획이다. NFT는 주로 이더리움 블록체인에서 발행하지만 저스틴 선은 트론 블록체인과 탈중앙화 스토리지 시스템 BTFS를 활용하여 NFT를 영구적으로 저장할 계획이다.

「오션 프론트」가 담고 있는 기후 변화 주제에 따라 기후 변화에 맞서 써우기 위해 비플은 판매 수익금 600만 달러를 모두 기부하기로 약속했다. 비플은 기후 변화 대처를 위한 개방형 디지털 인프라를 구축하는 비영리 단체 오픈 어스 파운데이션$^{Open Earth Foundation}$(https://openearth.org)에 수익금을 기부했다.

크립토펑크 #5217

https://www.larvalabs.com/cryptopunks/details/5217

크립토펑크 #5217은 역대 7번째로 비싼 NFT다. 유인원 펑크 24개 중 하나로 크립토펑크는 금 목걸이를 차고 주황색 니트 모자를 쓰고 있다. 정확히 펑크 169개가 금 목걸이를 차고 있고 펑크 419개가 니트 모자를 쓰고 있다. 크립토펑크 #5217은 외계인이며 두 번째로 희귀한 유인원 펑크 유형으로 희소한 가치 덕분에 지금 가격으로 판매됐을 가능성이 높다.

소유자 Snowfro는 2021년 7월 30일 이더스캔^{EtherScan} 계정으로만 알려진 익명 구매자에게 크립토펑크 #5217을 545만 달러(2,250ETH)에 판매했다. 판매 당시 크립토펑크 #5217은 7월에 가장 비싸게 팔린 NFT였다. 라바랩스^{Larva Labs}에서 발행한 모든 크립토펑크와 마찬가지로 크립토펑크 #5217은 이더리움 블록체인에서 발행됐다.

월드 와이드 웹 소스 코드

https://www.sothebys.com/en/press/the-original-files-for-the-source-code-of-the-world-wide-web-sell-as-an-nft

여덟 번째로 비싼 NFT는 월드 와이드 웹의 소스 코드이다. 블록체인 기반 토큰으로 발행한 월드 와이드 웹의 소스 코드는 인터넷 초창기를 추억하게 만든다. 월드 와이드 웹의 창시자 팀 버너스리^{Tim Berners-Lee} 경은 소더비 경매에서 웹의 원본 소스 코드 NFT를 판매한다고 발표했다.

NFT 자체는 검은색 배경에 흰색 코드가 코딩되는 모습을 보여준다. 광활한 인터넷의 복잡성을 가장 단순한 뿌리로 함축하는 코드 이미지로 표현했다. NFT는 웹 소스 코드를 보여주지만 소스 코드 그 자체는 아니다. 실제 소스 코드는 공개 도메인에 존재하는 오픈 소스로 누구나 소스 코드를 보거나 복사할 수 있다.

「This Changes Everything」이라는 제목과 함께 소스 코드를 예술적으로 표현한 NFT는 소스 코드 아카이브, 전체 코드를 표현한 디지털 포스터, 바너스 리의 편지, 코드가 입력되는 모습을 보여주는 30분짜리 영상을 포함하고 있다. 재미있게도 NFT 영상에는 NFT의 가치를 높일 수 있도록 코딩 오류가 포함되어 있다. 컴퓨터 프로그램 언어 C로 작성한 코드 중 일부가 HTML 언어로 잘못 변환되었다. NFT를 구매한 투자 탈중앙 자율 조직인 PleasrDAO의 스캇 버크^{Scott Burk}가 오류를 발견했다.

버너스리는 영국의 컴퓨터 과학자로 과학자들이 인터넷으로 서로 데이터를 공유한다는 아이디어에서 1989년 월드 와이드 웹을 발명해 유명해졌다. 버너스리는 소스 코드를 무료로 공개하고 결국 모든 사람들에게 웹을 개방했다. 월드 와이드 웹을 만든 공로로 버너스리는 엘리자베스 여왕으로부터 기사 작위를 받았고 타임지의 '20세기 가장 중요한 100인'의 한 명으로 선정되었다.

월드 와이드 웹 NFT는 이더리움 블록체인에서 발행되어 2021년 6월 30일 익명의 구매자가 540만 달러에 판매됐다. 뉴욕 소더비에서 일주일간 진행했던 경매에서 최초 1,000달러에서 시작한 입찰가가 마감 15분 전 입찰 쇄도하면서 가격은 540만 달러까지 올랐다.

스테이 프리

https://foundation.app/@Snowden/foundation/24437

상위 10개 목록에서 9번째로 가장 비싼 NFT는 '스테이 프리Stay Free'다. 이더리움 블록체인에서 발행했으며 NSANational Security Agency 내부 고발자 에드워드 스노든Edward Snowden이 판매한 NFT다. 이 작품은 국가안전보장국(NSA)이 대량 감시 프로그램으로 법을 위반했다고 판결한 2015년 미국 시민 자유 연합American Civil Liberties Union(ACLU) vs. 제임스 클래퍼[1]의 제2연방 항소 법원 결정문을 보여준다. 디지털 작품은 법원 결정을 상세히 기술한 판결문 위에 스노든 초상화를 겹쳐놓았다. 영국 사진작가 플라톤Platon은 모스크바에서 스노든을 인터뷰하고 찍은 사진으로 초상화를 제작했다. 스노든이 작품 오른쪽 아래 직접 서명했다.

특히 스노든은 미국 정치 역사상 가장 큰 정보 누출 당사자다. 스노든은 4년 동안 NSA에서 외주 직원으로 일하며 NSA가 미국 내 일반인을 대규모로 감시하는 프로그램을 진행 중이란 사실을 알았다. 그 뒤 그는 많은 일급 기밀 문서를 대중에 공개하고 망명했다. 기밀 문서 폭로는 국가 안보와 사생활의 본질에 대한 사회적 토론으로 이어졌다.

----

1 옮긴이_ 2013년 미국 시민 자유 연합과 뉴역 시민 자유 연합은 국가정보국장 제임스 R. 클래퍼를 포함한 NSA 국장 등을 고소했다.

스노든은 2021년 4월 16일에 스테이 프리를 540만 달러(2,224ETH)에 매각하고 수익을 자신이 회장으로 맡고 있는 언론 자유 재단Freedom of Press Foundation 에 기부했다. 언론자유재단은 내부고발자 다니엘 엘스버그Daniel Ellsberg, 작가 글렌 그린월드Glenn Greenwald, 배우 존 쿠삭John Cusack과 같은 저명인사들로 이사회를 구성하여 운영하고 있다.

소노든은 언론 자유 재단 성명서를 통해 '새로운 암호화 애플리케이션은 우리의 권리를 지키는데 중요한 역할을 할 수 있다'고 말했다. 스노든은 자신의 NFT 경매가 암호화 기술로 개인 정보 보호 개발하고 언론의 자유를 지키는데 도움이 될 거라 믿고 있다.

스테이 프리의 낙찰자는 월드 와이드 웹 소스 코드 NFT에서 오류를 잡아낸 PleasrDAO다. PleasrDAO는 현재 스테이 프리 NFT 외에도 'x*y=k'란 제목의 NFT를 소유하고 있다. 'x*y=k'는 대만의 디지털 작가 pplpleasr가 만들었다. pplpleasr는 최근 명예 회원으로 PleasrDAO에 가입했다. PleasrDAO 회원 대부분은 서로 만난 적이 없고 회원 중 일부는 익명으로 활동한다. 그러나 DAO가 사회에 기여하는 방향으로 운영해야 한다는 같은 철학을 공유하고 있다. 스노든 NFT를 구매한 이유도 모두에게 투명함이란 스노든의 이상에 공감하기 때문이다. DAO 회원들은 블록체인이 도울 수 있다고 생각한다.

크립토펑크 #7252

https://www.larvalabs.com/cryptopunks/details/7252

이번 장의 마지막 NFT이자 역대 10번째로 비싼 NFT는 크립토펑크 #7252이다. 탑 10에 오른 다섯 번째 크립토펑크이자 유일한 좀비 펑크다. 좀비 펑크는 총 88개가 존재하며 외계인 크립토펑크와 유인원 크립토펑크 다음으로 희소한 유형이다.

크립토펑크 #7252는 녹색 피부를 가진 좀비로 갈색 턱수염과 금 귀걸이를 하고 정신사나운 빨간 머리에 빨간 눈을 가지고 있다. 크립토펑크 10,000개 중에서 턱

수염은 282개, 정신사나운 머리는 414개, 귀걸이는 2,459개가 가지고 있다.

크립토펑크 #7252는 가장 비싼 NFT 10개 중 마지막이지만 NFT 10개 중 가장 최근에 판매됐다. 펑보Feng Bo는 2021년 8월 24일 이전 소유자가 지불한 금액 253만 달러의 두 배가 넘는 533만 달러(1,600ETH)에 크립토펑크 #7252를 구매했다. 다른 모든 크립토펑크처럼 크립토펑크 #7252도 이더리움 블록체인에 발행됐다.

중국의 투자자인 펑보는 다른 크립토펑크 8개도 소유하고 있다. 모두 인간 크립토펑크다. 펑보의 NFT투자는 NFT를 사들여 암호화폐 경제로 진입하는 중국 인터넷 투자자들의 경향으로 볼 수 있다. 중국 기술 회사 메이투의 설립자인 카이 원성도 NFT 투자자다. 카이 원성은 최근에 크립토펑크 #8236를 구매했다. 메이투는 2021년 초 1억 달러가량의 이더리움과 비트코인을 사들였다. 암호화폐에 처음으로 대규모 투자한 중국 공개 상장 기업이다.

Part **5**

부록

부록에서는 국내 NFT 키워드를 소개하고, 클레이튼 기반의 NFT 발행법을 살펴본다.

Part 5

부록

국내 NFT 키워드 Top 10

이 장의 주요 내용

◆ 국내 NFT 프로젝트 살펴보기

◆ 국내 NFT 사기 사례 살펴보기

◆ 국내 NFT 아티스트 살펴보기

◆ 국내 NFT 마켓플레이스 살펴보기

◆ 국내 NFT 관련 법률과 정책 살펴보기

이 장에서는 국내 NFT 주요 키워드 10개를 살펴본다. 21년 3월부터 오픈씨 마켓 플레이스에서 클레이튼 기반 NFT를 유통할 수 있게 되면서 국내에서 그라운드X 클레이튼 기반 NFT 생태계가 빠르게 성장하고 있다. 국내 아티스트의 NFT 진출 도 점차 늘어나고 있다. 오픈씨나 슈퍼레어에 작품을 올리고 높은 가격에 입찰되 며 유명세를 얻는 아티스트들이 생겨났다. 서울 옥션과 같은 전통적인 경매시장에 서 NFT 미술품이 판매되고 있다. 국내 NFT 마켓플레이스도 출시되며 NFT의 대 한 관심은 그 어느 때보다 뜨겁다.

프로젝트: 도지 사운드 클럽

https://dogesound.club/

도지사운드클럽은 국내 최초 PFP^{Profile Picture} 프로젝트로 한국의 크립토펑크로 불린다. 도지사운드클럽은 NFT를 이용한 거버넌스로 운영하는 NFT 수집가 사교 모임으로 클럽에서 발행한 메이트^{Mates}를 소유하여 클럽에 가입하고 투표할 수 있다.

메이트란 컴퓨터 프로그램으로 생성한 24x24픽셀 아트 캐릭터로 10,000종류가 존재한다. 각 프로필 사진은 90여개의 특성을 조합해 고유한 외모를 생성했다. 10,000개 모두 무작위로 생성되었고 인위적으로 희귀한 캐릭터를 만들지는 않았다. 메이트는 오픈씨에서 구매가 가능하다. 21년 10월 'DSC 메이트 #7612'가 100,000클레이튼에 거래되면서 당시 국내 NFT 최고가를 기록했다. 100,000클레이튼은 당시 시세로 약 1억 9천만 원이었다.

앞서 설명한 것처럼 메이트를 소유한 사람은 NFT 수집가 사교 모임으로 다양하게 메이트를 활용할 수 있다. 기본적으로 메이트는 프로필 이미지이므로 소유한 메이트를 카카오톡, 트위터 등 SNS 프로필로 사용할 수 있다. 또한 메이트의 이름이 없다면 메이트 이름을 지어줄 수 있다. 예를 들면 'DSC 메이트 #473'에는 비트코인 창시자인 SATOSHI NAKAMOTO라는 이름이 붙어있다.

또 주기적으로 열리는 도지 사운드 컴피티션에 참여할 수 있다. 도지 사운드 컴피티션은 말 그대로 개소리 경연대회로 5개 이상의 메이트를 소유한 사람은 아무 이야기나 개소리 후보를 제출할 수 있다. 최다 득표를 받은 도지사운드는 메인 홈페이지에 게시된다. 집필시점, "본인 월급이 메이트 하나값 안되는 사람 모두 여기에 투표(세금 까고)"라는 개소리가 제8회 개소리로 선정되어 현재 메인에 걸려있다. 마지막으로 클럽 거버넌스에 의결권으로 활용할 수 있다. 새로운 제안을 하거나 등록한 제안에 소유한 메이트 개수만큼 투표할 수 있다.

도지사운드클럽은 메이트에 이어 이더리움 기반 PFP프로젝트인 이메이트를 출시했다. 클레이튼 기반 NFT 거래소 클럽스를 런치했으며 메이트에 가상자산 믹스^{MIX} 채굴 시스템을 도입했다. 최근에는 NFT를 변신하도록 해주는 물약 기능을 도입하는 등 참신한 아이디어를 지속적으로 적용하며 국내 NFT 생태계 발전에 노력하고 있다.

프로젝트: 메타콩즈

https://themetakongz.com

메타콩즈는 22년 3월 가장 관심받고 있는 국내 NFT 프로젝트로 멋쟁이 사자처럼의 이두희 대표가 참여해 사이버콩즈를 모델로 만들었다. 사이버콩즈는 크립토펑크와 같은 PFP 프로젝트로 서로 다른 특성을 가진 5천 개의 고릴라 픽셀 아트다. 사이버콩즈는 크립토키티처럼 어른 고릴라로 베이비콩이라는 아기 고릴라를 만들수 있고 또 바나나 코인($BANANA)을 채굴할 수 있다.

메타콩즈는 21년 12월 서로 다른 특성을 가진 3D 고릴라 프로필 10,000개를 발행했다. 1차 민팅 3,000개를 32초에, 2차 민팅 3,000개를 5초에, 3차 민팅 3,500개를 6초에 모두 완판했다. 민팅 이후에 각 속성별 희귀도를 공개하여 콩즈별 희귀도를 공개했다. 민팅 이후에도 샌드박스, 로블록스 등 메타버스 기업과 협업 및 오프라인 홍보를 진행하는 등 로드맵에 따라 꾸준하게 개발과 세계관을 확장하고 있다. 최초 민팅 가격인 150클레이에서 꾸준하게 상승하여 2022년 3월 기준 바닥가격^{Floor Price}(FP)[1]은 11,000클레이를 유지하고 있다. 블랙 콩즈라고 부르는 Kongz#3068는 65,000클레이로 약 1억 원에 거래됐다.

메타콩즈 로드맵에 따라서 소유자들은 1개 콩즈 당 4메타콩즈 코인($MKC)을 채굴할 수 있다. 또 메타콩즈 2마리 이상 소유자는 240MKC를 사용하여 사이버콩즈와 같이 베이비콩즈를 랜덤으로 생성할 수 있다. 베이비 콩즈를 생성하면 샌드박스의 복셀 아바타도 추가로 에어드랍을 받을 수 있다. 베이비콩즈는 총 40,000개만 생성할 수 있다. 앞으로도 자체 P2E 게임 출시, 콩즈 샵, 유명 기획사와 협업, TV 출연 등 다양한 로드맵을 계획하고 있어 기대되는 NFT 프로젝트이다.

---

1 바닥가(Floor Price): 현재 올라온 매물 중 가장 낮은 매도호가

프로젝트: 클레이시티

https://klaycity.com/

클레이시티는 랜드파이^{LandFi} 메타버스 플랫폼을 지향한다. 오염된 지구를 배경으로 더 많은 영토를 개방하고 세력을 키우는 도시 육성 게임이다. 도시를 개발하면서 자원을 관리하고 P2E^{Play to Earn} 시스템으로 수익을 창출할 수 있다.

클레이시티는 실제 지구에 존재하는 28개 도시를 선정해 최초 1,000개의 지역(정착지)을 NFT로 만들어 판매했다. 프리세일 당시 NFT로 랜덤하게 바뀌는 '민트패스' 900개를 500클레이(약 75만 원)에 판매했고 9초 만에 완판됐다. 민트패스가 모두 공개된 후 가장 높은 등급인 '티어 1', 상하이 No. 749가 75,000클레이(약 1억 원)에 거래됐다. 22년 3월 현재, 서울 종로 No. 684가 120,000클레이(약 1억 7천만 원)에 거래되며 최고가를 기록했다.

클레이시티에는 $LAY007과 $ORB 두 가지 토큰이 존재한다. NFT 소유자는 NFT 등급과 레벨에 따라 30일에 한번씩 일정량의 $LAY007 토큰을 얻을 수 있다. 이렇게 얻은 $LAY007 토큰은 $ORB 토큰을 받거나 최초 발행된 1,000개 지역 외에 새로운 지역 NFT를 탐험하는 비용으로 지불할 수 있다. $ORB 토큰은 내가 소유한 지역을 업그레이드 하여 $LAY007 생산량을 늘릴 수 있다. 또 $LAY007과 함께 새로운 지역 탐험 비용으로도 사용할 수 있다.

클레이시티는 메타버스 기업 '네이버제트', 카카오 블록체인 투자사 '크러스트', 홍콩의 유명 블록체인 게임 업체 '애니모카' 등과 협업과 투자를 유치하며 많은 관심을 받고 있는 프로젝트이다.

프로젝트: 캣슬

https://opensea.io/collection/catsle

2021년 11월 출시된 클레이튼 기반 국내 프로젝트 캣슬^{CatSle}에서 러그풀이 발생했다. 러그풀^{Rug Pull}이란 '양탄자를 잡아당겨 그 위에 있는 사람을 쓰러트린다'라는 뜻으로 암호화폐 시장에서 프로젝트 개발자가 갑작스럽게 프로젝트를 중단하고 투자금을 가로채는 사기를 말한다.

캣슬은 총 1만 마리의 각기 다른 고양이 캐릭터를 발행한 프로필 이미지(PFP) NFT 프로젝트다. 캣슬 NFT 10개를 1일 보유하면 1킷^{Kit}(약 1클레이)씩, 20마리를 2일 보유하면 5킷과 같이, 보유하고 있으면 인센티브를 받을 수 있다고 홍보했다. 로드맵에서는 관련 굿즈와 게임도 출시 예정이라 홍보했다. 이런 로드맵으로 1차 프리세일에서 1만 마리 중 1,000마리를 판매했고 21시간 만에 모두 판매됐다. 프리세일 당시 캣슬은 25~35클레이(한화 3만~5만 원)에 거래됐으며 오픈씨에서는 한때 2위, 클레이튼 NFT 마켓에서는 6위까지 올랐다.

22년 1월 21일 새벽, 캣슬 운영자는 커뮤니티 카카오톡 오픈채팅방에 "메인계정 해킹으로 더이상 프로젝트를 진행할 수 없다"라는 말을 남기고 홈페이지, 오픈채팅방, 트위터 등 모든 커뮤니티를 폐쇄한 후 사라졌다. 이후 캣슬 NFT는 프리세일 가격의 1/10 수준인 3~4클레이에 거래되고 있다. 탈중앙화된 생태계 특성상 익명의 개발자를 찾아 책임을 묻기 어렵다. 초기 프리세일 참여자와 거래자들이 시세 하락에 따른 피해를 고스란히 입게 된다.

따라서 NFT 프로젝트를 투자할 때는 몇 가지 사항을 꼭 살펴보자. 개발자나 운영진이 불투명한 경우 조심해야 한다. 되도록이면 운영진의 신원이 확실한 프로젝트에 투자하는 것이 안전하다. 거래량이나 보유자 수가 너무 적은 경우도 주의해야 한다. NFT 시장은 유동성이 낮은 만큼 자전거래로 가격과 거래량을 뻥튀기 하려는 시도가 많기 때문이다. 또 평판과 커뮤니티, SNS에 적힌 홍보 내용을 그대로 믿지 말자. 과도한 수익을 보장한다는 문구로 투자자를 현혹할 수 있다.

작가: 미스터 미상

https://mrmisang.com/

슈퍼레어는 엄격한 절차로 선별한 작품만을 판매하는 글로벌 NFT 마켓플레이스로 NFT 세계의 크리스티로 자리 잡았다. 슈퍼레어에서 한 때 역대 최고가 NFT 작가인 비플을 넘어선 국내 작가가 있는데 바로 미스터 미상이다. 22년 3월 현재에도 누적 판매액 200만 달러로 슈퍼레어 아티스트 탑 10에 들어있다.

미스터 미상은 기업, 게임 등 외주 프로젝트를 하는 프리랜서 작가에서 NFT를 접하고 전업 그래픽 작가로 활동하고 있다. '모던 라이프 이즈 러비쉬Modern Life is Rubbish'라는 제목으로 슈퍼레어에 NFT 컬렉션을 판매하기 시작했다. '모던 라이프 이즈 러비쉬'는 2015년부터 작가가 그리던 일러스트레이션 연작으로 지옥철, 정시출근과 같은 현대인의 삶을 작품속에서 디스토피아로 그려냈다. 기존 일러스트레이션을 움직이는 애니메이션 형태로 만들어 슈퍼레어에 등록했다.

'모던 라이프 이즈 러비쉬' 컬렉션 중 일부인 '오드 드림Odd Dream'이 2021년 3월 2일, 14.7ETH, 약 2681만 원에 최초로 판매되었다. 다른 작품들도 꾸준히 판매됐다. '머니 팩토리Money Factory'가 200ETH, 약 5억 원이라는 금액으로 최고가 판매되었다. '미스터 미상과 크립토 월드'는 400ETH에 작품이 올라와 있지만 아직 판매되지는 않았다.

성공적으로 첫번째 프로젝트를 마친 미스터 미상은 현재 '고스트 프로젝트'라는 이름의 PFP NFT를 시작했다. 미상 작품에 등장하는 캐릭터를 활용하여 1만개의 아바타 NFT를 생성한다. 기존 2D 프로필 이미지와 다르게 사용자의 표정을 그대로 따라할 수 있도록 라이브 트래킹 기술을 결합할 예정이다. 사용자는 아바타를 줌Zoom, 구글 미트Meet 등 화상회의에서 활용할 수 있다.

작가: 08AM

https://www.08am.net/

08AM은 현대미술가이자 화가이면서 크리에이터로 활동하며 MZ세대들의 두꺼운 팬층을 가지고 있다. 장르는 회화에 가까운 팝아트이며 자신의 내면을 시각화한 파라키드^{PARAKID}와 영감 세포 파라셀^{PARACell}로 자신만의 세계관을 구축한다.

08AM은 국내 NFT 작가 중 최초로 2021년 3월 16일, 오픈씨에서 작품 '썬더 푭!^{Thunder Poop!}' 판매를 성공했다. 코인데스크 코리아 인터뷰에서 08AM 작가는 작품을 다음과 같이 설명했다. "피지컬 세계에 살던 파라셀이 크립토 세계에 처음 도착했어요. 화려하고 변화한 크립토 뉴욕 거리를 둘러보는데 모든 것이 새롭고 충격적인 거죠. NFT를 처음 만났을 때의 감정은 '놀람'이어서 빨간색으로 표현했어요. 천둥 같은 충격에 파라셀이 메타버스에서 배변을 하고 있는 모습이에요."

작가는 '파라셀 인 크립토월드^{PARAcell in theCryptoWorld}'라는 주제로 오픈씨 컬렉션을 선보였다. 파라셀이 크립토 뉴욕 시티^{Crypto New York City}에 처음 도착해서 크립토 뉴욕의 다채로운 도시 모습과 분주한 거리를 마주한 첫 인상을 재치있게 표현했다. 실물 미술 작업을 하던 작가가 NFT와 암호화폐를 처음 경험했을 때 감정변화를 반영하고 있다.

08AM은 삼성전자, 라이엇게임즈, 푸마 등 브랜드와의 협업을 통해 다양한 창작 활동을 하고 있다. 최근에는 오픈씨 이외에도 클립드롭스, 비블록과 같은 국내 NFT 마켓플레이스에 지속해서 작품을 판매하고 있다.

마켓플레이스: 업비트 NFT

https://upbit.com/nft

업비트 NFT는 2021년 11월 국내 거래소 업비트에서 출시한 NFT 마켓플레이스다. 오픈 당시 브레이브 걸스, 매드몬스터, 마구마구, 한화이글스 등 국내 가수, 게임, 스포츠 분야와 협업하여 NFT 작품을 선보였다. 슈퍼레어 마켓플레이스처럼 작가의 작품을 선별하여 판매한다. 작가의 신원확인, 작품에 사용한 지적재산권 여부 등을 검증하여 수집가들의 피해를 최소화한다.

첫번째 드롭이었던 장콸 작가의 무표정한 소녀가 검은 고양이를 안고 있는 작품인 '미라지 캣Mirage cat 3'이 3.5 BTC(약 2억 5천만 원)으로 낙찰되었다. 두번째 드롭이었던 김선우 작가의 '오케스트라 오브 더 포레스트Orchestra of the forest' 역시 2.2 BTC(약 1억 5천만 원)에 낙찰되었다.

업비트 NFT는 업비트 거래소 계정이 있으면 바로 사용할 수 있으며 현재는 PC버전에 최적화 되어있다.

업비트 NFT에서는 두 가지 방법으로 NFT를 구매할 수 있다.

- **드롭스**Drops: 유명 크리에이터 NFT를 가장 먼저 구매할 수 있는 1차 마켓
- **마켓플레이스**Marketplace: 드롭스에서 낙찰 받았거나 에어드랍 등 이벤트로 받은 NFT를 다른 수집가에게 자유롭게 사고파는 2차 마켓

드롭스에서는 정해진 기간내에 아래와 같은 세 가지 방법으로 작가의 NFT 작품을 판매한다. 업비트 계정에 있는 비트코인을 보유하고 있어야 하며 비트코인으로 경매에 입찰하거나 작품을 구매할 수 있다.

- **잉글리시 옥션**: 종료 시점에 최고가를 입찰한 사용자가 NFT를 낙찰 받는 경매 방식
- **더치 옥션**: 시간이 경과할수록 가격이 낮아지는 역경매 방식
- **고정가 판매**: 한정된 수량을 고정된 가격으로 판매하는 방식

마켓플레이스는 2차 마켓으로 주로 드롭스에서 낙찰 받은 사용자가 NFT를 재판매할 수 있다. 판매 중이 아닌 NFT가 아니더라도 구매를 원하는 사람은 소유자에게 구매 가격을 제안할 수 있다. 오픈 초기에는 원화입출금 및 계좌가 등록된 업비트 계정에서 원화로 NFT 작품을 구매할 수 있지만 22년 3월 11일 이후부터는 거래 수단을 이더리움으로 변경한다. 입출금 계좌 인증을 하지 않은 타 가상화폐 거래소 사용자도 NFT를 구매할 수 있도록 지원하기 위해서다.

마켓플레이스: 클립 드롭스

클립 드롭스는 클레이튼을 개발한 그라운드X에서 출시한 21년 12월 출시한 NFT 마켓플레이스다. 클립 드롭스는 한정판 디지털 아트, 디지털 수집품을 큐레이션하여 판매한다. 동일한 작품을 한정된 수량으로 판매하는 에디션은 고정가로 판매하며 한정판 디지털 아트는 옥션 방식으로 최고가 응찰자에게 판매한다. 옥션 응찰은 클레이로만 가능하다. 클립에 응찰하려는 금액보다 충분한 클레이를 보유하고 있어야 한다.

클립 드롭스에서는 디지털 아트, 디지털 수집품, 2차 판매 마켓 마켓플레이스가 있다.

- **1D1D**: 1Day 1Drop 줄임말로 디지털 아트 창작자와 회원간에 디지털 아트 거래를 중개한다. 전문가들이 선별한 국내외 최정상 작가의 작품을 하루에 한 작품씩 공개한다.
- **디팩토리**dFactory: 브랜드의 고유한 이야기를 담은 한정판 디지털 수집품을 소개하고 중개한다.
- **마켓**Market: 마켓은 클립 드롭스 회원들간에 디지털 아트, 디지털 수집품 거래를 중개하는 서비스다.

클립 드롭스에서는 김태호 작가의 '인터널 리듬_홀 그린' 작품이 60,100클레이(약 9800만 원)에 역대 최고가로 판매 작품이다. 배우 하정우 등 유명 작가 라인업을 보여주고 있다. 최근에는 유명 현대미술 작가 전병삼과 협업하여 카카오프렌즈 NFT를 선보였다. 작품 '라이언'과 '춘식이'는 각자 약 2,500클레이(약 3800만 원)에 판매됐다.

클립은 카카오 자회사 그라운드X에서 개발한 디지털 자산 관리 지갑이다. 카카오톡에 내장된 기능으로 따로 카카오톡 사용자는 따로 설치할 필요가 없이 바로 사용할 수 있다. 카카오톡을 실행하고 [더보기] 탭을 선택해 [전체서비스] – [클립]을 선택하면, 클립 서비스를 가입 및 이용할 수 있다. 클립을 이용하는 카카오톡 친구와 손쉽게 디지털 자산을 주고 받을 수 있다. 카카오톡과 클립 생태계를 적극 활용하여 클립 드롭스로 사용자들을 모으기 위해 노력하고 있다.

규제: 특정 금융거래정보의 보고 및 이용 등에 관한 법률

국내 NFT관련 법과 규제를 살펴보자. 암호화폐와 NFT 관련하여 가장 관심있게 지켜봐야하는 국내 법은 2021년 3월 25일 시행된 '특정 금융거래정보의 보고 및 이용 등에 관한 법률(특금법)'이다. 특금법은 암호화폐 거래를 투명하게 공개하여 자금 세탁이나 테러 자금 조달을 막기 위해 만들어졌다.

가상화폐 거래소는 정보보호 관리체계 인증, 실명 확인 입출금 계정 등 여러 요건을 충족해야 한다. 현재까지 5개의 거래소가 조건을 충족하고 있다. 업비트는 케이뱅크, 빗썸과 코인원은 NH농협, 코빗은 신한은행, 고팍스는 전북은행과 실명계좌 계약을 맺었다.

2022년 3월 25일부터는 자금세탁방지를 위한 트래블 룰이 암호화폐에도 적용된다. 트래블 룰이란 자금 세탁을 방지하기 위해 기존 금융권에 구축된 자금 이동 추적 시스템이다. 국내 가상자산 사업자는 가상자산을 100만 원 이상 전송하는 송수신인 신원 정보를 기록해야 한다. 이에 따라 코인원과 빗썸 등 일부 거래소는 '화이트리스트' 제도를 도입했다. 본인 인증이 가능한 거래소 지갑을 화면 녹화하여 인증하는 방식이다. 메타마스크와 같은 개인 지갑으로는 출금을 막고 있다. 업비트는 현재 개인 지갑으로 출금이 가능하나 25일 이후는 트래블룰 솔루션으로 검증된 지갑만 허용 예정이다. 거래소별 인증 방법과 출금을 지원하는 범위가 조금씩 다르기 때문에 거래소별로 정책을 꼼꼼하게 확인하자.

개인 지갑은 NFT 거래는 물론 디파이나 ICO에 참여하려면 반드시 필요하다. 가상화폐 거래소에서 개인 지갑으로 출금이 제한된다면 관련 플랫폼과 생태계에 큰 영향을 미칠 예정이다. 따라서 NFT 거래를 고려하기 전에 관련 법과 규제, 이를 따라야하는 거래소별 정책이 어떻게 바뀌는지 지속적으로 살펴봐야 한다.

규제: 'NFT의 특성 및 규제 방안' 연구용역 보고서

금융위원회는 금융연구원을 통해 2021년 10월부터 12월까지 NFT 관련 연구를 진행했다. 금융연구원에서 작성한 'NFT의 특성 및 규제 방안' 보고서는 향후 NFT 관련 법률과 규제에 영향을 줄 수 있기에 살펴 볼 필요가 있다.

보고서에서는 NFT의 법적 성격을 동일하게 규정하기 어려워 단일 법령으로 규제하기 어렵다고 봤다. NFT가 게임, 예술, 금융 등 서로 다른 성격의 다양한 분야에서 활용되고 있기 때문에 NFT를 정의하고 규제하는데 신중하게 접근할 필요가 있다. 하지만 NFT가 결제나 투자 수단으로 쓰이면 특금법에 따라 가상자산으로 분류할 수 있다는 의견이 있었다.

금융연구원 보고서에서는 발행 형태에 따라서 NFT를 아래와 같이 분류했다.

- 게임 아이템
- NFT 아트(예술품)
- 증권형 NFT
- 결제수단형 NFT
- 실물형 NFT

자금세탁방지국제기구(FATF)에서는 수집품으로 사용하는 NFT는 '암호 수집품'으로 보고 가상자산으로 분류하지만 금융연구원에서는 실제적인 기능을 고려하여 판단해야 한다고 봤다. 예를 들어 게임 아이템과 결제수단형 NFT는 특금법상 가상자산으로 분류가 가능할 수 있다는 판단이다. NFT가 게임 아이템을 거래하는 수단으로 쓰이는 경우 경제적인 가치가지면서 전자적으로 거래와 이전이 가능하므로 가상자산으로 보는 것이다. 또 고유한 특성을 지니는 NFT일지라도 발행량이 몇 백만개나 되어 실질적으로는 지급 수단으로 활용된다면 가상자산으로 볼 수 있다고 밝혔다. 현재 NFT는 단순히 암호 수집품으로 보고 별다른 규제를 받고 있지 않는다. 하지만 향후 보고서 내용처럼 일부 NFT 유형을 가상자산의 한 유형으로 보고 관련 규정과 법을 따라야 하는 경우가 생길 수 있다. 앞서 설명한 특정 금융거래정보의 보고 및 이용 등에 관한 법률 처럼 신규 NFT 발행과 판매하는 사람과 구매하는 사람에게 모두 영향을 줄 수 있으니 주의 깊게 볼 필요가 있다.

클레이튼 KIP-17 기반
NFT 구축

부록에서는 클레이튼 기반으로 대체 불가 토큰 컨트랙트를 개발하고, 컴파일 배포하는 방법을 소개한다. 여기서 소개하는 단계별 가이드를 따라하기 위해서는 이 책의 7장부터 11장까지의 내용을 숙지해야 한다.

클레이튼의 대체 불가 토큰 표준은 KIP-17이다. 따라서 KIP 17로 발행된 토큰은 각자 고유한 가치를 가지고 있으며 각 토큰 간의 호환이 불가능하다. KIP-17은 ERC-721 토큰 표준에서 파생되었으며 다음과 같은 차이점이 있다.

- 모든 토큰의 전송/민트/소각 작업은 이벤트 로그 추적을 거쳐야 한다. 즉, 송금 작업은 무조건 전송/민트/소각과 관련된 모든 작업에서 발생해야 한다.
- KIP-17의 지갑 인터페이스가 ERC-721과 호환되도록 지원한다.
- ERC-721보다 다양한 확장 옵션을 지원한다.

개발용 계정 준비

클레이튼은 개발환경을 온라인으로 제공하므로 별도의 프로그램 설치는 필요하지 않다. 대신 개발을 위해서 카이카스 지갑에 테스트 계정을 설정해야하므로 다음 단계를 따라 계정을 설정하자.

 TIP_ 카이카스 지갑의 설치법은 75페이지를 참고하자.

1. 카이카스 지갑의 우측 상단에서 [계정 관리] 버튼을 누른 뒤 [생성] 버튼을 클릭한다(그림 B-1).

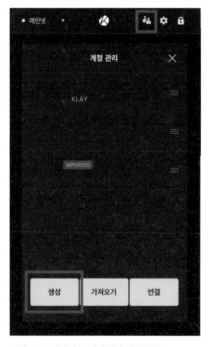

그림 B-1 카이카스 지갑에서 계정 생성

2. [그림 B-2]처럼 새 계정의 이름을 입력하는 창이 뜬다. 테스트에 사용할 계정의 이름을 입력하자. 이 책에서는 TEST로 입력하겠다. 입력을 마친 후 [생성] 버튼을 누르면 계정이 생성된다.

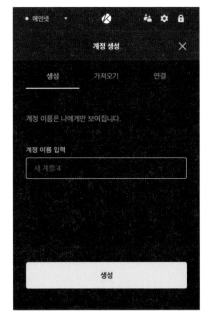

그림 B-2 새로운 계정의 이름 입력　　　그림 B-3 새롭게 생성된 계정

3. 개발용 계정을 생성했으니 이제 테스트넷으로 네트워크를 변경해야 한다. 카이카스 지갑에 좌측 상단에 [메인넷] 버튼을 클릭해 나오는 네트워크 목록에서 [Baobab 테스트넷]을 선택하자(그림 B-4, 그림 B-5).

그림 B-4 네트워크 선택창　　　그림 B-5 Baobab 테스트넷으로 변경된 화면

계정 개인키 복사

테스트용 계정을 만들었으면 계정의 개인키를 복사해야 한다. 지갑 계정의 개인키는 바오밥 테스트넷에서 포셋토큰을 받고 클레이튼 IDE를 사용하기 위해 반드시 필요하다. 다음 단계를 따라 개인키를 확인하자.

1. 지갑 화면에서 계정명(여기서는 TEST)를 클릭한다. 그러면 지갑의 주소와 QR 코드를 보여주는 화면이 나온다. 이 화면에서 [지갑키 관리] 버튼을 누른다(그림 B-6).

그림 B-6 카이카스 지갑 주소 화면

2. [지갑키 관리] 버튼을 누른 경우 지갑키에 관한 설명과 [지갑키 내보내기] 버튼이 나온다. 주의 사항을 자세히 읽은 뒤 지갑의 비밀번호를 입력하고 [지갑키 내보내기] 버튼을 클릭하자(그림 B-7).

그림 B-7 지갑키 내보내기 화면

3. 정상적으로 비밀번호를 입력했다면 개인키와 Klaytn Wallet Key가 가려진 채로 출력된다 (그림 B-8). 이 화면에서 개인키 칸의 오른쪽 끝에 위치한 복사 버튼을 눌러 개인키를 복사한다. 복사한 개인키는 메모장에 붙여넣어 다음 과정에서 사용할 수 있도록 하자.

 NOTE_ 실제로 암호화폐를 가지고 있는 계정의 개인키는 절대로 공유해선 안된다.

그림 B-8 성공적으로 계정 개인키를 확인한 화면

테스트넷 계정용 클레이 조달

이제 테스트를 위해 테스트넷 계정에 테스트용 클레이를 조달하도록 하겠다. 클레이튼의 테스트넷인 바오밥Baobab 테스트넷에서 스마트 컨트랙트를 배포할 예정이다. 다음 단계를 따라 테스트용 계정에 테스트용 클레이를 넣어보자.

1. [그림 B-9]처럼 바오밥 클레이튼 포셋 페이지(https://baobab.wallet.klaytn.com/access?next=faucet)에 접속한다.

그림 B-9 바오밥 클레이튼 이더리움 포셋

2. [그림 B-10]처럼 앞에서 복사한 카이카스 지갑 계정 개인키를 복사해 붙여넣은 후 해당 클레이튼 지갑은 개발 용도로만 사용되며, 테스트넷의 클레이는 재산 가치가 없음을 확인하는 항목에 체크한 뒤, [Access] 버튼을 누른다.

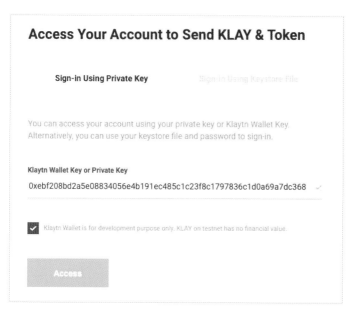

Access Your Account to Send KLAY & Token

Sign-in Using Private Key   Sign-in Using Keystore File

You can access your account using your private key or Klaytn Wallet Key.
Alternatively, you can use your keystore file and password to sign-in.

Klaytn Wallet Key or Private Key

0xebf208bd2a5e08834056e4b191ec485c1c23f8c1797836c1d0a69a7dc368 ✓

☑ Klaytn Wallet is for development purpose only. KLAY on testnet has no financial value.

Access

그림 B-10 클레이튼 지갑 계정 개인키 입력 후 접속

3. [그림 B-11]와 같은 화면이 나오면 [Run Faucet] 버튼을 눌러 테스트 클레이를 요청한다.

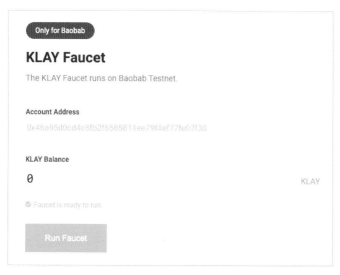

Only for Baobab

KLAY Faucet

The KLAY Faucet runs on Baobab Testnet.

Account Address

0x46a95d0cd4e8fb2f6585811ee79f4ef77fe07f30

KLAY Balance

0   KLAY

✓ Faucet is ready to run.

Run Faucet

그림 B-11 바오밥 클레이튼 포셋에서 테스트 클레이를 요청

4. 잠시 기다린 뒤 카이카스 지갑을 확인해, 해당 계정에 [그림 B-12]처럼 테스트용 클레이가 들어왔는지 잔액을 확인하자. 지갑 화면에서 [Klaytnscope에서 보기] 버튼을 누르면 해당 지갑에 테스트용 클레이가 들어온 내역을 확인할 수 있다. 해당 거래를 클릭할 경우 거래에 대한 자세한 사항 역시 확인할 수 있다(그림 B-13).

그림 B-12 테스트넷 계정 잔액 확인

그림 B-13 Klaytnscope에서 확인한 거래내역

이렇게 테스트넷 계정에 테스트 전용 150클레이가 생겼다.

바오밥 클레이튼 포셋은 앞서 롭스틴 이더리움 포셋과 마찬가지로 한 번 테스트용 토큰을 받으면 다시 받을 때까지 일정 시간 대기가 필요하다. 이 점을 참고하도록 하자.

클레이튼 IDE 설정

이번에는 KIP-17 기반 스마트 컨트랙트와 NFT를 프로그래밍하기 위한 클레이튼 전용 개발 IDE인 클레이튼 IDE^{Klaytn IDE}에 접속해 개발 설정을 세팅해보겠다. 클레이튼 IDE는 리믹스 IDE를 기반으로 만들어진 브라우저 기반의 컴파일러 및 IDE다. 클레이튼 IDE는 솔리디티 언어로 클레이튼 스마트 컨트랙트를 개발하도록 도와준다. 우선 다음 단계를 따라 클레이튼 IDE와 카이카스 지갑을 연동하자.

1. 웹 브라우저에 https://ide.klaytn.com/를 입력해 클레이튼 IDE에 접속한다.

2. 클레이튼 IDE의 좌측 메뉴 중 카이카스 로고 모양 버튼을 누르면 [그림 B-14]와 같은 배포 및 트랜잭션 실행 메뉴가 나온다.

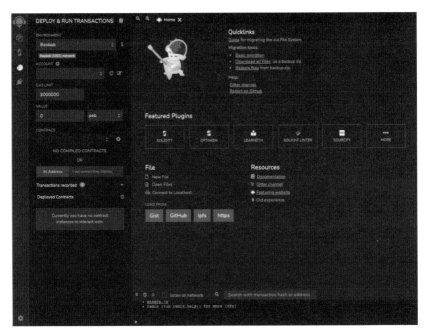

그림 B-14 클레이튼 IDE의 배포 설정 화면

3. [그림 B-15]에서 두 번째에 위치한 [Account] 란의 + 버튼을 클릭하면, [그림 B-16]처럼 계정 개인키를 입력하는 화면이 나온다. 여기에 개인키를 입력한 후 [OK] 버튼을 누른다.

그림 B-15 배포 및 트랜잭션 실행 화면

그림 B-16 계정 개인키 입력 창

4. [그림 B-17]과 같은 화면이 나오면 연동이 완료된 것이다.

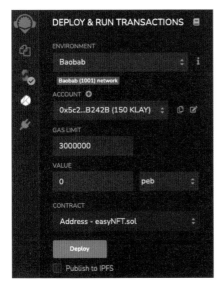

그림 B-17 제대로 연동이 된 화면

이것으로 모든 준비를 마쳤다. 이제 직접 나만의 NFT를 프로그래밍 해보자.

KIP-17 기반 NFT 작성 및 컴파일

앞서 11장에서 설명한 것과 마찬가지로 KIP-17 기반 NFT를 발행하기 위해서는 스마트 컨트랙트를 발행해야 한다. 그 이후 스마트 컨트랙트 안에서 NFT를 민팅할 수 있다. 다음 단계를 따라 천천히 진행해보자.

1. 솔리디티 코드를 작성하기 위해 새로운 솔리디티 파일을 생성한다.

클레이튼 IDE 좌측 메뉴에서 맨 위 종이 두 장이 겹쳐진 모양 아이콘을 클릭해 파일 탐색 메뉴를 연다. [그림 B-17] 같은 화면이 나오면 상단에 적힌 default_workspace 아래에 보이는 종이 모양 아이콘을 클릭해 새 파일을 생성한다.

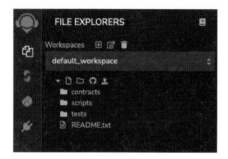

그림 B-18 클레이튼 IDE 파일 탐색 화면

2. 파일의 이름은 easyNFT.sol로 설정한다. 제대로 생성되었다면 파일 탐색 화면의 구조는 [그림 B-18]과 비슷해진다.

그림 B-19 성공적으로 생성된 파일

3. 클레이튼 IDE의 컴파일러 설정을 0.5.17로, EVM 버전은 istanbul로 설정한다.

클레이튼 IDE의 왼쪽 메뉴에서 두 번째에 위치한 솔리디티 아이콘 모양 버튼을 눌러 컴파일러 설정을 연다. 이번 예시 코드는 솔리디티 0.5버전을 따르고 EVM 은 바오밥 전용 EVM인 istanbul로 설정해야 한다. 기본적으로는 컴파일러가 0.8 버전대의 컴파일러와 london으로 설정되어있다. 상단의 컴파일러 버전을 눌러 이번 예시에서 사용할 솔리디티 0.5버전대의 최신 컴파일러인 0.5.17을 선택하고 EVM 버전은 istanbul로 설정하자(그림 B-21).

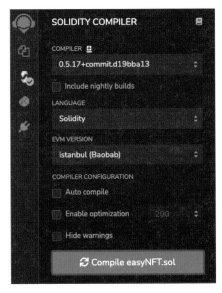

그림 B-20 솔리디티 컴파일러 버전 확인

4. 아래 코드를 앞에서 생성한 easyNFT.sol 파일을 열어 작성해주자.

```
pragma solidity ^0.5.6;
import "https://github.com/hanbit/easy-nft-guide/blob/main/sample-
code/apdxB/kip17.sol";

contract EasyNFTs is KIP17Full, Ownable {
    using Counters for Counters.Counter;
```

```
    Counters.Counter private _tokenIds;

    constructor() public KIP17Full("EasyNFT", "ENFT") {}

    function mintNFT(string memory tokenURI)
        public
        onlyOwner
        returns (uint256)
    {
        _tokenIds.increment();

        uint256 newItemId = _tokenIds.current();
        _mint(msg.sender, newItemId);
        _setTokenURI(newItemId, tokenURI);

        return newItemId;
    }
}
```

 TIP_ 오타를 방지하기 위해 다음 페이지에서 샘플 코드를 복사해 붙여넣는 것이 좋다.

- https://github.com/hanbit/easy-nft-guide/tree/main/sample-code

5. 지금 입력한 소스 코드를 컴파일하자. 맨 왼쪽에 솔리디티 컴파일러 아이콘을 클릭하자.

6. 솔리디티 컴파일러에서 [Compile easyNFT.sol] 버튼을 클릭해 컴파일을 진행한다(그림 B-21).

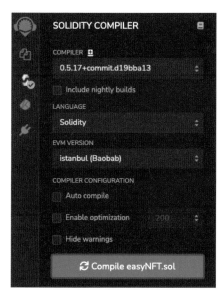

그림 B-21 컴파일 버튼을 눌러 컴파일을 진행

코드 살펴보기

앞서 개발한 easyNFT.sol의 코드를 블록별로 살펴보겠다.

```
pragma solidity ^0.5.6;
```

1. 솔리디티 버전 프래그마로 소스 코드를 0.5 버전대(0.5.0 버전 이상, 0.9.0 버전 미만)에서만 컴파일 할 수 있도록 설정했다.

```
import "https://github.com/hanbit/easy-nft-guide/blob/main/sample-
code/apdxB/kip17.sol";
```

2. KIP-17 규격에 필요한 컨트랙트인 `KIP17Full`**의 기본 컨트랙트를 호출한다. 해당 주소에 접속하면 구현 코드를 읽어볼 수 있다.**

```
contract EasyNFTs is KIP17Full, Ownable {
```

3. EasyNFTs라는 컨트랙트를 정의한다. `KIP17Full`**을 기본 컨트랙트로 상속받는다.**

```
    using Counters for Counters.Counter;
    Counters.Counter private _tokenIds;
```

4. `Counter`**를 사용해 점점 커지는 토큰 번호를 갖도록** `_tokenIds` **변수를 설정한다.**

```
    constructor() public KIP17Full("EasyNFT", "ENFT") {}
```

5. 이 코드 블록은 컨트랙트에서 실행되는 함수 `constructor()`**를 선언하지만, 내용은 비워두 겠다.**

```
    function mintNFT(string memory tokenURI)
        public
        onlyOwner
        returns (uint256)
    {
        _tokenIds.increment();

        uint256 newItemId = _tokenIds.current();
        _mint(msg.sender, newItemId);
        _setTokenURI(newItemId, tokenURI);

        return newItemId;
    }
}
```

6. 새 토큰을 민팅하는 `mintNFT()` **함수를 선언한다.**

`mintNFT()` 함수는 tokenURI 인수에 URI를 전달받아 NFT에 기록한다.

프로그래밍한 클레이튼 NFT 배포

소스 코드의 입력과 컴파일까지 마쳤다면 이제 테스트넷에 배포할 수 있다. 클레이튼 IDE에서 다음 단계를 따라 진행하도록 하자.

1. 왼쪽 메뉴에서 카이카스 아이콘을 눌러 배포 및 트랜잭션 실행화면으로 접근한다.

2. 하단에 컨트랙트 메뉴를 눌러 배포할 컨트랙트인 [EasyNFTs - easyNFT.sol]을 선택한다(그림B-22).

그림 B-22 배포할 컨트랙트 선택

3. 배포할 컨트랙트를 선택했다면 바로 밑에 [Deploy] 버튼을 눌러 테스트넷에 배포한다(그림 B-23).

그림 B-23 선택한 컨트랙트를 배포

4. 성공적으로 배포가 완료되었다면 우측 하단 콘솔 화면에 [그림 B-24] 같은 화면이 나타난다. 배포된 컨트랙트를 클릭하면 [그림 B-25] 처럼 배포 내역이 나타난다.

그림 B-24 성공적으로 배포된 컨트랙트

그림 B-25 배포된 컨트랙트 내역

5. 컨트랙트가 성공적으로 배포되면 배포 및 트랜잭션 실행 메뉴 하단에 배포된 컨트랙트를 보여준다. 해당 컨트랙트의 이름을 클릭하면 [그림 B-26]처럼 실제 컨트랙트를 제어할 수 있는 화면이 나온다.

그림 B-26 실제로 사용할 수 있는 스마트 컨트랙트 메뉴

6. 이제 NFT를 민팅해보자. [mintNFT] 버튼 옆에 화살표를 눌러 화면을 확장하고 tokenURI 자리에 NFT로 민팅할 이미지의 URL이나 문구를 적고 [transact] 버튼을 누른다(그림 B-27). 토큰 민팅의 결과도 마찬가지로 콘솔 화면에서 확인할 수 있다.

그림 B-27 토큰 민팅 화면

토큰 확인

이제 카이카스에서 테스트넷에 배포한 NFT를 확인하겠다. 먼저 카이카스 지갑을 열어보면 토큰이 줄어있는 걸 확인할 수 있다(그림 B-28). 이는 컨트랙트를 생성하고 NFT를 민팅하면서 가스 요금으로 클레이를 사용했기 때문이다.

그림 B-28 줄어든 클레이

이제 앞서 발행한 NFT 토큰을 확인하기 위해 카이카스 지갑에 토큰을 추가해보겠다.

1. 지갑 화면에서 [토큰 목록] 버튼을 누르면 추가된 토큰이라는 이름의 팝업 창이 나타난다(그림 B-29). 여기서 [토큰 추가]를 눌러 토큰 추가 화면을 띄우자.

그림 B-29 카이카스 지갑 계정에 추가되어있는 토큰 목록

2. 토큰 추가 화면에서 [사용자 정의 토큰] 버튼을 눌러 앞서 생성한 토큰 컨트랙트의 주소를 추가한다(그림 B-30).

앞서 클레이튼 IDE에서 컨트랙트를 배포했을때 [그림 B-31]처럼 컨트랙트의 주소가 출력되었다. 복사버튼을 눌러 해당 컨트랙트 주소를 토큰 컨트랙트 주소에 입력한다. 토큰 심볼은 원하는 이름으로 입력하면 된다. 이 책에서는 ENFT로 입력하겠다. 소수자릿수는 지갑에서 출력할 토큰 단위의 소수 아래자리수를 뜻한다. 0을 입력하고 [다음] 버튼을 누르자(그림 B-32). 그러면 이 토큰을 추가하겠냐는 문의 창이 뜨고 [추가] 버튼을 눌러 지갑에 토큰을 추가한다.

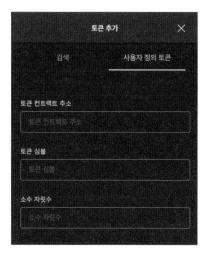

그림 B-30 사용자 정의 토큰 추가 화면

그림 B-31 클레이튼 IDE에서 배포된
EasyNFTs의 컨트랙트 주소

그림 B-32 추가할 토큰의 정보를 입력한 화면

3. 이제 [그림 B-33]처럼 카이카스 지갑에서 생성한 NFT를 확인할 수 있다. 우측 상단에 [Klaytnscope에서 보기] 버튼을 누르면 해당 NFT에 대한 거래 내역을 확인할 수 있다(그림 B-34).

그림 B-33 지갑에 들어온 NFT

그림 B-34 Klaytnscope에서 확인한 NFT 거래 정보

INDEX

INDEX

INDEX

INDEX